权威读本

中华人民共和国民法典
侵权责任编
解读

主编
黄 薇
（全国人大常委会法制工作委员会民法室主任）

中国法制出版社
CHINA LEGAL PUBLISHING HOUSE

前言

一、编纂民法典的重大意义

编纂民法典是党的十八届四中全会确定的一项重大政治任务和立法任务，是以习近平同志为核心的党中央作出的重大法治建设部署。编纂民法典，就是通过对我国现行的民事法律制度规范进行系统整合、编订纂修，形成一部适应新时代中国特色社会主义发展要求，符合我国国情和实际，体例科学、结构严谨、规范合理、内容完整并协调一致的法典。这是一项系统的、重大的立法工程。

编纂一部真正属于中国人民的民法典，是新中国几代人的夙愿。党和国家曾于1954年、1962年、1979年和2001年先后四次启动民法制定工作。第一次和第二次，由于多种原因而未能取得实际成果。1979年第三次启动，由于刚刚进入改革开放新时期，制定一部完整民法典的条件尚不具备。因此，当时领导全国人大法制委员会立法工作的彭真、习仲勋等同志深入研究后，在八十年代初决定按照“成熟一个通过一个”的工作思路，确定先制定民事单行法律。现行的继承法、民法通则、担保法、合同法就是在这种工作思路下先后制定的。2001年，九届全国人大常委会组织起草《中华人民共和国民法（草案）》，并于2002年12月进行了一次审议。经讨论和研究，仍确定继续采取分别制定单行法的办法推进我国民事法律制度建设。

2003年十届全国人大以来，又陆续制定了物权法、侵权责任法、涉外民事关系法律适用法等。总的看，经过多年来努力，我国民事立法是富有成效的，逐步形成了比较完备的民事法律规范体系，民事司法实践积累了丰富经验，民事法律服务取得显著进步，民法理论研究也达到较高水平，全社会民事法治观念普遍增强，为编纂民法典奠定了较好的制度基础、实践基础、理论基础和社会基础。随着我国社会主义现代化事业不断发展和全面依法治国深入推进，人民群众和社会各方面对编纂和出台民法典寄予很大的期盼。

党的十八大以来，以习近平同志为核心的党中央把全面依法治国摆在突出位置，推动党和国家事业发生历史性变革、取得历史性成就，中国特色社会主义已经进入新时代。在坚持和完善中国特色社会主义制度、推进国家治理体系和治理能力现代化的新征程中，编纂民法典具有重大而深远的意义。

（一）编纂民法典是坚持和完善中国特色社会主义制度的现实需要

回顾人类文明史，编纂法典是具有重要标志意义的法治建设工程，是一个国家、一个民族走向繁荣强盛的象征和标志。新中国成立70多年特别是改革开放40多年来，中国共产党团结带领中国人民不懈奋斗，成功开辟了中国特色社会主义道路，取得了举世瞩目的发展成就，中国特色社会主义制度展现出强大生命力和显著优越性。我国民事法律制度正是伴随着新时期改革开放和社会主义现代化建设的历史进程而形成并不断发展完善的，是中国特色社会主义法律制度的重要组成部分。在系统总结制度建设成果和实践经验的基础上，编纂一部具有中国特色、体现时代特点、反映人民意愿的民法典，不仅能充分彰显中国特色社会主义法律制度成果和制度自信，促进和保障中国特色社会主义事业不断发展，也能为人类法治文明的发展进步贡献中国智慧和中国方案。

（二）编纂民法典是推进全面依法治国、推进国家治理体系和治理能力现代化的重大举措

民法是中国特色社会主义法律体系的重要组成部分，是民事领域的基础性、综合性法律，它规范各类民事主体的各种人身关系和财产关系，涉及社会和经济生活的方方面面，被称为“社会生活的百科全书”。建立健全完备的法律规范体系，以良法保障善治，是全面依法治国的前提和基础。民法通过确立民事主体、民事权利、民事法律行为、民事责任等民事总则制度，确立物权、合同、人格权、婚姻家庭、继承、侵权责任等民事分则制度，来调整各类民事关系。民法与国家其他领域法律规范一起，支撑着国家制度和国家治理体系，是保证国家制度和国家治理体系正常有效运行的基础性法律规范。编纂民法典，就是全面总结我国的民事立法和司法的实践经验，对现行民事单行法律进行系统编订纂修，将相关民事法律规范编纂成一部综合性法典，不断健全完善中国特色社会主义法律体系。这对于以法治方式推进国家治理体系和治理能力现代化，更好地发挥法治固根本、稳预期、利长远的保障作用，具有重要意义。

（三）编纂民法典是坚持和完善社会主义基本经济制度、推动经济高质量发展的客观要求

公有制为主体、多种所有制经济共同发展，按劳分配为主体、多种分配方式并存，社会主义市场经济体制等社会主义基本经济制度，是以法治为基础、在法治轨道上运行、受法治规则调整的经济制度，社会主义市场经济本质上是法治经济。我国民事主体制度中的法人制度，规范民事活动的民事法律行为制度、代理制度，调整各类财产关系的物权制度，调整各类交易关系的合同制度，保护和救济民事权益的侵权责任制度，都是坚持和完善社会主义基本经济制度不可或缺的法律制度规范和行为规则。同时，我国民事法律制度建设一直秉持“民商合一”的传统，把许多商事法律规范纳入民法之中。编纂民法典，进一步完善我国民商事领域基本法律制度和行为规则，为各类民商事活动提供基本遵循，有利于充分调动民事主体的积极性和创造性、维护交易安全、维护市场秩序，有利于营造各种所有制主体依法平等使用资源要素、公开公平公正参与竞争、同等受到法律保护的市场环境，推动经济高质量发展。

（四）编纂民法典是增进人民福祉、维护最广大人民根本利益的必然要求

中国特色社会主义法治建设的根本目的是保障人民权益。改革开放以来，我国民事法律制度逐步得到完善和发展，公民的民事权利也得到越来越充分的保护。中国特色社会主义进入新时代，随着我国社会主要矛盾的变化，随着经济发展和国民财富的不断积累，随着信息化和大数据时代的到来，人民群众在民主、法治、公平、正义、安全、环境等方面的要求日益增长，希望对权利的保护更加充分、更加有效。党的十九大明确提出，要保护人民人身权、财产权、人格权。而现行民事立法中的有些规范已经滞后，难以适应人民日益增长的美好生活需要。编纂民法典，健全和充实民事权利种类，形成更加完备的民事权利体系，完善权利保护和救济规则，形成规范有效的权利保护机制，对于更好地维护人民权益，不断增加人民群众获得感、幸福感和安全感，促进人的全面发展，具有十分重要的意义。

二、编纂民法典的指导思想和基本原则

民法典是新中国第一部以法典命名的基本法律，开创了我国法典编纂立法的先河，具有里程碑意义。以习近平同志为核心的党中央高度重视民法典编纂工作，将编纂民法典列入党中央重要工作议程，并对编纂民法典工作任务作出总体部署、提出明确要求。

根据党中央的指示和要求，编纂民法典的指导思想是：高举中国特色社会主义伟大旗帜，以马克思列宁主义、毛泽东思想、邓小平理论、“三个代表”重要思想、科学发展观、习近平新时代中国特色社会主义思想为指导，增强“四个意识”，坚定“四个自信”，做到“两个维护”，全面贯彻党的十八大、十九大和有关中央全会精神，坚持党的领导、人民当家作主、依法治国有机统一，紧紧围绕统筹推进“五位一体”总体布局和协调推进“四个全面”战略布局，紧紧围绕建设中国特色社会主义法治体系、建设社会主义法治国家，总结实践经验，适应时代要求，对我国现行的、制定于不同时期的民法通则、物权法、合同法、担保法、婚姻法、收养法、继承法、侵权责任法和人格权方面的民事法律规范进行全面系统的编订纂修，连同民法典编纂第一步出台的民法总则，一并形成一部具有中国特色、体现时代特点、反映人民意愿的民法典，为新时代坚持和完善中国特色社会主义制度、实现“两个一百年”奋斗目标、实现中华民族伟大复兴中国梦提供完备的民事法治保障。

为落实好党中央的决策部署，切实做好民法典编纂工作，在编纂民法典工作过程中还始终贯彻和遵循以下基本原则：

一是坚持正确政治方向。提高政治站位和政治自觉，全面贯彻习近平总书记全面依法治国新理念新思想新战略，充分发挥民法典在坚持和完善中国特色社会主义制度、推进国家治理体系和治理能力现代化中的重要作用。民法典确立国家的民事基本制度。这些制度，有的关系到国家的基本经济制度，有的关系到改革开放的大政方针，有的关系到国计民生的顶层设计。民法典编纂工作，必须始终坚持党的领导，坚决贯彻党中央的决策部署，坚持服务党和国家工作大局，以法典化方式确认、巩固和发展改革开放取得的法治成果，充分发挥立法的引领和推动作用。

二是坚持以人民为中心。每个人的生、老、病、死，衣、食、住、行都与民法密切相关，民法关系到每个人的切身利益。编纂民法典必须坚持以人民为中心的发展理念，始终贯彻立法为民，深入了解、切实回应人民群众的法治需求，切实做到“民有所呼，立法有所应”，做好民事法律制度的顶层设计，更好地满足人民日益增长的美好生活需要，充分实现好、维护好、发展好人民群众的根本权益，努力让民法典成为新时代保护人民民事权利的权利法典。

三是坚持立足国情和实际。必须坚持问题导向，立足我国仍处于并将长期处于社会主义初级阶段这个基本国情，全面总结我国改革开放40 多年来民事立法和实践经验，深入分析现阶段经济社会发展的实际情况，以实践需求指引立法方向，用实践智慧破解立法难题，积极回应、妥善解决民事法治实践中的问题，创设符合经济社会发展需要的民事法律规范，提高民事法律制度的针对性、有效性、适应性，努力发挥引领、推动、保障作用。

四是坚持依法治国与以德治国相结合。习近平总书记指出，“治理国家、治理社会必须一手抓法治、一手抓德治，既重视发挥法律的规范作用，又重视发挥道德的教化作用，实现法律和道德相辅相成、法治和德治相得益彰”。民法不仅调整规范物权等财产关系和合同等交易关系，还调整规范婚姻、家庭、继承等具有诸多道德伦理因素的民事关系。而调整规范民事关系不仅要依靠法律规则，还要依靠道德约束。很多民法原则与道德规范是一脉相承的，很多民法规范与价值观念是相辅相成的。因此，必须坚持法治与德治并重，既要注重法律制度和规则的合理安排，又要将社会主义核心价值观融入民法典编纂全过程，大力弘扬传统美德和社会公德，强化规则意识，倡导契约精神，维护公序良俗。

五是坚持科学立法、民主立法、依法立法。宪法是国家的根本法，是治国安邦的总章程。编纂民法典必须体现宪法精神、符合宪法要求，充分体现中国特色社会主义的本质属性和特征。民法典关系到我们每一个人，关系到社会生活的方方面面，我们必须坚持立法为民、问法于民，充分反映社情民意，使人民群众在民法典编纂中感受到公平正义。同时，民法制度源远流长，民法理论博大精深，我们不仅要遵循立法的一般规律，还要体现民法的基本原理和基本精神，体现民商事活动的内在规律；既保持民事法律制度的连续性、稳定性，又保持适度的前瞻性、开放性，并处理好、衔接好法典化民事法律制度下各类规范之间的关系。我们还要善于学习他国的民事立法经验，积极借鉴人类法治文明成果。

三、民法典编纂工作情况

根据党中央的工作部署，编纂民法典的起草工作由全国人大常委会法制工作委员会牵头，最高人民法院、最高人民检察院、司法部、中国社会科学院、中国法学会为参加单位。为做好民法典编纂工作，全国人大常委会法制工作委员会与五家参加单位成立了民法典编纂工作协调小组，并成立了民法典编纂工作专班。

编纂民法典不是制定全新的民事法律，也不是简单的法律汇编，而是对现行的民事法律规范进行编订纂修，对已经不适应现实情况的规定进行修改完善，对经济社会生活中出现的新情况、新问题作出有针对性的新规定。编纂民法典采取“两步走”的工作思路进行：第一步，制定民法总则，作为民法典的总则编；第二步，编纂民法典各分编，经全国人大常委会审议和修改完善后，再与民法总则合并为一部完整的民法典草案。

2015 年 3 月，全国人大常委会法制工作委员会启动民法典编纂工作，着手第一步的民法总则制定工作，以 1986 年制定的民法通则为基础，系统梳理总结有关民事法律的实践经验，提炼民事法律制度中具有普遍适用性和引领性的规则，形成民法总则草案。2016 年 6 月、10 月、12 月，全国人大常委会先后 3 次审议了民法总则草案，并且先后 3 次于会后将草案审议稿在中国人大网公布征求社会公众意见，两次将草案印送全国人大代表征求意见，还将草案印发中央有关部门、地方人大、法学教学科研机构征求意见。与此同时，全国人大常委会于 2016 年 10 月和 11 月在北京、四川、宁夏和上海召开 4 次座谈会，由张德江委员长和李建国副委员长分别主持，直接听取中央有关部门，各省、自治区、直辖市人大常委会和部分全国人大代表、基层立法联系点代表、法律实务工作者和专家学者等各方面的意见，并到基层进行实地调研。2017年3月由第十二届全国人民代表大会第五次会议审议通过。制定民法总则，完成了民法典编纂工作的第一步，为民法典编纂奠定了坚实基础。

民法总则通过后，十二届、十三届全国人大常委会接续努力、抓紧开展作为民法典编纂第二步的各分编编纂工作。法制工作委员会与民法典编纂工作各参加单位全力推进民法典各分编编纂工作，系统梳理、研究历年来有关方面提出的意见，开展立法调研，广泛听取意见建议，以现行物权法、合同法、担保法、婚姻法、收养法、继承法、侵权责任法等为基础，结合我国经济社会发展对民事法律提出的新需求，形成了包括物权、合同、人格权、婚姻家庭、继承、侵权责任等6个分编在内的民法典各分编草案，提请2018年8月召开的第十三届全国人大常委会第五次会议审议。其后，2018年12月，2019年4月、6月、8月、10月，第十三届全国人大常委会第七次、第十次、第十一次、第十二次、第十四次会议对民法典各分编草案进行了拆分审议，对全部6个分编草案进行了二审，对各方面比较关注的人格权、婚姻家庭、侵权责任3个分编草案进行了三审。在此基础上，将民法总则与经过常委会审议和修改完善的民法典各分编草案合并，形成《中华人民共和国民法典（草案）》，提请2019年12月召开的第十三届全国人大常委会第十五次会议审议。经审议，全国人大常委会作出决定，将民法典草案提请第十三届全国人民代表大会第三次会议审议。

民法典草案经全国人大常委会审议后，2020年1月10日，全国人大常委会办公厅、全国人大宪法和法律委员会和法制工作委员会在京联合组织召开31个省（自治区、直辖市）人大常委会负责同志和法制工作部门、代表联络工作部门负责同志，以及中央军委政治工作部、全国台联、香港中联办、澳门中联办有关负责同志参加的部署组织全国人大代表研读讨论民法典草案工作会议，王晨同志出席并作部署讲话，对组织代表研读讨论、做好大会审议准备工作提出明确要求。全国人大宪法和法律委员会主任委员李飞同志作了辅导报告。2020 年 1 月中下旬及 2 月初，各省、自治区、直辖市人大常委会和有关单位先后组织代表研读讨论民法典草案工作，并反馈了代表研读讨论的意见。同时，法制工作委员会还将草案印发地方人大、基层立法联系点、中央有关部门征求意见，并在中国人大网公布征求社会公众意见。法制工作委员会还在北京召开多个座谈会，听取有关部门、专家的意见。

2020 年 4 月 20 日、21 日，全国人大宪法和法律委员会召开会议，根据全国人大常委会的审议意见、代表研读讨论中提出的意见和各方面的意见，对民法典草案作了进一步修改完善；认为经过全国人大常委会多次审议和广泛征求意见，草案充分吸收各方面的意见建议，已经比较成熟，形成了提请审议的《中华人民共和国民法典（草案)》。

2020 年 4 月 29 日，第十三届全国人大常委会第十七次会议决定，第十三届全国人民代表大会第三次会议于 2020 年 5 月 22 日在北京召开。考虑到第十三届全国人民代表大会第三次会议是在十分特殊情况下召开的一次特殊会议，为进一步做好会议审议民法典草案的准备工作，更充分听取全国人大代表的意见，法制工作委员会于 4 月 29 日将修改后的民法典草案再次发送给各省、自治区、直辖市人大常委会，请各地以适当方式组织有关全国人大代表研读讨论，并将代表所提意见及时整理反馈给法制工作委员会。

2020年5月22日，第十三届全国人民代表大会第三次会议在北京召开。5月24日下午、5月25日上午，各代表团小组会议审议了民法典草案。5月28日下午，在第三次全体会议上，表决并高票通过了《中华人民共和国民法典》（其中赞成2879票、反对2票、弃权5票）。2020年5月28日，国家主席习近平签发第四十五号主席令，公布《中华人民共和国民法典》，自2021年1月1日起施行。

目　录

中华人民共和国民法典侵权责任编

附　则

中华人民共和国民法典
侵权责任编

侵权责任是民事主体侵害他人权益应当承担的法律后果。2009年全国人大常委会通过了侵权责任法，侵权责任法实施以来，在保护民事主体合法权益、明确侵权责任、预防和制裁侵权行为方面发挥了重要作用。民法典侵权责任编在总结侵权责任法实践经验的基础上，针对侵权领域出现的新情况，回应社会关切，广泛听取和吸收各方面意见，借鉴司法解释的有益做法，体现法学理论研究的最新成果，对侵权责任制度作了必要的补充和完善。本编共十章、九十五条。

第一章　一般规定

本章共十五条，主要规定了侵权责任编的调整范围、过错责任和过错推定责任、无过错责任、侵权责任的承担方式、共同侵权及其责任承担、教唆帮助他人侵权的责任承担、共同危险行为及责任承担、无意思联络承担连带责任的分别侵权、无意思联络的分别侵权、过错相抵、受害人故意、第三人侵权、自甘风险、自力救济等。

本章是在侵权责任法第一章“一般规定”、第二章“责任构成和责任方式”和第三章“不承担责任和减轻责任的情形”的基础上，整合编纂形成的。侵权责任法前三章的内容，有些已经放在民法典总则编中作出规定，例如不可抗力、正当防卫、紧急避险等；有些不需要单独规定，例如侵权责任编的立法目的等。经过整合、补充后，将侵权责任法前三章的内容合并为本章，作为侵权责任编的一般规定。

第一千一百六十四条　本编调整因侵害民事权益产生的民事关系。

条文主旨

本条是关于侵权责任编调整范围的规定。

立法背景

侵权责任编的保护对象为“民事权益”。侵权责任编的保护对象的范围宽泛。对于如何规定其保护对象，主要有两种观点：一种观点认为，应当尽可能详细地列举侵权责任编所保护的各种权利和利益；另一种观点认为，应当采取抽象概括的模式。这两种观点各有利弊，前一种做法清楚、明白，在法律适用上较为方便，但详细列举难以穷尽，难免挂一漏万；后一种做法具有开放性和包容性，能够适应未来侵权责任的发展，但对于其具体范围容易产生分歧，不利于法律的统一适用。从境外立法例看，规定也有较大区别。《法国民法典》用两个条文对侵权行为作了概括规定；《日本民法典》用一个条文作了概括规定；《德国民法典》没有作概括规定，而是用两个条文规定了三种侵权形态。

在民法典的编纂过程中，有的意见提出，侵权责任编首先应当明确法律保护什么权利和利益。《侵权责任法》第 2 条第 2 款“本法所称民事权益，包括生命权、健康权、姓名权、名誉权、荣誉权、肖像权、隐私权、婚姻自主权、监护权、所有权、用益物权、担保物权、著作权、专利权、商标专用权、发现权、股权、继承权等人身、财产权益”的规定，清晰明确地指出了侵权责任编的保护对象，具有理论价值和实践价值，建议在民法典侵权责任编中保留这一规定。经研究认为，一是，《侵权责任法》第 2 条第 2 款的规定，与民法典总则编关于民事权利权益的逻辑分类和表述不尽一致。如果保留侵权责任法的表述，则与总则编的表述存在矛盾，一部法律中不应如此；如果按照总则编的逻辑分类再表述一遍，则形成赘述，立法技术不高。二是，对侵权责任编的保护对象，应当放在民法典的宏观角度看待和把握。总则编规定了民事权利权益，侵权责任编保护哪些民事权利权益可参照总则编的规定，不需要另行规定。因此，民法典侵权责任编并未保留侵权责任法的相关规定。

条文解读

第一，从民法典总则编第五章“民事权利”的规定可以看出，民事主体享有的权益主要有：第 110 条规定的自然人享有的生命权、身体权、健康权、姓名权、肖像权、名誉权、荣誉权、隐私权、婚姻自主权等权利，法人、非法人组织享有的名称权、名誉权和荣誉权；第 111 条规定的自然人的个人信息；第 112 条规定的自然人因婚姻家庭关系等产生的人身权利；第 113 条规定的财产权利；第 114 条规定的物权；第 118 条规定的债权；第 123 条规定的知识产权；第 124 条规定的继承权；第 125 条规定的股权和其他投资性权利；第 126 条规定的法律规定的其他民事权利和利益；第 127 条规定的数据、网络虚拟财产。

第二，在保护程度和侵权构成要件上，考虑实践中权利和利益的界限较为模糊，很难清楚地加以划分，对于什么是权利，意见纷纭。侵权责任编对民事权利和民事利益没有作区分。从权利的内容上看，对于权利的具体内容，有支配说、利益说和结合说几种观点。结合说是目前的通说，认为“权利乃享受特定利益的法律之力”，其落脚点实际上还是利益，很难把权利和利益划分清楚。从权利的形式上看，法律明确规定某某权的当然属于权利，但法律没有明文规定某某权而又需要保护的，不一定就不是权利。而且，权利和利益本身是可以相互转换的，有些利益随着社会发展纠纷增多，法院通过判例将原来认定为利益的转而认定为权利，即将利益“权利化”。所以，本条没有区分权利和利益，而是统一规定：“本编调整因侵害民事权益产生的民事关系。”

第三，侵权责任编不调整违约责任问题。合同债权也是一种民事权益，但它原则上不属于侵权责任编的保护范围。本条规定“侵害民事权益”不涉及违约责任问题。违约责任由合同法调整。对于第三人侵害债权是否受侵权责任编调整，侵权责任法没有规定。本次编纂民法典，对这个问题的争议仍然很大，没有形成共识，因此仍没有明确规定。对这个问题，我们认为，第三人侵害债权的行为，如果行为足够恶劣，有了过错，能够构成相应侵权行为的，可以适用本编规定。

第一千一百六十五条 **行为人因过错侵害他人民事权益造成损害的，应当承担侵权责任。**

依照法律规定推定行为人有过错，其不能证明自己没有过错的，应当承担侵权责任。

条文主旨

本条是关于过错责任和过错推定责任归责原则的规定。

立法背景

过错责任是指造成损害并不必然承担侵权责任，还要看行为人是否有过错。有过错有责任，无过错无责任。在奴隶社会和封建社会，结果责任在归责原则中占据统治地位，不考虑行为人实施行为时是否有过错，谁造成损害谁承担责任，在责任方式上呈现同态复仇的特点。这种在任何领域不问行为人有无过错都要其承担责任的做法是不公平的，动辄得咎极大地限制了行为自由，且这种以野蛮的同态复仇作为责任方式的归责原则是人类文明不发达的表现。随着人类社会的发展和人类文明的进步，过错责任原则逐渐取代了结果责任原则。19 世纪末 20 世纪初，过错责任取得了统治性地位。以过错作为主要的归责原则可以较好地协调“个人自由”与“社会安全”的关系。行为人若尽到合理注意义务，就没有过错，即免除侵权责任。这样个人的活动自由可以得到保障，聪明才智得到充分发挥，社会经济活动得以顺利进行。若人人都尽到合理注意义务，社会安全也会得到维护。

我国于 1986 年颁布的《民法通则》第 106 条确认了过错责任原则在我国的法律地位。2009 年颁布的侵权责任法继承了民法通则的规定，重申过错责任原则是侵权责任法的基本归责原则。这是我国社会经济文化发展的需要，同时也是为更有效地保护公民、法人的合法权益，教育公民、法人遵守法律和公共道德，预防和减少损害的发生，化解社会纠纷，促进社会和谐稳定。民法典侵权责任编编纂过程中，有的意见提出，侵权责任法对过错责任的规定，在构成要件上不完整，建议补充上关于行为后果的表述。民法典侵权责任编草案二审稿采纳了这一建议，将侵权责任法的规定修改为“行为人因过错侵害他人民事权益造成损害的”。2020 年 5 月民法典草案提请十三届全国人大三次会议审议过程中，有的意见认为，本条第 2 款用了两个“行为人”，略显重复。经研究，将第二个“行为人”修改为“其”。

条文解读

根据本条第1款的规定，只要同时满足以下条件，行为人就应承担侵权责任：

一是行为人实施了某一行为。若无行为人的行为，就不会产生侵权责任。在现代社会，“不侵害他人”是任何一个民事主体所应遵守的普遍性义务，没有合法依据或者法律授权，不得损害他人的民事权益，否则就可能承担一定的法律后果。这里的行为包括作为和不作为。在多数情况下，行为人都是因为对他人的民事权益实施了积极的加害行为而承担侵权责任，如殴打某人、毁坏某人的财产、散布某人的谣言等。本法规定的侵权责任也大多是因为行为人的作为而产生的。但是，在一些情况下，行为人不作为也有可能产生侵权责任，这是现代侵权责任法的一种发展趋势，即在特定情形下行为人还负有积极保护他人的义务，例如，宾馆、商场、银行、车站、机场、体育场馆、娱乐场所等经营场所、公共场所的经营者、管理者或者群众性活动的组织者，未尽到安全保障义务，造成他人损害的，应当承担侵权责任。不作为侵权是行为人应当履行某种法定作为义务而未履行该义务而产生的，若没有法定作为义务，行为人的不作为并不构成侵权。这种法定作为义务可能是某一法律明确规定的，可能是某人先前的危险行为产生的，还可能是基于当事人约定而产生的，等等。

二是行为人行为时有过错。在过错责任原则中，过错是确定行为人是否承担侵权责任的核心要件，也是人民法院审理侵权案件的主要考虑因素。行为人的行为造成损害并不必然承担侵权责任，必须要看其是否有过错，无过错即无责任。过错是行为人行为时的一种应受谴责的心理状态。正是由于这种应受谴责的心理状态，法律要对行为人所实施的行为作否定性评价，让其承担侵权责任。需要指出的是，过错仅适用于过错责任原则制度下的侵权责任，对于一些法律明确规定的特殊侵权责任，过错并非必要条件，例如无过错责任原则、公平分担损失原则。需要强调的是，无过错责任原则和公平分担损失原则的适用范围是法律特别规定的情形，需要由法律的明确规定才能适用。只要法律没有明确规定不以过错为要件的，过错仍是行为人承担侵权责任的要件。过错分为故意和过失。故意是指行为人预见到自己的行为会导致某一损害后果而希望或者放任该后果发生的一种主观心理状态。过失是指行为人因疏忽或者轻信而使自己未履行应有注意义务的一种心理状态，其是侵权责任法中最常见的过错形态。故意与过失的主要区别是，故意表现为行为人对损害后果的追求、放任心态，而过失表现为行为人不希望、不追求、不放任损害后果的心态。故意是一种典型的应当受到制裁的心理状态，但它必须通过一定的行为表现出来。在实践当中，通过对行为人行为的调查可以认定行为人是否具有故意的心理状态，如某人点着火把往另一人的房屋上扔这一行为本身就足以表明行为人具有故意的心理状态，受害人没有必要就行为人是否故意再承担举证责任。如何判断某个人的过失，经历了一个发展过程。早期判断行为人是否有过失，主要考察行为人的主观心理状态，这也叫主观判断标准。这需要分析特定行为人对自己的行为或后果的理解、判断、控制、认识等方面的状况及能力，从其意志活动过程来确定过失。但是这导致受害人证明行为人的过错很困难，不利于保护其利益。发展到现在，对过失的认定逐渐客观化，不是从单个行为人的主观状态认定其过失，而是主要依据以下客观标准判断其有无过失：第一，行为人是否违反了法律、行政法规明确规定的义务。例如，法律对某一特定领域规定了行为标准，行为人若违反了这些标准，就具有过失。第二，行为人是否违反了一个理性人的注意义务。“理性人的注意义务”即多数人在特定情况下应当达到的注意程度。根据该标准，判断被告是否有过失主要看一般人在被告所处的情况下，会怎么行为。若一般人会与被告做出同样的行为，被告就没有过失，反之，则有过失。“理性人的注意义务”原则上不照顾行为人的特殊弱点，不管其是性急、害羞、健忘，还是反应慢、粗心大意等，原则上适用同样的标准，并不因此而使其得到原谅；也不考虑行为人的经验、能力，如一个没有经验的司机造成车祸所适用的判断标准与一个有多年驾驶经验的老司机所适用的标准是一样的。当然该标准原则上也不要求行为人比常人履行更高的注意义务，它只要求被告履行常人的一般注意义务即可。客观判断标准有两种特殊情形：第一，专业人员的行为标准。“理性人的注意义务”是主要针对一般人的过失判断标准，但在现实生活中，还存在许多有特殊技能和知识的人，如医生、律师、会计师、建筑师等。这些专业人员的行为标准就应当比一般人的行为标准高一些，要求行为人的行为符合自己领域内公认的活动标准。判断某一专业人员是否有过失要看其是否履行了本领域内一个合格专业人员的注意义务。例如，医生的合理注意义务应是其他医生普遍遵守的义务，不是“一般人”普遍遵守的义务。第二，无民事行为能力人或者限制民事行为能力人的行为标准。这类人主要包括未成年人、精神病人。专业人员的行为标准通常高于一般人的行为标准，而无民事行为能力人或者限制民事行为能力人的行为标准通常低于一般人的行为标准。同样的行为造成同样的后果，对于具有完全民事行为能力的成年人可能就是过失，而对儿童来说就不是过失。在判断这类人是否履行合理注意义务时，应当考虑其年龄、智力和生理状况等因素。无民事行为能力人或者限制民事行为能力人造成他人损害的，原则上由其监护人承担侵权责任。

三是受害人的民事权益受到损害，即要求有损害后果，这一点是民法典侵权责任编与以往立法相比的重大变化。损害是指行为人的行为对受害人的民事权益造成的不利后果，通常表现为：财产减少、生命丧失、身体残疾、名誉受损、精神痛苦等。需要强调的一点是，这里的“损害”是一个比较广的概念，不但包括现实的已经存在的“现实损害”，还包括构成现实威胁的“不利后果”，如某人的房屋倾斜，如其不采取防范措施，导致房屋随时有可能倒塌损害他人的人身、财产安全。实践中，受害人大多数情况下受到的是现实损害，这种损害相对容易被认定和证明。在一些情况下，行为人的行为也可能对受害人的民事权益造成现实威胁，为防止其转化成现实损害，行为人也应当承担侵权责任，这有利于保护受害人，体现了侵权责任编预防侵权行为的立法目的，也是现代侵权责任法的发展趋势，本法第1167条规定的内容就包含了这层意思。根据该规定，侵权行为危及他人人身、财产安全的，被侵权人可以请求侵权人承担停止侵害、排除妨碍、消除危险等侵权责任。但是，必须明确，排除妨害、消除危险等侵权责任的承担方式，是基于物权、人格权等绝对权而产生的保护性请求权，不要求有损害结果。第1165条第1款中的过错针对的是损害赔偿来说的，因此要“造成损害”。

四是行为人的行为与受害人的损害之间有因果关系。因果关系是指行为人的行为作为原因，损害事实作为结果，在二者之间存在的前者导致后者发生的客观联系。因果关系是侵权责任的重要构成要件，在行为与损害事实之间确定存在因果关系的，就有可能构成侵权责任，没有因果关系就必然地不构成侵权责任。对一些比较简单的侵权行为，判断是否存在因果关系比较容易，例如某人开车闯红灯撞伤一行人，行人受伤与被告开车闯红灯之间是否存在因果关系一目了然，举证容易，不需要复杂的理论分析。但是，在现实生活中，侵权行为越来越多样化和复杂化，有的一因多果，有的多因一果，有的甚至多因多果；如何判断或者确定行为与损害之间是否存在因果关系就比较困难，也是审判实践中面临的棘手问题。为了应对因果关系的复杂化，学者、法官创造了多种理论，如“条件说”“原因说”“相当因果关系说”“法律因果关系说”“盖然性因果关系说”等。原则上，如何判断因果关系需要由法官根据个案的实际情况，依一般社会经验决定。对案情较为简单，一因一果的侵权，可以直接根据事实判定，没有必要舍本逐末，再用其他理论判断；对于虽然有其他条件介入，但行为与损害后果之间自然连续、没有被外来事件打断的，也可以认定存在因果关系；对多因一果、一因多果或者多因多果等复杂情形，则需要法官综合考虑当时的情况、法律关系、公平正义、社会政策等多种因素决定。在侵权责任中，一般由原告承担证明损害与行为之间存在因果关系的责任，但在特定情形，如环境污染责任中，不少环境污染损害有个积累过程，时间长，跨度大，受害群体分布广，且专业性较强，让普通受害者个人费时耗力地证明因果关系是否存在困难重重，为了保护这些受害者，需要减轻受害者的举证责任，由被告负责证明自己的行为与损害结果之间没有因果关系。适用这种特殊举证责任需要法律明确规定，法律没有明确规定的，原则上不能适用这样的证明规则。

在过错责任原则中，通常由受害人证明行为人是否有过错，但在一些情况下也适用过错推定原则。所谓过错推定，是指根据法律规定推定行为人有过错，行为人不能证明自己没有过错的，应当承担侵权责任。在传统的过错责任原则下，受害人向加害人行使请求权时必须证明加害人具有过错，但过错是行为人的一种主观心理状态，受害人证明起来比较困难。加之，进入现代社会后，各种机器设备大量出现，专业分工亦极为细密，碍于专业知识所限，受害人证明加害人的过错就更为困难。为了既能维持过错责任原则的地位不被动摇，又能有效保护和救济受害人，一些国家和地区发展出了减轻受害人举证责任的规则，我国在司法实践中采用了“过错推定”。过错推定的实质就是从侵害事实中推定行为人有过错，免除了受害人对过错的举证责任，加重了行为人的证明责任，更有利于保护受害一方的利益，也可更有效地制裁侵权行为。对此，本条第2款明确规定了过错推定。过错推定包含在过错责任原则中，但与一般过错责任有较大的不同。近百年来，过错推定与无过错责任原则共同发展，从其他国家过错推定实施和发展的结果看，过错推定近似于无过错责任原则。因此，对行为人而言，这是一种较重的责任，不宜被滥用，需要由法律对适用范围作严格限定，否则就有可能限制人们的行动自由。从境外的立法经验看，基本上都由法律明确规定在什么情况下适用过错推定。本条第2款也强调，法律规定行为人有过错，行为人不能证明自己没有过错的，才应当承担侵权责任。法律没有规定过错推定的，仍应由受害一方承担过错的证明责任。

第一千一百六十六条　行为人造成他人民事权益损害，不论行为人有无过错，法律规定应当承担侵权责任的，依照其规定。

条文主旨

本条是关于无过错责任归责原则的规定。

立法背景

无过错责任是指不以行为人的过错为要件，只要其活动或者所管理的人、物损害了他人的民事权益，除非有法定的免责事由，否则行为人就要承担侵权责任。在法律规定适用无过错责任原则的案件中，法官判断被告应否承担侵权责任时，不考虑被告有无过错，不要求原告证明被告有过错，也不允许被告主张自己无过错而请求免责。只要审理查明，被告的行为与原告损害之间存在因果关系，即可判决被告承担侵权责任。由于这种责任的承担，并不考虑行为人的主观意识状态，而只考虑损害结果和免责事由，故又被称为客观责任；与过错责任原则相比，这种责任在承担条件和责任后果上更为严格，故也被称为严格责任。适用无过错责任原则的意义在于加重行为人责任，及时救济受害人，使其损害赔偿请求权更容易实现。

在无过错责任原则出现前，侵权责任法领域实行的是过错责任原则。行为人只有在有过错的情况下，才对自己侵害他人民事权益的行为承担侵权责任，无过错就无责任。但是，19世纪末20世纪初，随着工业化的加速，技术日新月异，经济飞速发展，伴随而来的是事故大量发生，这极大地危害了生命和财产安全。在这样的时代背景下，对这些事故继续实行过错责任原则，一是会使受害人证明行为人的过错更困难；二是行为人也会找出各种无过错的理由进行抗辩，以免除自己的责任。最终的结果是大量受害人得不到赔偿，社会矛盾激化，影响社会的正常运行。所以，无过错责任原则的产生是社会发展的必然结果。

我国1986年颁布的《民法通则》第106条第3款确立了无过错责任原则，具有重大实践意义和理论意义。《侵权责任法》第7条继承了民法通则的规定，并在此基础上进一步明确了无过错责任原则的内涵。在民法典侵权责任编的编纂过程中，有的意见提出，《侵权责任法》第7条中“行为人损害他人民事权益，不论行为人有无过错”的表述，用了两个“行为人”有赘语之嫌疑，建议删除一个。我们研究认为，这种观点在侵权责任法制定时就有，侵权责任法的这一表述是有明确用意的。无过错责任原则的精髓并不是行为人没有过错也要承担侵权责任，而是在确定行为人是否承担侵权责任时，不管其有无过错，受害一方也不用证明行为人是否有过错。这一条用了两个“行为人”，第一个“行为人”重在排除第三人侵权的情形；第二个“行为人”意在明确承担无过错责任不考虑行为人有无过错，只要法律明确规定应当承担侵权责任，就需要承担。该表述不仅准确体现了无过错责任原则的内涵，解决了对“无过错”的理解问题，也解决了无过错责任原则的责任构成要件问题。民法典侵权责任编基本继承了侵权责任法的规定，仅将

“行为人损害他人民事权益”修改为“行为人造成他人民事权益损害”，以与过错责任的表述相一致。

条文解读

根据本条规定，无过错责任的构成要件有四个：一是行为；二是受害人的损害；三是行为与损害之间具有因果关系；四是法律规定应当承担侵权责任，即不存在法定的免责任的情形。

在许多适用无过错责任原则的领域，法律使行为人承担无过错责任，并非是因为其从事了法律禁止的活动，而恰恰相反，这些活动是社会经济发展所必需的，社会允许其存在。但是，由于这些活动有较高的危险风险，且多数是不可控制的，即使采取所有预防意外的措施，也不可能避免危险，如飞机遇到空中的飞鸟、突遇恶劣天气而坠机等，法律允许这些活动的条件是行为人必须对这种风险产生的后果负责。

这里需要强调以下几点：

一是设立无过错责任原则的主要政策目的，绝不是要使“没有过错”的人承担侵权责任，而主要是免除受害人证明行为人过错的举证责任，使受害人易于获得损害赔偿，使行为人不能逃脱侵权责任。事实上，从我国审判实践的情况看，适用无过错责任原则的大多数案件中，行为人基本上都是有过错的。

二是无过错责任并不是绝对责任，在适用无过错责任原则的案件中，行为人可以向法官主张法定的不承担责任或者减轻责任的事由。法律根据行为的危险程度，对适用无过错责任原则的不同侵权类型规定了不同的不承担责任或者减轻责任的事由。例如，在产品责任案件中，产品制造者可以证明产品投入流通时，引起损害的缺陷尚不存在而免除自己的侵权责任；在高度危险物致损案件中，高度危险作业人可以证明受害人故意造成损害而免除自己的责任，等等。

三是在适用无过错责任原则的侵权案件中，只是不考虑行为人过错，并非不考虑受害人过错。如果受害人对损害的发生也有过错的，在有的情况下可减轻，甚至免除行为人的侵权责任。

四是本条关于无过错责任原则的规定，是为了在一些特定领域排除过错责任原则的适用。本条的规定只是为了表明无过错责任原则在我国是与过错责任原则并列的归责原则，其并不直接具有作为裁判根据的意义。要对某一案件适用无过错责任，必须是民法典或者其他法律明确规定该类案件不以过错为承担责任的条件。适用无过错责任原则的案件，所适用的是本法或者其他法律关于无过错责任的具体规定。本法或者其他法律未明确规定适用无过错责任原则的案件，均属于过错责任原则的适用范围。法官不能在法律没有明确规定适用无过错责任原则的情况下，擅自适用该原则。强调这一点，主要是考虑到无过错责任是一种极为严格的责任，若由法官自由决定是否适用该原则，有可能妨碍人们的行为自由和社会进步。立法者在决定哪些领域应当适用无过错责任原则时比较慎重。侵权责任编明确规定了几种适用无过错责任原则的特殊侵权行为，如第四章的产品责任、第七章的环境污染和生态破坏责任以及第八章的高度危险责任。其他法律也可以根据实践发展和社会需要规定适用无过错责任原则的领域。这里需要注意的是，第八章规定的高度危险责任比较特殊，根据第1236条的规定，从事高度危险作业造成他人损害的，应当承担侵权责任。该规定没有限制高度危险责任的具体适用范围，是开放和动态的，只要从事高度危险作业的，就要承担无过错责任。高度危险作业的内涵和外延可以随着社会的发展而扩展。出现新的高度危险作业的，根据实践需要，可用司法解释或者立法解释的方式，也可用单行法的方式包含进来。该规定可以说为将来无过错责任原则的扩大适用留有余地。

五是适用无过错责任原则在赔偿数额上可能存在限制。许多适用无过错责任原则的活动是社会所需要的，法律允许这些活动的存在，但如果法律对这些领域发生的事故赔偿数额没有限制，就有可能过分加重行为人的负担，阻碍经济发展和企业壮大，且无过错责任原则往往与责任保险相连，责任保险可以确保无过错责任制度得以顺利实施，若赔偿额度过高，保险人的负担过于沉重，就可能放弃责任保险，不利于无过错责任制度的顺利实施。所以，在某些适用无过错责任原则的领域，对赔偿额度予以限制，是十分必要的。例如，本法第 1244 条规定，承担高度危险责任，法律规定赔偿限额的，依照其规定，但是行为人有故意或者重大过失的除外。我国的航空、海运等方面的特别法规，基于特定行业的风险性和保护该行业发展的需要，往往规定了最高赔偿数额。

第一千一百六十七条　侵权行为危及他人人身、财产安全的，被侵权人有权请求侵权人承担停止侵害、排除妨碍、消除危险等侵权责任。

条文主旨

本条是关于危及他人人身、财产安全责任承担方式的规定。

立法背景

侵权责任法律制度的作用，可从多个角度阐述，有保护被侵权人的作用，有减少侵权和纠纷的作用，还有预防侵权行为及侵权后果发生的作用。从保护被侵权人的角度看，本法第120条规定，民事权益受到侵害的，被侵权人有权请求侵权人承担侵权责任。这是关于侵权损害后果实际发生的救济，赋予被侵权人在其权利受到侵害时享有请求权，规定民事主体在权益受到侵害怎么办，例如承担赔偿损失、消除影响、恢复名誉、赔礼道歉等具体的民事责任。在侵权行为的后果还没有出现时，赋予被侵权人一定的请求权以发挥预防性的功能，防止损害后果的扩大，维护被侵权人的合法权益，能够更加及时地、充分地发挥法律的功能，获得更好的社会和法律效果。

本条规定来源于《侵权责任法》第21条。因为本条也是对责任构成要件的规定，民法典侵权责任编编纂时，将本条移动至"一般规定"中，体系上更为科学。

条文解读

一、理解本条规定的"危及"

第一，侵权行为正在实施和持续而非已经结束。

第二，侵权行为已经危及被侵权人的人身、财产安全而非不可能危及。

第三，侵权行为系侵权人所为，而非自然原因造成。对正在危及他人的人身、财产安全的侵权行为发生的情况下，赋予被侵权人请求停止侵害、排除妨碍、消除危险等责任方式。

1. 停止侵害。当侵权人正在实施侵权行为时，被侵权人可依法请求其停止侵害。停止侵害适用于各种正在进行的侵权行为，对于已经终止和尚未实施的侵权行为不适用停止侵害的民事责任方式。例如，被侵权人发现网络上出现侮辱自己的文章或者盗用自己的研究成果的情况下，就可以要求侵权人停止侵害。最高人民法院对于当事人请求停止侵害的法律适用有相应的司法解释，例如，《最高人民法院关于贯彻执行〈中华人民共和国民法通则〉若干问题的意见（试行)》第 162 条规定，在诉讼中遇有需要停止侵害、排除妨碍、消除危险的情况时，人民法院可以根据当事人的申请或者依职权先行作出裁定。

2. 排除妨碍。排除妨碍，是指侵权行为人实施某种行为妨害他人正常行使权利或者妨害他人合法利益的，被侵权人请求人民法院排除侵权人的侵权行为。例如，因邻居装修施工占用通行道路，不按约定堆放装修材料阻碍交通的，被阻碍通行的人可以要求其尽快清理，排除妨碍。又如，将污染物排放到河流造成环境污染及他人财产损失的，被侵权人有权请求其排除妨碍，清除污染物。

3. 消除危险。消除危险，是指在负有责任的人支配下的物对他人人身和财产安全构成威胁，或者存在侵害他人人身或者财产现实可能性的情况下，受到威胁的人有权请求法院责令对构成危险的责任人采取有效措施消除侵害他人人身或者财产的威胁和现实可能性的承担民事责任的方式。请求消除危险，又称请求防止侵害，是指侵害虽未发生，但其人身、财产面临遭受侵害的可能，对于这种可能发生的侵害，可能被侵权的人有权请求相对人为一定行为或者不为一定行为，防止侵害，消除既存的危险，以避免侵害的发生。例如，住宅小区的树木出现树枝将要断裂，或者树干枯死，随时可能掉下来砸到行人或者停在树下的车辆上，在这种情况下，可以请求树木管理责任人消除隐患，避免损害的发生。又如，住宅小区内的下水井盖丢失，极易造成对人身的伤害，负责井盖管理的人，有责任补上井盖，防止侵害的发生。

二、本法第1165条、第1166条和第1167条的关系

本法第1165条规定了过错责任原则，第1166条规定了无过错责任原则，第1167条规定了危及他人人身、财产安全责任承担方式。三条内容相互衔接、相互补充、相互协调，组成了我国民事侵权责任的基本制度。

第1165条规定了过错责任原则是最常见的侵权责任归责原则，民法典侵权责任编在侵权责任法第二章“责任构成和责任方式”的基础上，修改为“损害赔偿”一章，这意味着在适用该条时，必须有造成损害的后果。相比之下，第1166条是无过错责任的规定，只有在法律有明确规定时，才能适用该条规定。第1167条是基于物权、人格权等绝对权而产生的保护性请求权，不要求有损害结果。

第一千一百六十八条　二人以上共同实施侵权行为，造成他人损害的，应当承担连带责任。

条文主旨

本条是关于共同侵权制度的规定。

立法背景

共同侵权，是指数人共同不法侵害他人权益造成损害的行为。对共同侵权行为，有的学者称为“共同致人损害”；有的学者称为“共同过错”；还有的学者称为“共同不法行为”。

我国于1986年颁布实施的《民法通则》第130条规定首次在立法上使用了“共同侵权”这一制度性概念。最高人民法院于2003年颁布的《关于审理人身损害赔偿案件适用法律若干问题的解释》对这一规定进行了细化。2009年颁布的《侵权责任法》第8条规定：“二人以上共同实施侵权行为，造成他人损害的，应当承担连带责任。”民法典侵权责任编继承了侵权责任法的规定，未作修改。

条文解读

在数人侵权情形下，如果构成一般侵权，数个行为人分别根据各自行为造成损害后果的可能性承担按份责任。如果构成共同侵权，数个行为人对受害人承担连带责任，受害人可以要求任一行为人承担全部侵权责任，法律后果更重。连带责任的重要意义在于增加责任主体的数量，加强对受害人请求权的保护，确保受害人获得赔偿。如果每个行为人都具有相应的清偿能力，要求数个行为人对受害人承担连带责任或者按份责任，最终结果都是一样的。但是，如果部分行为人不具有清偿能力，这就凸显出了连带责任在保护受害人方面的重要作用，但这也可能使对外承担全部责任的部分行为人无法从其他行为人处获得相应的清偿。

如果共同侵权制度的适用范围过于宽泛，会使行为人动辄与他人承担连带责任，哪怕其本身只需要承担一小部分的份额，其也必须首先对外承担全部责任，然后再向其他行为人追偿，不仅增加了诉讼成本，而且可能使具有清偿能力的人承担其本不应承担的份额，蒙受不公平，反而使本应承担更多份额的行为人得以逃脱。如果共同侵权制度的适用范围过于狭窄，将不利于充分发挥该制度迅捷救济受害人的设计初衷，受害人需要证明数个行为人的侵权行为在损害后果中所占的份额，增加了诉讼难度。也正因为此，在构建共同侵权制度时，需要在行为人与受害人之间寻找到一个合适的平衡点。

根据本条规定，构成共同侵权行为需要满足以下几个要件：

一是主体复数。共同侵权行为的主体必须是两人或者两人以上，行为人可以是自然人，也可以是法人。

二是共同实施侵权行为。这一要件中的“共同”主要包括三层含义：其一，共同故意。上文介绍了多种学说，无论学者采纳哪一种学说，都一致认为，数个行为人基于共同故意侵害他人合法权益的，应当成立共同侵权行为。其二，共同过失。“共同过失”主要是数个行为人共同从事某种行为，基于共同的疏忽大意，造成他人损害。其三，故意行为与过失行为相结合。需要特别强调的是，上述三种形态均可以构成本条所说的“共同实施”，不能狭义理解为，本条所指的共同实施只有共同故意实施。

三是侵权行为与损害后果之间具有因果关系。在共同侵权行为中，有时各个侵权行为对造成损害后果的比例有所不同，但必须存在法律上的因果关系，如果某个行为人的行为与损害后果之间没有因果关系，不应与其他行为人构成共同侵权。

四是受害人具有损害。这是受害人请求加害人承担侵权责任的一个基本要件。无损害，则无救济。如果没有损害，根本不可能成立侵权责任。

根据本条规定，一旦满足上述构成要件，成立共同侵权行为，数个行为人就必须对外承担连带责任，被侵权人有权请求部分或者全部行为人承担全部责任。

需要说明的是，在我国，共同侵权与连带责任的适用范围并不完全重合，两者并不是一一对应关系。根据本法第 178 条第 3 款的规定，连带责任由法律规定或者当事人约定。在法律规定方面，除了共同侵权行为外，还有其他情形的规定。例如，侵权责任编第五章规定的拼装或者已经达报废标准的机动车的转让人和受让人承担连带责任；第八章规定的高度危险物的所有人与管理人承担连带责任等。

第一千一百六十九条　教唆、帮助他人实施侵权行为的，应当与行为人承担连带责任。

教唆、帮助无民事行为能力人、限制民事行为能力人实施侵权行为的，应当承担侵权责任；该无民事行为能力人、限制民事行为能力人的监护人未尽到监护职责的，应当承担相应的责任。

条文主旨

本条是关于教唆侵权和帮助侵权的规定。

立法背景

我国民法通则仅仅规定了共同侵权制度，没有对教唆、帮助侵权作出具体规定。最高人民法院通过的《关于贯彻执行〈中华人民共和国民法通则〉若干问题的意见（试行）》弥补了这一空白，第 148 条规定："教唆、帮助他人实施侵权行为的人，为共同侵权人，应当承担连带民事责任。教唆、帮助无民事行为能力人实施侵权行为的人，为侵权人，应当承担民事责任。教唆、帮助限制民事行为能力人实施侵权行为的人，为共同侵权人，应当承担主要民事责任。”2009 年颁布的《侵权责任法》第 9 条对教唆侵权和帮助侵权作了具体规定。民法典侵权责任编继承了侵权责任法的规定，未作变更。

条文解读

教唆和帮助行为属于法定的共同侵权行为中的一种类型。

一、对本条第 1 款的理解及行为的构成要件

本条第 1 款中的“他人”指的是完全民事行为能力人。教唆、帮助完全民事行为能力人实施侵权行为需要满足以下构成要件：

一是教唆人、帮助人实施了教唆、帮助行为。教唆行为，是指对他人进行开导、说服，或通过刺激、利诱、怂恿等方法使该他人从事侵权行为。教唆行为只能以积极的作为方式作出，消极的不作为不能成立教唆行为，教唆行为可以通过口头、书面或其他形式加以表达，可以公开进行也可以秘密进行，可以当面教唆也可以通过别人传信的方式间接教唆。帮助行为，是指给予他人以帮助，如提供工具或者指导方法，以便使该他人易于实施侵权行为。帮助行为通常是以积极的作为方式作出，但具有作为义务的人故意不作为时也可能构成帮助行为。帮助的内容可以是物质上的，也可以是精神上的，可以在行为人实施侵权行为前，也可以在实施过程中。一般认为，教唆行为与帮助行为的区别在于：教唆行为的特点是教唆人本人不亲自实施侵权行为，而是唆使他人产生侵权意图并实施侵权行为或危险行为；而帮助行为可能并不对加害行为起决定性作用，只是对加害行为起促进作用。

二是教唆人、帮助人具有教唆、帮助的主观意图。一般来说，教唆行为与帮助行为都是教唆人、帮助人故意作出的，教唆人、帮助人能够意识到其作出的教唆、帮助行为所可能造成的损害后果。在帮助侵权中，如果被帮助人不知道存在帮助行为，也并不影响帮助行为的成立。

三是被教唆人、被帮助人实施了相应的侵权行为。这一要件要求教唆行为、帮助行为与被教唆人、被帮助人实施的侵权行为之间具有内在的联系。如果被教唆人、被帮助人实施的侵权行为与教唆行为、帮助行为没有任何联系，而是行为人另外实施的，那么，就该行为所造成的损害不应要求教唆人、帮助人承担侵权责任。这一点与刑法中的教唆犯罪存在明显区别，在刑法中，即便被教唆人没有按照教唆人的意图实施犯罪行为，教唆人的教唆行为仍然可能构成教唆未遂的犯罪。

根据本款规定，教唆人、帮助人实施教唆、帮助行为的法律后果是，教唆人、帮助人与行为人承担连带责任。受害人可以请求教唆人、帮助人或者行为人中的一人或者数人赔偿全部损失。

二、对本条第 2 款的理解及行为的构成要件

本条第 2 款是针对被教唆、被帮助对象是无民事行为能力人或者限制民事行为能力人所作出的特别规定。相比第 1 款的规定，法律后果有所不同。

一是，教唆人、帮助人明知被教唆人、被帮助人为无民事行为能力人或者限制民事行为能力人时，仍然实施教唆、帮助行为的，应当承担侵权责任。即便教唆人、帮助人主观上不知道被教唆人、被帮助人是无民事行为能力人或者限制民事行为能力人的，为了体现法律对教唆、帮助行为的否定性评价，也应当适用本款规定，由教唆人、帮助人承担侵权责任。

二是，如果被教唆、被帮助的无民事行为能力人或者限制民事行为能力人的监护人未尽到监护责任的，应当承担相应的责任。监护，是为保护无民事行为能力人和限制民事行为能力人的人身和财产权利而由特定公民或组织对其予以监督、管理和保护的制度。如果监护人未尽到教育和照顾被监护人的职责，疏于履行监护责任，应当对被监护人给他人造成的损害承担侵权责任。

在侵权责任法起草过程和民法典编纂过程中，都有意见提出，无论监护人是否尽到监护责任，都应当由监护人与教唆人或者帮助人承担连带责任。我们研究认为，在存在教唆人、帮助人的情形下，监护人承担连带责任过于严厉。还有意见提出，应当对教唆帮助无民事行为能力人实施侵权行为和教唆帮助限制民事行为能力人实施侵权行为的责任作出区分规定。教唆帮助无民事行为能力人实施侵权行为的，被教唆的无民事行为能力人实际被当作实施侵权的工具，应由教唆人帮助人承担全部责任。与无民事行为能力人相比，限制行为能力人有一定程度的判断力，仍然由教唆人帮助人承担侵权责任，有失妥当，应当根据各自过错和原因力，对内合理划分各方责任。我们研究认为，本款“教唆、帮助无民事行为能力人、限制民事行为能力人实施侵权行为的，应当承担侵权责任”是从侵权人与被侵权人相互关系的角度上作出规定的，即侧重外部关系。即使要考虑侵权人的内部关系，教唆人、帮助人的责任，不因其教唆或者帮助的对象不同，而体现出主观故意的区别。上述这些意见，虽然都有一定道理，但并未被立法采纳。

第一千一百七十条　二人以上实施危及他人人身、财产安全的行为，其中一人或者数人的行为造成他人损害，能够确定具体侵权人的，由侵权人承担责任；不能确定具体侵权人的，行为人承担连带责任。

条文主旨

本条是关于共同危险行为的规定。

立法背景

学说上的共同危险行为，是指数人的危险行为对他人的合法权益造成了某种危险，但是对于实际造成的损害无法查明具体是由何人所为，法律为保护被侵权人的利益，数个行为人被视为侵权行为人。

我国民法通则没有对共同危险行为制度作出明确规定。《最高人民法院关于审理人身损害赔偿案件适用法律若干问题的解释》第 4 条规定："二人以上共同实施危及他人人身安全的行为并造成损害后果，不能确定实际侵害行为人的，应当依照民法通则第一百三十条规定承担连带责任。共同危险行为人能够证明损害后果不是由其行为造成的，不承担赔偿责任。"2009 年颁布的《侵权责任法》第 10 条规定了共同危险行为。民法典侵权责任编继承了《侵权责任法》第 10 条的规定，未作变更。

条文解读

一、共同危险行为的构成要件

一是二人以上实施危及他人人身、财产安全的行为。行为主体是复数，这是最基本的条件，这才有可能不能确定谁是具体加害人。

在侵权责任法起草及民法典编纂过程中，均有意见提出，建议加上“共同”二字，即“二人以上共同实施侵权行为”。经研究，我们认为，在共同危险行为制度中，“共同”的含义要求数个行为人的行为必须是在同一时间、同一场所的行为，即“时空上的共同性”。如果数个行为人的行为在时间上、场所上发生了分离，就不属于“共同”危险。我国侵权责任制度共同侵权规定中的“共同”与上述的“共同”的含义是不一样的，不要求时空上的共同性。例如，第1168条规定，二人以上共同实施侵权行为，造成他人损害的，应当承担侵权责任。这一条中的“共同”不要求数个侵权人在同一时间、同一场所实施侵权行为。因此，为了防止在同一部法律中出现表述相同但含义不同的法律术语，本条没有采取“共同实施”的表述。

有的意见提出，共同危险行为人承担连带责任的根据在于数个行为人具有共同过错，这种共同过错表现为共同过失。还有的意见认为，把行为人连接在一起的是共同过错，这种共同过错既非共同故意也非单独故意，而只能表现为共同过失，即共同地疏于对他人权利保护的注意义务。经研究，我们认为，我国法律上的共同危险行为制度是来源于最高人民法院的司法解释，该司法解释的初衷是防止因无法指认具体加害人而使受害人的请求权落空。本条的着眼点是每个行为人都实施了危及他人人身、财产安全的行为。

二是其中一人或者数人的行为造成他人损害。虽然实施危及他人人身、财产行为的是数人，但真正导致受害人损害后果发生的只是其中一个人或者几个人的行为。

三是不能确定具体加害人。一般而言，受害人只能请求加害人就其侵权行为所造成的损失予以赔偿，加害人也仅对其侵权行为所造成的损失进行赔偿。但在共同危险行为制度中，数个行为人实施的危及行为存在耦合性，事实上只有部分行为人的行为造成了损害后果。但是，由于受害人无法掌握各个行为人的行为动机、行为方式等证据，无法准确判断哪个行为才是真正的加害行为，为了保护受害人的合法权益，降低受害人的举证难度，避免其因不能指认真正加害人而无法行使请求权，同时由于每个行为人都实施了危及行为，在道德上具有可责难性，所以规定由所有实施危及行为的人承担连带责任是合理的。如果受害人能够指认或者法院能够查明具体加害人，那就是普通的侵权责任，由具体加害人承担侵权责任。

根据本条规定，适用共同危险行为制度的法律后果是，数个行为对受害人承担连带责任。共同危险行为不仅在一般过错责任中适用，在过错推定责任、无过错责任中也有适用余地。

二、共同危险行为制度的免责事由

对于是否规定部分行为人能通过证明其不可能是加害人或者其行为与损害后果之间不存在因果关系来免除责任，学术界历来都有两种主张：一种是肯定说。该说认为只要数人中有人能够证明自己根本没有加害他人的可能的，也就证明了自己没有实施危险行为，此时即便其他人中仍然不能确知谁为加害人，也应当将该人排除在共同危险人之外，使其免除责任。另一种是否定说。该说认为即便数人中的某人能够证明自己没有加害行为，也不能当然地免除其责任，因为其他人也如法炮制地证明自己没有加害行为，则势必会发生全体危险行为人逃脱责任的现象，受害人所受损害根本无法获得补救，因此，行为人能够证明自己并非加害人并不能免责。

关于本条应当采纳哪种主张，在民法典侵权责任编的起草过程中也曾有过不同意见。有的认为，为了保护受害人的利益，共同危险行为制度将部分不应承担责任的行为人作为责任人，应当给予这部分人免除责任的机会，如果必须指明谁是加害人，失之过严。还有的认为，相对受害人而言，行为人容易证明谁是加害人，如果允许行为人通过证明自己不可能是加害人来免责，可能导致法官过大的自由裁量权、行为人轻易从责任中逃逸，使受害人无法得到救济。这两种观点都有其合理性。本条最终规定，不能确定具体加害人的，由行为人承担连带责任。换言之，只有在确定具体加害人的情形下，其他行为人才可以免除责任。

第一千一百七十一条　二人以上分别实施侵权行为造成同一损害，每个人的侵权行为都足以造成全部损害的，行为人承担连带责任。

条文主旨

本条是关于无意思联络分别实施侵权行为，但是都能造成全部损害时，承担连带责任的规定。

条文解读

适用本条规定需要符合以下构成要件：

一是二人以上分别实施侵权行为。行为主体的复数性是最基本的条件，每个人的行为都必须是侵权行为。相比本法第1168条规定的共同侵权行为，本条要求数个侵权行为之间相互独立。本条中的“分别”是指实施侵权行为的数个行为人之间不具有主观上的关联性，各个侵权行为都是相互独立的。每个行为人在实施侵权行为之前以及实施侵权行为过程中，没有与其他行为人有意思联络，也没有认识到还有其他人也在实施类似的侵权行为，这就是所谓的“无意思联络”。如果行为人主观具有关联性，存在共同故意或者共同过失，应当适用本法第1168条共同侵权行为的规定，而不能适用本条。

二是造成同一损害后果。“同一损害”指数个侵权行为所造成的损害的性质是相同的，都是身体伤害或者财产损失，并且损害内容具有关联性。如甲的侵权行为造成了丙左腿受伤，乙的侵权行为也造成了丙左腿受伤。如果乙的侵权行为造成了丙右腿受伤，那么，甲、乙两人的侵权行为造成的就不是同一损害，而是不同损害。本条强调损害的同一性。本条与共同侵权制度是有区别的。在共同侵权制度中，即便每个侵权行为所造成的损害后果不同，如甲的侵权行为造成了丙身体上的伤害，乙的侵权行为造成了丙的财产损失，只要数个行为人主观上具有关联性，同样构成共同侵权，由数个行为人对受害人的全部损失承担连带责任。此外，如果各个行为人对受害人所造成的损害是不同的，即便因偶然原因而同时发生在一个人身上，行为人也应当就各自所致的损害承担赔偿责任。

三是每个人的侵权行为都足以造成全部损害。判断每个侵权行为是否足以造成全部损害是适用本条的关键。本条中的“足以”并不是指每个侵权行为都实际上造成了全部损害，而是指在没有其他侵权行为共同作用的情况下，独立的单个侵权行为也有可能造成全部损害。如甲、乙两人分别从不同方向向同一房屋放火，将该房屋烧毁，根据两个方向的火势判断，如果不存在另一把火，每把火都有可能将整栋房屋烧毁，但事实上是两把火共同作用烧毁了该房屋，所以只能说每把火都“足以”烧毁整栋房屋。

根据本条规定，一旦满足本条规定的上述三个构成要件，数个行为人必须对造成的损害承担连带责任。

第一千一百七十二条　二人以上分别实施侵权行为造成同一损害，能够确定责任大小的，各自承担相应的责任；难以确定责任大小的，平均承担责任。

条文主旨

本条是关于无意思联络的分别侵权行为承担按份责任的规定。

立法背景

世界上大多数国家和地区的民法中没有类似的规定。我国民法通则没有对无意思联络的分别侵权行为作出规定，《最高人民法院关于审理人身损害赔偿案件适用法律若干问题的解释》第 3 条第 2 款规定：“二人以上没有共同故意或者共同过失，但其分别实施的数个行为间接结合发生同一损害后果的，应当根据过失大小或者原因力比例各自承担相应的赔偿责任。”侵权责任法吸收了最高人民法院司法解释的规定，第 12 条规定了无意思联络的分别侵权行为承担按份责任的情形。

民法典侵权责任编继承了侵权责任法的规定，对个别字词作了调整。

条文解读

一、适用本条的构成要件

一是二人以上分别实施侵权行为。这一要件与本法第1171条中“二人以上分别实施侵权行为”的含义相同，要求数个侵权行为相互之间是独立的，不存在应当适用第1168条共同侵权制度的情形。

二是造成同一损害后果。这一要件与本法第1171条中“造成同一损害”的含义一样。如果数个侵权行为造成的损害后果不同，可以明显区分，应当适用本法第1165条或者第1166条的规定。本条与本法第1171条同属分别侵权制度，但在构成要件上有所不同，第1171条的构成要件更加严格，要求“每个人的侵权行为都足以造成全部损害”。

二、适用本条的法律后果

在法律后果上，本条数个行为人的责任与第1171条在法律后果上有本质区别，第1171条要求各个行为人承担连带责任，更为严厉。本条确定各个行为人应当承担的责任，分两个层次规定：

一是能够确定责任大小的。虽然数个侵权行为结合造成了同一损害，但是在大部分案件中，可以根据各个侵权行为对造成损害后果的可能性（盖然性）来确定责任份额。判断这种可能性，可以综合各个行为人的过错程度、各个侵权行为与损害后果因果关系的紧密程度、公平原则以及政策考量等因素。有的学者将这种可能性称为“原因力”，其是指在构成损害结果的共同原因中，每一个原因对于损害结果发生或扩大所发挥的作用力。法律不可能脱离具体案件，事先抽象出各种确定责任份额的标准，只能由法官在具体案件中综合考虑各种因素来确定。

二是难以确定责任大小的。责任分配的尺度很难有一个可以数量化的标准，在某些情形下，由于案情复杂，很难分清每个侵权行为对损害后果的作用力究竟有多大。我们可以借鉴其他国家和地区在确定各个连带责任人内部份额时的做法，在有疑问的情况下，推定所有人的责任相同。本条也作出了类似规定，难以确定责任大小的，各个行为人平均承担责任。《侵权责任法》第 12 条规定的是“平均承担赔偿责任”。民法典侵权责任编编纂过程中，考虑到侵权责任的承担方式除了最常适用的赔偿损失以外，还有赔礼道歉、消除影响、恢复名誉等其他方式，因此将“赔偿”二字删除，规定为“平均承担责任”。

三、本条与第 1168 条、第 1171 条的关系

一是本条与第 1168 条共同侵权的规定在适用范围上呈现互补关系。第 1168 条要求数个行为人共同实施侵权行为，而本条要求数个行为人分别实施侵权行为。《德国民法典》当初规定共同侵权制度时，要求只有主观上具有共同故意才能构成共同侵权，除此之外，其他类型的数人侵权都属于分别侵权。但随着共同侵权制度的适用范围不断变宽，一些国家和地区对共同侵权逐渐采用客观说，将部分原属于分别侵权范畴的无意思联络数人侵权纳入共同侵权范畴，现代民法中“共同”与“分别”的区别越来越模糊。

二是在处理数人实施侵权行为的具体案件时，首先需要看是否满足第1168条共同侵权制度规定的构成要件；不符合的，看其是否满足第1171条的构成要件；还不符合的，再看能否适用本条规定。需要特别强调的是，在逻辑关系上，并不存在不适用第1168条、第1171条，就一定适用本条的关系。

第一千一百七十三条　被侵权人对同一损害的发生或者扩大有过错的，可以减轻侵权人的责任。

条文主旨

本条是关于与有过错制度的规定。

立法背景

被侵权人对于损害的发生也有过错的情况下，使侵权人承担全部侵权责任有失公允。因此，侵权人可以以被侵权人的过错为由进行抗辩，要求减轻自己的侵权责任，实践中主要是减少损害赔偿的数额。严格来说，“与有过错”制度与“损益相抵”制度是不同的两项制度。“与有过错”中的“与”指的是侵权人与被侵权人双方，该制度解决双方均有过错的情况下如何承担责任问题。《侵权责任法》第26条一个“也”字说明一切。“损益相抵”是指被侵权人因同一侵权行为受到损害又获得利益的，计算损害赔偿额时，除非利益的性质或者依照法律的规定不得扣除的除外，应当扣除所获利益。侵权责任法与民法典侵权责任编均没有规定“损益相抵”制度，主要考虑侵权行为中极少有侵权人因同一侵权行为受到损害又获得利益的情形。

在侵权责任法立法过程中，对“与有过错”制度规定在哪一章有过争议。最终侵权责任法规定在不承担责任和减轻责任的情形一章中。在民法典侵权责任编编纂过程中，整合了侵权责任法第一章至第三章的规定，因此与有过错制度被吸收到了侵权责任编第一章“一般规定”中。

条文解读

一、关于本条的适用

本法侵权责任编对侵权责任法与有过错制度作了拓展。《侵权责任法》第 26 条规定，“被侵权人对损害的发生也有过错的，可以减轻侵权人的责任”。本法侵权责任编第 1173 条规定，“被侵权人对同一损害的发生或者扩大有过错的，可以减轻侵权人的责任”。两条比较，主要变化有两点：

一是侵权责任编对损害作了限定，必须是“同一”损害才能适用本条。对“同一”的理解，在一部法律中是一脉相承的，指对一个性质相同的损害结果的发生，侵权人与被侵权人均有责任。这次作出修改，主要是有意见提出，实践中不同法院对《侵权责任法》第 26 条的理解和适用不一，为了维护司法裁判的统一性，应当有所限定。二是增加了损害的“扩大”。《侵权责任法》第 26 条“被侵权人对损害的发生”的表述中，发生是包含扩大的含义的，扩大是后续的损害，是新发生的损害，也是损害的一种形态，正确理解侵权责任法的规定，这一点必须明确。民法典编纂过程中，有意见提出，损害发生后，其范围并非立即确定，而是有可能随着时间的发展而变化。从损害发生到损害范围扩大的全部阶段，都有可能发生受害人违反对自己的不真正义务，故受害人过错制度适用的范围，不限于损害的发生，也应包括损害的扩大。经研究，民法典侵权责任编将“扩大”从“损害的发生”中独立出来了。侵权人造成了损害，被侵权人因为自己的原因，致使同一损害扩大，对扩大的部分，可以减轻侵权人的责任。

与有过错制度的适用范围问题一直存在争论。特别是该制度是否适用于无过错责任，我国理论界的争论由来已久。从比较法的角度来看，在绝大多数国家和地区与有过错制度都适用于无过错责任。民法典侵权责任编在本条明确了无过错责任也可以适用与有过错制度。不过，需要特别指出的是，法律明确针对特定的无过错责任类型规定了特殊免责事由的，不适用本条规则。例如，依照本法第1237条的规定，民用核设施或者运入运出核设施的核材料发生核事故造成他人损害的，民用核设施的营运单位能够证明损害是因战争、武装冲突、暴乱等情形或者受害人故意造成的，不承担责任。如果损害是由受害人的过失，哪怕是重大过失造成的，也不能减轻民用核设施经营人的责任。

二、与有过错与受害人故意造成损害的关系

在侵权责任法立法过程和民法典编纂过程中，有的建议将本条中的“过错”改为“过失”。理由是：（1）从德国、日本和我国台湾地区的立法来看，都强调的是受害人对于损害的发生存在过失；（2）“过错”包括“故意”和“过失”，如果是受害人故意造成自己损害，则不是减轻行为人责任的问题，而应当免除行为人的责任。

本法没有采纳上述意见，理由主要是，如果损害完全是由于受害人故意造成的，即损害发生的唯一原因是受害人的故意，应完全免除行为人的责任。在侵权人对于损害的发生有故意或者重大过失，受害人对于同一损害的发生或者扩大也有责任时，只有减轻侵权人责任的问题。

立法过程中还有的建议将本条中的“可以减轻侵权人的责任”中的“可以”修改为“应当”。我们研究认为，在损害主要是由侵权人造成，被侵权人对同一损害仅有轻微责任的情况下，就不一定要免除侵权人的责任。例如，责任认定上，侵权人占99%的原因，被侵权人占1%的原因。这种情况下，如果规定“应当”减轻侵权人的责任，是不公平的。因此立法没有采纳上述建议。

相关规定

《中华人民共和国水污染防治法》第96条第3款；《中华人民共和国道路交通安全法》第76条第1款第2项

第一千一百七十四条　损害是因受害人故意造成的，行为人不承担责任。

条文主旨

本条是关于受害人故意造成损害，行为人免责的规定。

立法背景

受害人故意造成损害，是指受害人明知自己的行为会发生损害自己的后果，而希望或者放任此种结果的发生。受害人故意分为直接故意和间接故意。直接故意是指受害人从主观上追求损害自己的结果发生，如受害人摸高压线自杀；间接故意是指受害人已经预见到自己的行为可能发生损害自己的结果，但也不停止该行为，而是放任损害结果的发生，如受害人盗割高压线，导致自己伤亡。

条文解读

本条规定对行为人免责，是指损害完全是因为受害人的故意造成的，即受害人故意的行为是其损害发生的唯一原因。例如：本法第1238条规定，民用航空器造成他人损害的，民用航空器的经营者应当承担侵权责任；但是，能够证明损害是因受害人故意造成的，不承担责任。

本条规定适用于过错责任自不待言，从现有法律规定来看，本条也适用于无过错责任，本条规定适用于过错责任自不待言，从现有法律规定来看，本条也适用于无过错责任，上述第1238条的规定即是无过错责任的一例。此外，本编第八章高度危险责任的很多条文都规定了受害人故意造成损害，行为人免责的情形。侵权责任法中，本条规定在不承担责任和减轻责任的情形一章中。民法典侵权责任编整合了侵权责任法第一章至第三章的内容，因此本条被吸收到了侵权责任编第一章“一般规定”中。

相关规定

《中华人民共和国水污染防治法》第96条第3款；《中华人民共和国道路交通安全法》第76条第2款

第一千一百七十五条　损害是因第三人造成的，第三人应当承担侵权责任。

条文主旨

本条是关于第三人过错的规定。

立法背景

第三人过错的概念往往在诉讼中体现，指受害人起诉被告以后，被告提出该损害完全或者部分不是由自己造成，是第三人的过错造成，从而提出免除或者减轻自己责任的抗辩事由。第三人的过错包括故意和过失。第三人应当与被告不存在任何隶属关系，比如用人单位的工作人员在工作过程中造成他人损害的，用人单位不能以其工作人员作为第三人，提出“第三人过错”的抗辩。用人单位应当对工作人员造成的损害，承担替代责任。

条文解读

本条在适用上要把握以下两点：

一、第三人过错是造成损害的唯一原因

在过错责任和过错推定责任范围内，被告能够证明损害完全是由于第三人的过错行为造成的，应免除被告的责任，由第三人对原告承担侵权责任。在过错责任适用范围内，例如，甲在骑车下班途中，碰巧乙和丙在路边斗殴，乙突然把丙推向非机动车道，甲躲闪不及，将丙撞伤。在本案中，甲对丙突然被推向他的车前是不可预见的，因此甲没有任何过错，丙的损害应由乙承担赔偿责任。在过错推定责任适用范围内，例如，某农舍的墙上挂了一串玉米，某一天该玉米脱落砸伤了在该墙下乘凉的人。农舍的主人能够证明自己没有过错，并且能够证明损害是由于与自己有积怨的邻居拔松了挂玉米的钉子，从而使玉米脱落砸伤了他人。在此情况下，应由邻居承担损害赔偿责任。

在无过错责任范围内，情况比较复杂。在某些无过错责任情形之下，即使完全由第三人过错造成的损害，也应首先由被告承担责任，即被告不能以第三人造成损害为由，对原告受害人进行抗辩。在某些无过错责任情形之下，第三人的过错造成损害，被侵权人可以选择行为人或者第三人之一承担责任。例如本法第1233条规定，因第三人的过错污染环境、破坏生态的，被侵权人可以向侵权人请求赔偿，也可以向第三人请求赔偿。侵权人赔偿后，有权向第三人追偿。在某些无过错责任情形之下，完全由第三人造成的损害，由第三人承担责任，即被告可以“第三人过错”造成损害为由，对原告进行抗辩。例如，我国《电力法》第60条第3款规定：“因用户或者第三人的过错给电力企业或者其他用户造成损害的，该用户或者第三人应当依法承担赔偿责任。”

二、第三人过错是造成损害的部分原因

本条规定的“第三人过错”与本法第1168条共同侵权行为、第1170条共同危险行为、第1171条无意思联络承担连带责任的侵权行为、第1171条无意思联络承担按份责任的侵权行为等多数人侵权制度有着紧密的联系，同时也极易造成混淆。在何时、何种条件下，被告可以援用“第三人过错”而要求减轻自己责任的问题上，在侵权责任法立法过程中也有不少争论，侵权责任法颁布以来，在司法实践中也有不少错误认识。因此，有必要对以下几个问题进行澄清：

一是与第1168条共同侵权行为的关系。例如，甲和乙合谋将丙打伤，丙将乙起诉到法院，乙不能以甲参与了侵权为由，要求适用本条的规定。即构成共同侵权行为的，应当适用本法第1168条的规定，由侵权人承担连带责任，即被侵权人有权要求侵权人中的一人承担全部责任，而不能适用第三人过错免责。

二是与第1170条共同危险行为的关系。例如，甲在农田耕作时遭受枪伤，甲将其受伤时发现的非法狩猎人乙告上法庭。乙在庭上陈述，其在开枪的同时，还有另一名非法狩猎人丙也开了枪。但甲的枪伤只有一处，乙提出枪伤可能是自己所为，但也可能是丙的行为所致。这种情况下，依照本法第1170条的规定，乙的行为和丙的行为构成共同危险行为，在不能确定具体加害人的情况下，乙和丙承担连带责任，乙不能以第三人丙的行为为由，对受害人甲进行抗辩，要求与丙分担甲的损失，免除或者减轻自己的责任。当然，乙在承担连带责任后，可以起诉丙，以进一步分清二者的责任，但那是另一个法律关系。

三是与第1171条无意思联络承担连带责任的侵权行为的关系。例如，甲、乙二人分别在丙的房舍的东西两面放火烧荒，甲、乙二人没有意思联络，但两股火同时向丙的房舍蔓延，致使丙的房舍焚毁。丙将甲起诉到法院，甲提出乙的放火行为也是房屋被焚的原因之一，要求减轻自己的责任。本案中，甲、乙的行为直接结合，是构成丙的损害的共同原因，依照第1171条的规定，甲乙应对丙承担连带责任。甲以第三人侵权行为造成损害为由的抗辩不能成立。

四是与第1171条无意思联络承担按份责任的侵权行为的关系。这两种情形最难以区分，第1175条规定“损害是因第三人的原因造成的，第三人应当承担责任”，这种情况下，被告是否仍然要承担部分责任，法律对此没有明确规定。这就需要司法实践中结合个案进行仔细分析，在“被告的过错”与“第三人的过错”分别构成同一损害的原因的情况下，被告可以以造成的损害还有“第三人的过错”为由，向原告行使抗辩权，要求减轻自己的责任。

相关规定

《中华人民共和国水污染防治法》第94条第4款

第一千一百七十六条　自愿参加具有一定风险的文体活动，因其他参加者的行为受到损害的，受害人不得请求其他参加者承担侵权责任；但是，其他参加者对损害的发生有故意或者重大过失的除外。

活动组织者的责任适用本法第一千一百九十八条至第一千二百零一条的规定。

条文主旨

本条是关于自甘风险制度的规定。

立法背景

一、有关概念辨析

自甘风险和自愿承担损害容易混淆，是既有共同点又有区别的两个概念。

1. 自甘风险又称自愿承受危险，是指受害人自愿承担可能性的损害而将自己置于危险环境或场合，造成损害行为人不承担责任。其构成要件是：第一，受害人作出了自愿承受危险的意思表示，通常是将自己置于可能性的危险状况之下；第二，这种潜在的危险不是法律、法规所禁止的，也不是社会公序良俗所反对的，且此种危险通常是被社会所认可存在或者难以避免的。例如，参加拳击比赛而自愿承受可能受到的人身伤害的危险。

2. 自愿承担损害又称受害人同意，是指受害人自愿同意他人对其人身或财产施加某种损害。关于自愿对其人身实施损害，例如，病人同意医生对其手术，手术将造成失血，而手术对于挽救病人生命与失血的损害相比是利大于弊，于是选择手术的情形；汶川地震中，为了施救，先锯断某人的腿，然后才能将其救出的例子等。此种损害是不违反法律或公共道德的，如果受害人以此种损害请求赔偿，被告应享有抗辩权。但是，如果甲同意乙打其一记耳光，如果乙真的打了，则乙的行为具有违法性，不能适用受害人同意。关于自愿他人对其财产进行损害，例如，同意他人对自己的财产抛弃或毁损的情形，由于财产权的权利人有权处分自己的财产，同意他人对自己财产的损害，如同自己损害自己的财产一样，一般情况下此种情形不构成对法律或公共道德的违反。自愿承担损害的构成要件是：第一，受害人明确作出了同意对其实施加害的意思表示，知道或者应当知道对其实施加害行为的法律后果；第二，同意加害的内容不违反法律和公序良俗，且不超出受害人同意的范围。

3. 自甘风险与受害人同意的区别主要为：一是适用领域不同。自甘风险主要适用于危险性的文体、探险等活动；受害人同意的适用范围比较广泛，不违反法律和公序良俗的一般行为，只要受害人同意，均可产生免责效果。二是受害人对损害后果的知情程度不同。在自甘风险制度中，受害人对其参加什么文体活动、该活动通常具有什么危险或者损伤、自己的竞技水平和身体健康情况是知晓的，只是不能具体预测自己参加活动是否一定会遭受损害、遭受多大程度的损害。自甘风险制度中，受害人往往没有明确作出自愿接受损害结果的意思表示。在受害人同意制度中，受害人对损害的发生、损害的性质、损害的范围一般都是知情、能够预测到的。三是损害发生是否符合受害人的意愿不同。自甘风险制度中，受害人不希望损害后果的发生。受害人同意制度中，损害的发生符合受害人的意思。而且在受害人同意制度中，受害人必须以明示或者默示的意思表示作出处分行为，放弃法律的保护。

二、国内有关规定及民法典规定自甘风险制度的考虑

2002 年教育部《学生伤害事故处理办法》第 12 条第 5 项规定，在对抗性或者具有风险性的体育竞赛活动中发生意外伤害，学校已履行了相应职责，行为并无不当的，无法律责任。

侵权责任法立法过程中，有的建议规定自甘风险作为免责事由。对于是否规定，各方面有过激烈争论，没有达成一致性意见。赞成规定的理由主要是：权利人有权处分自己的权利，该处分行为只要不违反法律和公共道德，就应认可该种意思表示的效力。自甘风险往往是为了博弈一个较大的利益，或者在两个不利后果中选择一个较小的不利后果。受害人同意承受相应风险的，应可以作为被告方的抗辩事由。不同意规定的理由主要是：自甘风险是处分自己权益的行为，被告的行为不构成侵权，也就不存在免责的问题。实践中自甘风险的情况非常复杂，比如核设施等危险区域提示不得入内，但受害人进去了，管理人就没有责任吗？因此，由司法实践根据个案的情况确定被告方的责任比较妥当。在自甘风险的情况下，被告方要不要承担责任还是看其有没有过错，有过错的承担责任，没过错的不承担，并不是说只要是受害人同意或者自甘风险，受害人有过错也不承担责任。既然已将过错作为承担责任原则，因此没有必要规定。本着谨慎负责的态度，经过反复研究，侵权责任法没有规定自甘风险制度。

民法典编纂过程中，有建议提出，参加对抗性较强的体育等活动容易发生受伤等情况，实践中，对伤害由谁承担责任经常产生纠纷。例如参加马拉松竞赛活动中参赛者去世，要求组织者承担侵权责任等。为了满足具有风险性的体育竞技等方面的需要，建议增加规定自甘风险制度。我们研究认为，参加者自愿参与这些活动应当充分认识到其危险性，由此产生的正常风险原则上应当由参加者自己承担。在法律中确立“自甘风险”规则，对于自愿参加对抗性、风险性较强的体育活动，以及学校等机构正常组织开展体育课等活动学生受伤发生纠纷时，明确责任的界限是有利的。据此，民法典侵权责任编草案二审稿增加了一条规定：自愿参加具有危险性的活动受到损害的，受害人不得请求他人承担侵权责任，但是他人对损害的发生有故意或者重大过失的除外。活动组织者的责任适用本法第973条的规定，即活动组织者就未尽到安全保障义务承担侵权责任。对这一规定，各方面提出了很多意见，主要是建议自甘风险的适用范围不宜过宽，应限定为体育比赛等具有一定风险的文体活动。同时，建议明确教育机构在组织这类活动时应当如何承担责任。因此，民法典侵权责任编草案三审稿对自甘风险的规定作了修改：一是自愿参加具有一定风险的文体活动，因其他参加者的行为受到损害的，受害人不得请求其他参加者承担侵权责任，但是其他参加者对损害的发生有故意或者重大过失的除外。二是如果活动组织者为学校等教育机构，应当适用学校等教育机构在学生受到人身损害时的相关责任规定。

条文解读

本条适用时应把握如下几点问题：

一是受害人必须意识到所参加的文体活动的风险。这种风险必然存在，但是否会产生损害结果不确定。例如参加篮球运动一定会存在冲撞，参加足球运动必然有铲球，这些行为都有可能会造成倒地的风险，有可能会造成骨折的风险，风险必然有，但是否必然出现这样的后果是不一定的，运动的剧烈程度、冲撞的角度、铲球的力度、双方是否遵守规则、运动护具的穿戴、参加者运动技能和身体素质等因素的不同，会产生很大的变数。本质上讲，参加任何文体活动都有可能存在风险、造成损害。侵权责任编本着谨慎的精神，仅规定了“自愿参加具有一定风险的文体活动”中才能适用自甘风险制度。“具有一定风险”，应当理解为风险性较高、对自身条件有一定要求、对抗性较强等的文体活动。

二是在正常情况下，因为其他参加者的行为受到损害的，其他参加者不承担侵权责任。具有一定风险的文体活动的参加者在了解风险的前提下，仍自愿参加，在文体活动中受到损害的，其他参加者不承担侵权责任，也就是说法律规定这种情况下直接免责。但是，其他参加者对损害的发生有故意或者重大过失的，这种情形下损害是由于行为人的侵权行为造成的，已经超过其自甘风险的范围，法律规定了除外条款，对此应当根据双方的过错程度，确定损害的承担。为了防止侵权人不当地援用“自甘风险”条款免责，应限定其适用范围，这也是本条将侵权人承担责任的主观要件限定于故意或者重大过失的重要原因。

三是活动组织者的责任承担上，法律规定适用安全保障义务的规定。但是应当明确，有些文体活动需要组织者详细明确告知参加者各种风险；有些活动是按照经验不需要组织者告知参加者风险的，因为这些活动的固有危险已经为社会一般人所知晓，更为参加者所熟知。这在确定文体活动组织者责任时，应当予以考虑。但是，固有风险之外的意外损害，应当由组织者承担。例如参加马拉松活动，正常跑步过程中的晒伤、膝关节损伤、碰撞等运动伤害，是不需要组织者特别告知的。此外，在整个活动过程中，组织者是否尽到了必要的安全保障义务、采用了足够安全的措施、设计了突发情况的预案、损害发生后是否及时采取了合理措施，等等，是考虑活动组织者是否尽到了责任的因素。当然，还要考虑受害人是否有过错以及过错程度。

四是适用本条规定需要结合具体的案件，从案件的具体情况出发，审慎确定文体活动是否具有一定的风险性，是否属于自甘风险的情况，当事人双方、活动组织者是否有过错以及过错程度，从各方面从严认定和把握。

第一千一百七十七条　合法权益受到侵害，情况紧迫且不能及时获得国家机关保护，不立即采取措施将使其合法权益受到难以弥补的损害的，受害人可以在保护自己合法权益的必要范围内采取扣留侵权人的财物等合理措施；但是，应当立即请求有关国家机关处理。

受害人采取的措施不当造成他人损害的，应当承担侵权责任。

条文主旨

本条是关于自力救济制度的规定。

立法背景

一、关于自力救济制度的沿革与概念

自力救济是一项古老的制度，属于私力救济的范畴，希腊罗马时期的法典中即有明文规定。现代文明国家建立后，公民的权利主要由公权力保障，私力救济逐渐演变为公力救济，通过司法程序解决纠纷成为最主要的方式之一。从私力救济到公力救济的演变是一个漫长而交错的历史过程。两者长期并存，既对立冲突，也交错互补。你中有我，我中有你，私力救济中有“公力”因素，公力救济中有“私力”因素，其间存在一种融合两者特征的社会型救济，如调解和仲裁。随着历史的发展和社会经济进步，私力救济法律化逐渐被纳入法律框架。相比于私力救济，公力救济具有文明性、稳定性、强制性等诸多优点。

现代社会中的自力救济，主要指在民事法律关系中，权利人在特殊情况下不借助国家机关的公力，而以自己的力量来保护自己或他人权利的行为。民法通则、侵权责任法等法律中，没有规定自力救济制度。

二、民法典对自力救助制度规定的情况

民法典编纂过程中，有的建议规定自力救济制度，主要理由有：一是司法最终解决是现代法治的基本要求，但司法最终解决不等于唯一解决，只有纠纷达到一定的条件或标准后，才会纳入司法的视野。有些私力救济方式经过长期的演化已经形成一定的习惯和规范，有时候更能实现公正。二是我国法律中规定的正当防卫、紧急避险等制度，在性质上应当属于自力救济的范围。因此，将这一制度进一步扩大有法律、理论和实践

基础。三是实践中，自力救济行为广泛存在，会导致滥用自力救济的情况，引发更大的纠纷，反而不利于社会的稳定。实践中就出现了在合法权益受到侵害，来不及请求国家机关保护的情况下，受害人自己采取措施保护权益，反而被他人起诉侵权的案件。

我们研究认为，“自助行为”制度赋予了公民在一定条件下的自我保护权利，是对国家权力在维护社会秩序和保护公民权益不及时情况下的有益补充。明确规定这种制度，对保护公民人身、财产权益安全具有重要的现实意义，也有利于对这种自力救济行为进行规范。因此，在民法典侵权责任编草案二审稿中增加了该制度，二审稿的表述为：自己的合法权益受到不法侵害，情况紧迫且不能及时获得国家机关保护的，可以在必要范围内采取扣留侵权人的财物等合理措施。行为人实施前款行为后，应当立即请求有关国家机关处理。采取的措施不当造成他人损害的，行为人应当承担侵权责任。对该规定，各方面提出了很多意见和建议。有的建议对“合法权益”进行限定，将“合法权益受到侵害”修改为“因自己的合法权益受到侵害”，以进一步明确实施自助行为的前提条件，防止被滥用。有的建议明确“情况紧迫”的内涵。有的提出，自助行为人只有在侵权人逃跑或转移财产、日后难以查找等紧迫情况下，为保全或恢复自己的权利，而对他人财产采取的予以扣留等措施，否则完全可以在事后通过民事诉讼等其他方式向国家机关寻求救济，建议明确“情况紧迫”的内涵，在“情况紧迫且不能及时获得国家机关保护的”后增加规定“如不采取自助行为，则以后权利无法实现或难以实现”。

针对这些意见和建议，民法典侵权责任编草案三审稿作了修改完善，三审稿的表述为：合法权益受到侵害，情况紧迫且不能及时获得国家机关保护，不立即采取措施将使其权益受到难以弥补的损害的，受害人可以在必要范围内采取扣留侵权人的财物等合理措施，但是应当立即请求有关国家机关处理。受害人采取的措施不当造成他人损害的，应当承担侵权责任。2019年12月形成民法典草案时，在三审稿的基础上进一步修改完善，将“不立即采取措施将使其权益”修改为“不立即采取措施将使其合法权益”。此后，根据各方面的意见，又在民法典草案的基础上进一步完善，主要是进一步明确受害人可以实施自助行为的范围：“在保护自己合法权益的”的必要范围内。

条文解读

一是情况紧迫且不能及时获得国家机关保护，这是前提条件。例如，走在路上发现自己被盗的自行车，此时不马上扣下自行车，以后将很难找到；马上去报案或者拨打110，时间上来不及。

二是不立即采取措施将使其合法权益受到难以弥补的损害的，这是必要条件。如前例所述，如果不马上扣下自行车，骑车人骑着车走了，以后再去寻找车在哪里就很困难了。我国民事诉讼法、专利法等法律均使用了“难以弥补”的表述，为保持法律之间的一致性，本条使用了该表述。

三是只能在保护自己合法权益的必要范围内采取扣留侵权人的财物等合理措施，这是范围条件。“保护自己合法权益”把自助行为的目的揭示出来，实施自助行为不能超越保护自己合法权益这个范围；“必要范围”“合理措施”，主要是自助行为扣留的财物应当与保护的利益在价值上大体相当。例如，餐馆老板发现有人吃霸王餐，不交钱准备离去。为了维护自己的合法权益，可以扣留与餐费价值差不多的物品，要求将来送餐费时再归还物品。

四是应当立即请求有关国家机关处理，这是合法条件。自助行为结束后，行为人必须及时寻求公权力机关救济。若行为人怠于寻求公权力机关救济，或被公权力机关驳回，或被公权力机关认定行为超出必要限度，则不排除其行为不法性，仍需依侵权行为承担相应后果。“立即请求”指自助行为完成后，“情况紧迫”的阻却事由消失，受害人应当立刻、无迟延地向有关国家机关报告自己实施了自力救济的事实，由公权力及时介入处理。只有这样，自力救济才具有正当性，成为民法上的免责事由。同时本条明确规定，受害人采取的措施不当造成他人损害的，就突破了自力救济的必要性，应当承担侵权责任。

第一千一百七十八条　本法和其他法律对不承担责任或者减轻责任的情形另有规定的，依照其规定。

条文主旨

本条是关于民法典和其他法律在责任承担上衔接的规定。

立法背景

一部法律解决不了所有民事侵权问题，世界上也没有一部民法典囊括所有民事侵权内容。我国规范侵权责任的法律有两个层次：第一个层次是民法典侵权责任编，从基本法的角度对侵权责任作出三类规定：一是普遍适用的共同规则；二是典型的侵权种类的基本规则；三是其他单行法不可能涉及的一些特殊规则。第二个层次是相关法律。许多单行法都从自身调整范围的角度对侵权责任作出一条或者几条规定。如《道路交通安全法》第76条规定了交通事故赔偿原则。有关侵权责任的法律在宪法统率下相辅相成，共同规范侵权责任。

《侵权责任法》第5条规定，“其他法律对侵权责任另有特别规定的，依照其规定”。民法典编纂过程中，对侵权责任法的规定进行了必要的拓展，民法典侵权责任编草案三审稿第955条曾规定，本编和其他法律对不承担责任或者减轻责任的情形另有规定的，依照其规定。有的提出，本条是不承担责任或者减轻责任的兜底条款。除侵权责任编以外，民法典总则编、物权编、合同编、继承编等分编，以及其他法律中对不承担或者减轻责任的情形均有明确规定，建议兜底条款囊括这些情形。经研究，我们采纳了这一意见，最终规定为：本法和其他法律对不承担责任或者减轻责任的情形另有规定的，依照其规定。

条文解读

适用过错责任归责原则和无过错责任归责原则的侵权行为，能否以及如何适用本条，需要分别讨论。

1. 本法第1165条对过错责任作了规定。过错责任是侵权责任领域中最常见的归责原则，生活是复杂的、丰富多彩的，过错责任的具体表现也就相差很大。因此，适用过错责任归责原则的侵权行为的减轻或者免除责任事由，在民法典侵权责任法律的几个高度概括的条文中无法涵盖和穷尽罗列，所有规范和涉及民事生活的民法基本法、民事单行法、各特别法中，都有大量的除外情形。本章规定的这几种不承担责任或者减轻责任的情形，适用过错责任归责原则的侵权行为当然要适用，但是，如果本法和其他法律另有规定的，也要依照其规定。

2. 本法第 1166 条对无过错责任作了规定。对于无过错责任能否适用本条，需要区分两种情形：

一是，法律在相应条文中对责任的免除或者减轻事由作了明确规定的，应当适用该条中的相关规定。换句话说，本章规定的这几种不承担责任或者减轻责任的情形，在该规定中就不能全部适用。例如，本编“高度危险责任”一章中，第 1237 条规定，民用核设施或者运入运出核设施的核材料发生核事故造成他人损害的，免责事由为“能够证明损害是因战争、武装冲突、暴乱等情形或者受害人故意造成的”。对民用核设施或者运入运出核设施的核材料发生核事故造成他人损害的，只能是“能够证明损害是因战争、武装冲突、暴乱等情形或者受害人故意造成的”。又如，本法第 1240 条规定，从事高空、高压、地下挖掘活动或者使用高速轨道运输工具造成他人损害的，免除责任的事由为“能够证明损害是因受害人故意或者不可抗力造成的”，减轻责任的事由只能为“被侵权人对损害的发生有重大过失的”。

二是，法律规定某行为适用无过错责任归责原则，但是在相应条文中对责任的免除或者减轻责任事由未作规定，则不适用本条规定，其不承担责任或者减轻责任的情形，适用本章规定的这几种情形。例如，本法第 1229 条规定，因污染环境、破坏生态造成他人损害的，侵权人应当承担侵权责任。该条是无过错责任归责原则的情形，但没有规定免除或者减轻责任事由，可以适用本章规定的这几种不承担责任或者减轻责任情形的规定，当然，如果环境法律、行政法律等其他法律对不承担责任或者减轻责任的情形另有规定的，依照其规定。

3. 本法对不承担责任或者减轻责任的情形作了规定。单行法对不承担责任或者减轻责任规定了很多情形，此处不再赘述。本法中也规定了一些不承担责任或者减轻责任的情形，例如本法第 316 条规定，拾得人在遗失物送交有关部门前，有关部门在遗失物被领取前，应当妥善保管遗失物。因故意或者重大过失致使遗失物毁损、灭失的，应当承担民事责任。根据此规定，拾得人一般过失是不承担责任的。又如，本法第 897 条规定，保管期内，因保管人保管不善造成保管物毁损、灭失的，保管人应当承担赔偿责任。但是，无偿保管人证明自己没有故意或者重大过失的，不承担赔偿责任。根据此规定，无偿保管人一般过失是不承担责任的。再如，本法第 1148 条规定，遗产管理人应当依法履行职责，因故意或者重大过失造成继承人、受遗赠人、债权人损害的，应当承担民事责任。根据此规定，遗产管理人一般过失是不承担责任的。

第二章 损害赔偿

本章共九条，主要规定了人身损害赔偿范围、以相同数额确定死亡赔偿金、请求权的转移、侵害人身权益造成财产损失的赔偿、精神损害赔偿、财产损失的计算方式、严重侵犯知识产权的惩罚性赔偿、公平分担损失、赔偿费用支付方式等内容。

本章是在侵权责任法第二章“责任构成和责任方式”的基础上，增删编纂形成的，民法典侵权责任编一审稿中章名为“责任承担”。有的意见提出，本章绝大部分条文解决的都是损害赔偿问题，而且侵权责任编的责任形式也主要是损害赔偿。应当将侵权损害赔偿请求权与绝对权请求权相区分，有关绝对权请求权主要由物权编和人格权编作出规定，侵权责任编主要规定侵权损害赔偿。经研究我们采纳了这一建议，从民法典侵权责任编二审稿开始，本章的章名修改为“损害赔偿”。

第一千一百七十九条 侵害他人造成人身损害的，应当赔偿医疗费、护理费、交通费、营养费、住院伙食补助费等为治疗和康复支出的合理费用，以及因误工减少的收入。造成残疾的，还应当赔偿辅助器具费和残疾赔偿金；造成死亡的，还应当赔偿丧葬费和死亡赔偿金。

条文主旨

本条是关于人身损害赔偿范围的规定。

立法背景

人身损害赔偿是指行为人侵犯他人的生命健康权益造成致伤、致残、致死等后果，承担金钱赔偿责任的一种民事法律救济制度。《侵权责任法》第 16 条规定了人身损害赔偿制度，消费者权益保护法、产品质量法等法律以及相关司法解释在侵权责任法的基础上对人身损害赔偿制度作了补充。本条在侵权责任法等法律规定的基础上作了完善。

条文解读

一、人身损害赔偿的范围

（一）侵害他人造成人身损害的一般赔偿范围

这是指侵犯他人生命健康权益造成人身损害一般都要赔偿的项目。无论是致伤、致残还是致死，凡是有一般赔偿范围内所列项目的费用支出，行为人均应赔偿。本条在侵权责任法的基础上，吸收最高人民法院司法解释，增加了“营养费”“住院伙食补助费”这两项赔偿项目；为了与残疾人保障法的表述一致，将“残疾生活辅助具”修改为“辅助器具”。行为人的行为造成他人人身伤害但并未出现残疾或者死亡后果的，原则上行为人仅需赔偿本条规定的一般赔偿范围内的赔偿项目。这里需强调的是，本条所列举的一般赔偿范围内的赔偿项目仅是几种比较典型的费用支出，实践中并不仅限于这些赔偿项目，只要是因为治疗和康复所支出的所有合理费用，都可以纳入一般赔偿的范围，但前提是合理的费用才能予以赔偿，否则既会增加行为人不应有的经济负担，也会助长受害人的不正当请求行为，有失公正。因此，在司法实践中，法官必须在查清事实的基础上，结合医疗诊断、鉴定和调查结论，准确确定人身损害的一般赔偿范围。对人身损害的赔偿要坚持赔偿与损害相一致的原则，既要使受害人获得充分赔偿，又不能使其获得不当利益。基于这一原则，对医疗费、护理费、交通费、营养费、住院伙食补助费等为治疗和康复支出的合理费用，以及因误工减少的收入的赔偿，因一般都有具体衡量的标准，应当全部赔偿，即损失多少就赔偿多少。

医疗费包括挂号费、检查费、药费、治疗费、康复费等费用。在审判实践中，一般根据医疗机构出具的药费、治疗费等收费凭证，结合病历和诊断证明等相关证据确定医疗费的具体数额。赔偿义务人对治疗的合理性和必要性有异议的，应当承担相应的举证责任。医疗费的具体数额一般按一审法庭辩论终结前实际发生的确定。根据医疗证明或者鉴定结论确定在将来必然发生的医疗费，可以与已经发生的医疗费一并予以计算和赔偿，所以本条所指的医疗费既包括已经发生的医疗费，也包括将来确定要产生的医疗费。民法典编纂过程中，有的建议本条将“侵害他人造成人身损害的”修改为“侵害他人造成身心损害的”，并增加规定“精神心理诊疗费”。我们研究认为，精神伤害也是人身伤害；精神方面的诊疗活动，也属于医疗费的范畴，因此目前的规定是完全能够涵盖这些内容的。

护理费是指受害人因受到损害导致生活不能自理，需要有人进行护理而产生的费用支出。赔偿护理费的前提是，受害人受到损害，生活不能自理或者不能完全自理，需要有人进行护理。这种情况，应当有医疗单位或法医的证明。证明需要陪护的，予以赔偿；没有必要的，则不予赔偿。在审判实践中，护理费一般根据护理人员的收入状况和护理人数、护理期限确定。护理人员有收入的，原则上参照其因误工而减少的收入计算；没有收入或雇用专门护工的，原则参照当地护工从事同等级别护理的劳务报酬标准计算。护理期限原则上应计算至受害人恢复自理能力时止。受害人因残疾不能恢复自理能力的，可以根据其年龄、健康状况等因素确定合理的护理期限。

交通费是指受害人及其必要的陪护人员因就医或者转院所实际发生的用于交通的费用。赔偿交通费应当根据实际支出确定，以正式交通费的票证收据为准，票证收据记载的时间、地点、人数要与实际救治的时间、地点、人数相一致。对不合理的支出，不应当赔偿，但确定的标准不宜过于严格。例如，对没有就近治疗，但是选择的医院是合理、必要的，其交通费也应当赔偿。

营养费是受害人通过平常饮食的摄入尚不能满足受损害身体的需求，以平常饮食以外的营养品作为对身体补充而支出的费用，是辅助治疗支出的费用。适当的营养支持能改善受害人的营养状况，有效地配合临床诊治，缩短住院时间，促进尽快康复。因此，营养费的支出对于受害人的治疗和康复有着不同程度的需要。营养费的赔偿数额，应当根据受害人伤残情况参照医疗机构的意见确定，既要有利于受害人身体的恢复，也要坚持必要性原则。

住院伙食补助费是受害人遭受人身损害，在医院治疗期间支出的伙食费用。《最高人民法院关于审理人身损害赔偿案件适用法律若干问题的解释》第23条规定，住院伙食补助费可以参照当地国家机关一般工作人员的出差伙食补助标准予以确定。受害人确有必要到外地治疗，因客观原因不能住院，受害人本人及其陪护人员实际发生的住宿费和伙食费，其合理部分应予赔偿。由此可见，司法解释对“受害人确有必要到外地治疗，因客观原因不能住院，其陪护人员实际发生的伙食费”也纳入了受害人住院伙食补助费的范围内，因为护理人员的护理费原则上参照其因误工而减少的收入计算，误工而减少的收入损失涵盖不了伙食支出。

因误工减少的收入是指受害人由于受到伤害，无法从事正常工作或者劳动而失去或者减少的工作、劳动收入。受害人受到伤害但并未残疾或者死亡的，因误工减少的收入就是受害人从受到损害到恢复正常能参加工作、劳动时止这段时间内的损失。因误工减少的收入的基本计算方法是：单位时间的实际收入乘以误工时间。

（二）造成残疾的赔偿范围

对于残疾的赔偿范围，我国的立法有一个发展变化的过程。根据《民法通则》第119条的规定，受害人残疾的，应当赔偿医疗费、因误工减少的收入、残废者生活补助费等费用，对于是否赔偿被扶养人生活费和残疾赔偿金没有明确规定。1993年颁布的产品质量法、消费者权益保护法则明确规定，受害人残疾的，除应当赔偿医疗费、治疗期间的护理费、因误工减少的收入等费用外，还应当支付残疾者生活自助具费、生活补助费、残疾赔偿金以及由其扶养的人所必需的生活费等费用，但是没有明确生活补助费、残疾赔偿金以及由其扶养的人所必需的生活费三者之间的关系。对此，理论界有不同认识，法官在司法实践中也有不同做法。例如，《最高人民法院关于审理人身损害赔偿案件适用法律若干问题的解释》第17条规定，受害人因伤致残的，除赔偿医疗费、误工费、护理费、交通费、住宿费、住院伙食补助费、必要的营养费外，还应当赔偿其因增加生活上需要所支出的必要费用以及因丧失劳动能力导致的收入损失，包括残疾赔偿金、残疾辅助器具费、被扶养人生活费，以及因康复护理、继续治疗实际发生的必要的康复费、护理费、后续治疗费等，赔偿义务人也应当赔偿。侵权责任法规定，造成受害人残疾的，除应当赔偿医疗费、护理费、交通费等为治疗和康复支出的合理费用，以及因误工减少的收入外，还应当赔偿残疾生活辅助具费和残疾赔偿金。民法典侵权责任编在造成残疾的赔偿范围上，与侵权责任法保持一致，只是将“残疾生活辅助具”的表述修改为“辅助器具”。

辅助具费是指受害人因残疾而造成身体功能全部或者部分丧失后需要配制补偿功能的残疾辅助器具的费用。残疾生活辅助器具主要包括假肢及其零部件、假眼、助听器、盲人阅读器、助视器、矫形器等。

残疾赔偿金是受害人残疾后特有的一个赔偿项目。对残疾赔偿金，虽说我国的消费者权益保护法、国家赔偿法、产品质量法等法律和一些司法解释已作了明确规定，但理论界和实务界对其性质和赔偿标准有较大争论。有的认为，残疾赔偿金是精神损害抚慰金，因此，其不应有明确的赔偿标准，应由法官根据具体案情，考虑若干因素决定赔偿数额。有的将残疾赔偿金界定为对受害人未来的预期收入损失，并明确规定了赔偿标准。有的认为，残疾赔偿金既是对受害人未来预期收入损失的赔偿，也是对其因残疾丧失的一些精神生活的赔偿。从境外的立法情况来看，一些国家和地区将残疾赔偿金视为对受害人未来财产损失的赔偿，只是在确定赔偿标准时有不同做法，有的采用了“收入所得丧失说”，即在计算残疾赔偿金时，是以受害人受到伤害之前的收入与受到伤害之后的收入之间的差额作为赔偿额。根据“收入所得丧失说”，受害人虽然因残疾丧失或者减少劳动能力，但其残疾前与残疾后的收入并没有差距的，受害人不得请求残疾赔偿金。有的采用“生活来源丧失说”，即受害人残疾必然会导致其生活来源丧失或者减少，行为人应当赔偿受害人的生活费，使其生活来源能够重新恢复。一些国家和地区则采用了“劳动能力丧失说”，即受害人因残疾导致部分或者全部劳动能力丧失本身就是一种损害，无论受害人残疾后其实际收入是否减少，行为人都应对劳动能力的丧失进行赔偿。我国现在的司法实践主要采用的是“劳动能力丧失说”。以上三种做法各有利弊，“收入所得丧失说”可操作性较强，但在实践中若完全依据该做法，一些无收入的受害者，如家庭主妇、儿童、失业者等，由于在受到伤害残疾前并没有收入，就有可能得不到赔偿，对这些受害者是非常不公平的。根据“生活来源丧失说”，残疾赔偿金赔偿的是受害人残疾前后生活费的差额。根据这种做法确定的残疾赔偿金比较低，不利于保护受害人的利益。“劳动能力丧失说”比较符合损害发生时的实际情况，但没有考虑到受害人未来劳动能力的提高和精神生活受到损害的情况，且完全忽视了受害人的具体情况，如受教育程度、年龄、受害人的实际收入等因素。

（三）造成死亡的赔偿范围

人身损害死亡赔偿制度是指自然人因生命权受侵害而死亡，侵权人承担金钱赔偿责任的一种民事法律救济制度。对死亡赔偿的范围，《民法通则》第119条规定，除应当赔偿医疗费、因误工减少的收入等费用外，还应当支付丧葬费、死者生前扶养的人必要的生活费等费用。1993年颁布的消费者权益保护法、产品质量法和1994年颁布的国家赔偿法规定，因侵权行为造成他人死亡的，除赔偿医疗费、护理费等费用外，应当支付丧葬费、人身损害死亡赔偿金以及由死者生前扶养的人所必需的生活费等费用。上述三部法律，均采取在丧葬费和被扶养人生活费以外，同时给付死亡赔偿金的模式。《最高人民法院关于审理人身损害赔偿案件适用法律若干问题的解释》规定，受害人死亡的，赔偿义务人除应当根据抢救治疗情况赔偿医疗费、护理费、营养费等相关费用外，还应当赔偿丧葬费、被扶养人生活费、死亡补偿费以及受害人亲属办理丧葬事宜支出的交通费、住宿费和误工损失等其他合理费用。司法解释对死亡赔偿项目的列举，比法律明确列举的赔偿项目要更多一些。侵权责任法在立法和司法实践经验基础上，借鉴国外做法，规定侵害他人造成死亡的，除应当赔偿一般人身损害赔偿项目外，还应当赔偿丧葬费和死亡赔偿金。民法典侵权责任编在这一方面与侵权责任法的规定一致。

立法中，对如何规定死亡赔偿制度存在较大争论。被侵权人死亡的，其医疗费、丧葬费的赔偿较为明确，便于计算，争议不大。争议较大的是死亡赔偿金的支付。司法实践中，各级法院根据司法解释，对农村居民和城市居民按不同标准支付死亡赔偿金，一度引发“同命不同价”的争论。对死亡赔偿金的争论主要集中在如何确定死亡赔偿对象、赔偿范围和赔偿标准。

赔偿对象解决死亡赔偿金赔给谁。有的认为，侵权人致被侵权人死亡，造成了死者损害，侵害了死者权益，死亡赔偿金是对死者的赔偿，死者近亲属只是继承了死亡赔偿金；也有的认为，被侵权人死亡后已经不具有民事主体资格，因此，侵害的只能是死者近亲属权益，死亡赔偿金是对死者近亲属的赔偿。

赔偿范围与赔偿对象有一定关联性，死亡赔偿金的范围解决哪些损害应当得到赔偿。理论界和实务界对此主要有两种观点：一是以被扶养人丧失生活来源作为依据的“扶养丧失说”，受害人死亡后，被其扶养的人因此失去了生活来源，侵害人对此应予以赔偿，死亡赔偿金的范围是被扶养人的生活费。对受害人死亡导致的预期收入减少，不予赔偿。二是以受害人死亡导致的预期收入减少为依据的“继承丧失说”，即侵权人向死者近亲属赔偿死者余命年限内（主要以一个国家的平均寿命减去死者死亡时的年龄）将获得的除去生活费等正常开支的剩余收入。从境外的赔偿情况和司法实践来看，有的国家主要采用了“扶养丧失说”，如德国；有的主要采用了“继承丧失说”，如日本。这两种模式各有利弊，但共同的缺憾之一是都以财产损失为基础，而没有考虑到精神生活的损失。人的生活分为物质生活和精神生活，即使是物质生活，也不单纯是取得报酬或者收入。侵害人的生命，造成被侵权人死亡，赔偿范围应包括物质损失和非物质损失。这样，有利于保护被侵权人的合法权益，符合民法损害赔偿原则，彰显尊重生命的时代精神。

二、人身损害赔偿的标准

赔偿标准解决具体的赔偿数额问题。从境外的情况来看，主要有两种做法：一是定额赔偿法。“定额赔偿法”实际是一种单一赔偿标准，不考虑具体受害人的个人收入状况、职业、受教育程度等方面的差异，原则上按照平均收入乘以一定年限计算赔偿数额，从而以抽象化、定型化的方式确定死者未来收入损失。二是个体赔偿法。原则上根据死者近期收入乘以一定年限计算赔偿数额。死者无收入的，划分不同情况按照平均收入乘以一定年限计算赔偿数额。大多数国家和地区采用这种方法。以这种方法确定死亡赔偿金数额时，法官一般要综合考虑每个死者的职业、年龄、受教育程度、被扶养人的状况等因素。在同一案件中，死者的这些因素一般都不完全相同，因此，法官根据这些因素确定的赔偿额也不可能完全相同。例如，在同一侵权行为中，一死者为出租车司机，另一死者为著名足球运动员，二者年龄相当，如果依“定额赔偿法”，死者的近亲属获得的死者赔偿相同；如果依“个体赔偿法”，死者的近亲属获得的死者赔偿就不一样。由于“个体赔偿法”强调与个人的收入状况、受教育程度等因素相联系，而实践中个人状况千差万别，给损失的确定带来困难。在立法中，也有的提出，赔偿标准原则上应统一，同时适当考虑个人年龄、收入、精神损害程度、文化程度等差异。但统一标准不宜以城乡划界，也不宜以地区划界，而是人不分城乡、地不分东西的全国统一标准。个人差异，有时可以考虑，有时可不考虑，如交通肇事、矿山事故等发生人数较多伤亡时，可不考虑个人差异，采用一揽子赔偿方案，按相同数额确定死亡赔偿金。为解决法官在审判实践中难以操作、人身损害赔偿案件的裁判尺度难以统一等问题，侵权责任法曾试图对死亡赔偿金的赔偿标准作明确规定。但是，最终考虑到实践中的人身损害死亡赔偿案件千差万别，我国各地的经济情况差异较大，个体之间的实际情况也不完全相同，情况非常复杂，法律规定的任何赔偿标准都有可能无法照顾到这些差异，都有可能引起较大争议。从国外的经验看，多数国家都没有在法律中对人身损害死亡赔偿金的赔偿标准作明确规定，主要由法官在司法实践中根据具体案情自由裁量。因此，侵权责任法没有规定统一的标准。

民法典侵权责任编编纂过程中，又有意见提出法律规定统一的残疾赔偿金和死亡赔偿金计算标准。侵权责任编曾经尝试作出规定：残疾赔偿金的确定以国家上年度职工平均工资为基础，并可以综合考虑被侵权人丧失劳动能力的程度、受伤时的年龄、受伤前的收入状况、被扶养人的生活状况等因素。死亡赔偿金的确定以国家上年度职工平均工资为基础，并可以综合考虑被侵权人死亡时的年龄、死亡前的收入状况、被扶养人的生活状况等因素。对这一规定，在征求意见过程中，各方面有不同的认识，存在较大争议。有的提出，全国统一标准使计算数额过高，西部省区的侵权责任人难以承受。有的提出，我国幅员辽阔，各地区之间的经济发展水平和职工收入存在较大差距，全国采用单一的全国统一标准不利于解决实际的个案纠纷。我们认真分析收到的各种意见建议，又尝试将残疾赔偿金和死亡赔偿金的确定基础修改为"受诉的省级法院所在地国家上年度职工平均工资"。对此有的提出，这一规定又产生了"地区歧视"，也不公平。还有的提出，这一规定还可能造成当事人为获得较高赔偿而选择管辖法院的情况。综合来看，残疾赔偿金、死亡赔偿金的问题十分复杂，无论是侵权责任法还是民法典侵权责任编，都无法简单规定一个"放之全国而皆准"的标准，宜由法官在处理具体案件时，根据个案的特殊情况，运用自由裁量权进行裁判。据此，民法典也没有规定残疾赔偿金和死亡赔偿金的计算标准。残疾赔偿金和死亡赔偿金的决定，宜由法官在司法实践中，根据案件的具体情况，综合考虑各种因素后确定数额；也可以由最高人民法院结合近些年来的司法经验，修改目前适用的司法解释的规定。但是，为了便于解决纠纷，使受害人及时有效地获得赔偿，对因同一侵权行为造成多人死亡的情况，法律规定了可以以相同数额确定死亡赔偿金。

相关规定

《中华人民共和国产品质量法》第44条；《中华人民共和国消费者权益保护法》第49条

第一千一百八十条　因同一侵权行为造成多人死亡的，可以以相同数额确定死亡赔偿金。

条文主旨

本条是关于以相同数额确定死亡赔偿金的规定。

立法背景

在侵权责任法立法中，有的提出，在许多情况下，根据死者年龄、收入状况等情形，确定的死亡赔偿数额有所不同，但在因同一事故造成多人死亡时，为便于解决纠纷，实践中，不少采用相同数额予以赔偿。例如有的地方，对药物损害事故中的多个死者统一赔偿每人20万元，这样的做法起到了较好的社会效果和法律效果。侵权责任法吸收实践中的这些有益做法，在第17条规定，因同一侵权行为造成多人死亡的，可以以相同数额确定死亡赔偿金。民法典编纂过程中，有的建议删除本条规定。经过研究，民法典侵权责任编保留了侵权责任法的规定。立法中作出这一规定主要有以下考虑：

在境外，也有的国家采用了类似做法，如日本自20世纪70年代以来，在环境污染、药物损害、交通事故等导致多人死亡的侵权案件中，常常采用“概括的一揽子赔偿方式”解决死亡赔偿问题。“概括的一揽子赔偿”将受害人受到的所有社会、经济、精神损害作为一个损害，不区分财产损害与非财产损害，也不将财产损害细化为若干项目，而赋予受害人统一的赔偿请求权。

从国外经验以及我国实践情况看，在因同一侵权行为造成多人死亡的案件中，以相同数额确定死亡赔偿金主要有以下好处：一是在因同一侵权行为造成多人死亡引发的众多诉讼中，对众多的损害项目和考虑因素逐一举证比较繁琐，而且有时证明较为困难。以相同数额确定死亡赔偿金可以避免原告的举证困难，并防止因此而导致的诉讼迟延，让其可以及时有效地获得赔偿。二是考虑每个死者的具体情况分别计算死亡赔偿金，不但未必能计算到损害的全部内容，而且让法院面临较为沉重的负担，不利于节省司法资源。以相同数额确定死亡赔偿金不但可将受害人及其亲属受到的肉体、社会生活、精神生活等损害覆盖其中，有效避免挂一漏万，更好地保护受害人利益，还可以减轻法院负担，节约司法资源。三是以相同数额确定死亡赔偿金可以维护众多原告之间的团结。在处理导致多人死亡的侵权案件时，以同一数额确定死亡赔偿金，既迅速救济了原告，也防止了原告之间相互攀比，避免同一事故中的众多原告之间赔偿数额差距过大而引发社会争论。实际上，从我国近些年的司法实践看，在一些因同一事故导致多人死亡的侵权案件中，由于法院最终判决的死亡赔偿金在众多原告之间差异较大，引起了当事人不满，社会效果也不是很好。

条文解读

一是以相同数额确定死亡赔偿金并非确定死亡赔偿金的一般方式，若分别计算死亡赔偿金较为容易，可以不采用这种方式。

二是根据本法的规定，以相同数额确定死亡赔偿金原则上仅适用于因同一侵权行为造成多人死亡的案件。

三是本条特别强调，对因同一侵权行为造成多人死亡的，只是“可以”以相同数额确定死亡赔偿金，而不是任何因同一侵权行为造成多人死亡的案件都“必须”或者“应当”以相同数额确定死亡赔偿金。至于什么情况下可以，什么情况下不可以，法院可以根据具体案情，综合考虑各种因素后决定。实践中，原告的态度也是一个重要的考虑因素，多数原告主动请求以相同数额确定死亡赔偿金的，当然可以；原告没有主动请求，但多数原告对法院所提以相同数额确定的死亡赔偿金方案没有异议的，也可以适用这种方式。

四是以相同数额确定死亡赔偿金的，原则上不考虑受害人的年龄、收入状况等个人因素。

这里还需强调一点，本条只是规定，因同一侵权行为造成多人死亡的，可以对“死亡赔偿金”以相同数额确定，对死者在死亡前产生的医疗费、护理费等合理费用支出，以及丧葬费支出，宜根据实际支出情况单独计算，损失多少，赔偿多少。

第一千一百八十一条　被侵权人死亡的，其近亲属有权请求侵权人承担侵权责任。被侵权人为组织，该组织分立、合并的，承继权利的组织有权请求侵权人承担侵权责任。

被侵权人死亡的，支付被侵权人医疗费、丧葬费等合理费用的人有权请求侵权人赔偿费用，但是侵权人已经支付该费用的除外。

条文主旨

本条是关于被侵权人死亡后，谁可以成为请求权主体的规定。

立法背景

被侵权人仅仅受到伤害、残疾，或者被侵权人作为组织仍存在的情况下，请求权人原则上是被侵权人本人。但是，被侵权人死亡的，其权利能力消灭，法律主体资格不复存在，死者不可能以权利主体资格请求侵权人承担侵权责任。同样地，被侵权人为组织，其分立、合并的，被侵权人的法律主体资格也消失，也不可能以权利主体资格请求侵权人承担侵权责任。因此，在这两种情况下，请求权人都只能是被侵权人以外的主体。

从国外的立法来看，大陆法系国家和我国台湾、澳门地区将被侵权人死亡情况下的请求权人分为以下两种情况：一是经济损失的请求权人。被侵权人死亡的情况下，请求权人为死者近亲属、受扶养人和丧葬费支付人，但对被扶养人的范围，规定不完全相同。二是精神损害的请求权主体。大多数国家和我国台湾地区规定，受害人死亡导致其近亲属精神损害的，该近亲属可以为请求权人。这里的近亲属一般指父母、子女及配偶。

侵权责任法在总结我国立法经验和司法实践经验基础上，参考国外立法，在第 18 条分两款作了规定：被侵权人死亡的，其近亲属有权请求侵权人承担侵权责任。被侵权人为单位，该单位分立、合并的，承继权利的单位有权请求侵权人承担侵权责任。被侵权人死亡的，支付被侵权人医疗费、丧葬费等合理费用的人有权请求侵权人赔偿费用，但侵权人已支付该费用的除外。因为民法总则将单位修改为法人、非法人组织，民法典侵权责任编在继承《侵权责任法》第 18 条的基础上，应与编纂入民法典的总则编保持用语一致。考虑到法人、非法人组织与自然人相比，均为组织形态，为了用语表述简单，本条将《侵权责任法》第 18 条中的“单位”修改为“组织”。

条文解读

根据本条第 1 款的规定，被侵权人死亡的，其近亲属有权请求侵权人承担侵权责任。近亲属的范围在本法第 1045 条作了明确规定，包括配偶、父母、子女、兄弟姐妹、祖父母、外祖父母、孙子女、外孙子女。

根据本条第 2 款的规定，被侵权人死亡，支付被侵权人医疗费、丧葬费等合理费用的人有权请求侵权人赔偿费用，但是，侵权人已经支付该费用的除外。在司法实践中，支付被侵权人死亡前的医疗费等合理费用的，不一定是被侵权人本身，而是其亲属、朋友或者其他人；对于丧葬费，由于受害人已经死亡，只能是其亲属、朋友或者其他人支付。若支付这些费用的是被侵权人的近亲属，这些近亲属当然可以依据本条第 1 款的规定请求侵权人赔偿这些费用，若支付这些费用的并非其近亲属，而是其朋友、其他人或者某一组织的，实际支付费用的主体也可以作为独立的请求权人请求侵权人赔偿这些费用，但若侵权人已将这些费用赔偿给被侵权人近亲属的，实际支付这些费用的主体就不能再向侵权人请求赔偿，而只能要求获得赔偿的近亲属返还这些费用。赋予实际支付医疗费、丧葬费等费用的主体独立请求权，有利于弘扬帮扶帮衬的社会美德，保护善良的社会风俗，也可以防止侵权人获得不当利益。

在民法典侵权责任编编纂过程中，有的提出，本条第2款仅考虑法人和其他组织的分立、合并情形，没有考虑到这些主体的被撤销、解散和破产清算等的情形的请求权主体问题。我们研究认为，本条的立法目的是解决被侵权人死亡后请求权主体的确定以及费用的追偿问题。对于组织的解散和破产清算等情形中权利如何承继，企业破产法等单行法已经作出了明确规定，不需要在此作出规定。

相关规定

《中华人民共和国国家赔偿法》第6条

第一千一百八十二条　侵害他人人身权益造成财产损失的，按照被侵权人因此受到的损失或者侵权人因此获得的利益赔偿；被侵权人因此受到的损失以及侵权人因此获得的利益难以确定，被侵权人和侵权人就赔偿数额协商不一致，向人民法院提起诉讼的，由人民法院根据实际情况确定赔偿数额。

条文主旨

本条是关于侵害他人人身权益造成财产损失赔偿的规定。

立法背景

人身权益是民事主体最基本的权益，侵害他人人身权益应当依法承担侵权责任。本条在《侵权责任法》第20条的基础上，增加了被侵权人的选择，对于侵害他人人身权益如何计算财产损失作了较为具体的规定。

条文解读

一、按照被侵权人受到的损失赔偿

根据侵害行为及侵害人身权益内容的不同，侵害他人的人身权益造成财产损失的赔偿范围也不尽相同。主要包括：

1. 侵害他人生命、健康、身体等权益造成的财产损失的赔偿范围，一般包括积极的财产损失和可得利益的损失。依照本法第1179条规定，侵害他人造成人身损害的，应当赔偿医疗费、护理费、交通费、营养费、住院伙食补助费等为治疗和康复支出的合理费用，以及因误工减少的收入。造成残疾的，还应当赔偿辅助器具费和残疾赔偿金；造成死亡的，还应当赔偿丧葬费和死亡赔偿金。其中，因治疗而支出的医疗费、护理费、交通费、营养费、住院伙食补助费以及为治疗和康复等实际发生的费用；被侵权人残疾所需要的辅助器具费等因侵权行为导致被侵权人实际支出的费用；被侵权人死亡所支付的丧葬费以及办理丧葬事宜所支出的交通、住宿等其他合理费用，即为积极的财产损失。被侵权人因误工而减少的收入以及受害人死亡办理丧事其亲属误工所减少的收入；被侵权人因全部或者部分丧失劳动能力而减少的预期收入；被侵权人死亡的，其因死亡而不能获得的未来一定期限内的预期收入等为可得利益的损失，即因侵权行为的发生导致被侵权人本应获得而无法获得的可得利益损失。

2. 侵害他人名誉权、荣誉权、姓名权、肖像权和隐私权等人身权益造成的财产损失。对此，学术界一直存在不同认识，有的人认为，侵害他人非物质性人身权益没有财产损害，只能通过精神损害赔偿。《最高人民法院关于确定民事侵权精神损害赔偿责任若干问题的解释》和《最高人民法院关于审理人身损害赔偿案件适用法律若干问题的解释》将精神损害赔偿作为侵害非物质性人身权的主要救济方式。也有的人认为，侵害他人非物质性人身权有时也会产生财产损害，应当按照其实际损害赔偿。例如，某些名人的姓名权、肖像权具有一定的商业价值，如果用于广告等商业目的，取得使用的同意一般需要给付相应的对价，未经同意擅自使用直接影响了其应当获得的财产利益，这种财产损失是可计算的，因此属于侵害他人人身权益造成财产损害的情形。有的因个人隐私被披露导致生病看病的费用，也是直接的财产损失。

在德国，侵害人格权在财产损害与非财产损害之间的界限发生了变化，财产损害方式获得了扩张。在一些案件中，法官将受害人的精神不悦以及人格展开的商品化可能都解释为一种财产损害。例如，所有能够以财产计算并且在市场中通过金钱可以获得的利益都是财产损害。在遭受精神损害的情况下，如果当事人为了摆脱此种精神压抑而作出了一定的花费，则此种花费也是财产损害。德国由此存在两种理论：一种理论称为“沮丧理论”，即所有因为侵权行为所造成的或者使用的机会丧失都可以作为财产损害；另一种理论是“商品化理论”，即在现代社会中，大量的生活关系都可以在当今的财产社会中通过金钱购买到，所以在造成他人精神损害，而此种精神损害又可以通过金钱加以抚慰时，则应当承认精神损害赔偿，这种应当得到赔偿的损害进而延伸为财产损害。

侵害非物质性人身权益的财产损失，可以根据不同的侵权行为和相关证据具体判断处理，有实际财产损失的，按照实际损失赔偿，没有实际损失的，可以根据法律的相关规定给予救济。

二、按照侵权人因此获得的利益

一些侵害人身权益的行为财产损失难以确定，尤其是在被侵权人的名誉受损、知识产权被侵害等情况下，很难确定财产损失。在此情形下，侵权人如何赔偿，怎样确定赔偿数额是困扰司法实践的一个难题。例如，某运动员身披国旗的照片被企业印到产品的包装盒上了，运动员诉企业侵权。在此案中，侵害他人肖像权的行为确实存在，如何对被侵权人进行赔偿，赔偿数额如何确定成了被关注的热点。《最高人民法院关于确定民事侵权精神损害赔偿责任若干问题的解释》第 10 条中规定的关于精神损害的赔偿数额确定的因素中，将“侵权人的获利情况”作为其中之一，由此，在侵害他人人身权益的情况下，可将侵权人的获利情况作为司法实践中确定赔偿数额的重要因素考虑。在总结我国司法实践经验的基础上，《侵权责任法》第 20 条明确规定，“被侵权人的损失难以确定，侵权人因此获得利益的，按照其获得的利益赔偿”。民法典侵权责任编编纂过程中，有的提出，随着社会发展和利益多元化，侵权行为具体样态愈发复杂。侵权责任法规定只有在“被侵权人的损失难以确定”的情形下，才能适用“侵权人因此获得利益的，按照其获得的利益赔偿”，在某些情形下对保护被侵权人的权益不利。建议民法典侵权责任编不再规定先后顺序，赋予被侵权人一定的选择权，在被侵权人因侵权行为受到的损失或者侵权人因侵权行为获得的利益赔偿中进行选择，这样既能有效获得赔偿实现公平正义，又能有效遏制与震慑侵权行为。

我们吸收采纳了这一意见，在民法典侵权责任编草案二审稿中规定，侵害他人人身权益造成财产损失的，按照被侵权人因此受到的损失或者侵权人因此获得的利益赔偿。当然，对这一修改，也有反对的意见。有的提出，作出这一修改与我国侵权责任赔偿制度的填平原则不吻合。财产损失应当首先按照被侵权人受到的损失计算，无法计算损失时，才按照侵权人获得的利益计算，两者是有先后顺序的。填平原则是民事责任的基本原则。只有在没有有效的办法进行填补损害时，再考虑其他的救济方案，例如获益返还等。在可以确定损失的情形下，若获利大于损害，被侵权人选择获利赔偿，将突破完全赔偿原则，违反“禁止得利”原则。

我们慎重研究后认为，从总体上考虑，本条赋予被侵权人一定的选择权比较好。一是这样便于被侵权人选择对自己有利的赔偿方案，从而有利于保护受害人的权益。二是这样规定便于案件争议迅速有效地解决。三是从理论上讲，这里构成了侵权损害赔偿和不当得利损害赔偿的竞合。既然是竞合，显然是选择赔偿的问题。《侵权责任法》第20条确立规定的实际损失赔偿、侵权所得赔偿和法院根据实际情况确定赔偿数额三种方式渐次展开，虽然只是将“侵权人获得的利益难以确定”作为酌定赔偿的适用条件，但酌定赔偿适用的条件实际上是被侵权人的损失和侵权人获得的利益均难以确定。因为在这一模式下，只有被侵权人的损失难以确定，才需要考虑侵权人获得的利益能否确定。被侵权人获得的利益难以确定，侵权人的损失自然也难以确定。此时由被侵权人进行选择，被侵权人肯定选择最能弥补其损害的计算方式，因此不违反填平原则。

三、由人民法院根据实际情况确定赔偿数额

该规定主要针对损人不利己等获利难以计算的情况。例如，有的侵权人将别人的隐私放在网络上造成很坏的影响，他自己并没有获利，如果依照“按照被侵权人因此受到的损失或者侵权人因此获得的利益赔偿”的规定处理，不能很好地保障被侵害人的权益，侵权人也得不到惩罚。当出现被侵权人因此受到的损失以及侵权人因此获得的利益难以确定时，被侵权人与侵权人可以就赔偿数额进行协商，协商不一致的，被侵权人可以向人民法院提起诉讼，由法院根据实际情况赔偿数额。这项规定表达了三层含义：一是侵权人损人没有获利或者获利难以计算的情况下，当事人可以就赔偿数额进行协商；二是赋予被侵权人获得赔偿的请求权，侵权人不能因为没有获利或者获利难以计算就不负赔偿责任；三是如何确定赔偿数额由法院根据侵权人的过错程度、具体侵权行为和方式、造成的后果和影响等确定。

第一千一百八十三条　侵害自然人人身权益造成严重精神损害的，被侵权人有权请求精神损害赔偿。

因故意或者重大过失侵害自然人具有人身意义的特定物造成严重精神损害的，被侵权人有权请求精神损害赔偿。

条文主旨

本条是关于精神损害赔偿的规定。

立法背景

精神损害赔偿是受害人因人格利益或身份利益受到损害或者遭受精神痛苦而获得的金钱赔偿。

《德国民法典》首先确立了精神抚慰金。需要特别指出的是，《德国民法典》规定的“精神抚慰金”，在翻译成汉语时，很多译者将其翻译成“精神损害赔偿金”，在民法学界一般能理解两者是同一术语，但“精神损害赔偿金”这一术语在社会上反复流传使用，再结合我国语言文字的使用习惯与社会公认认知，在内涵与外延上产生了远超《德国民法典》“精神抚慰金”意义上的含义。这也导致了司法实践中对“精神损害赔偿金”的误读误用，有的案例中原告起诉被告要求支付几百万乃至上千万的“精神损害赔偿金”。精神损害无法用金钱与物质量化衡量，也无法以赔偿的方式填平这一损害。因此，德国民法典使用“精神抚慰金”的表述，仅能以赔偿的方式进行抚慰，是精确适当的。

我国民法通则中没有规定精神损害赔偿制度。2001 年《最高人民法院关于确定民事侵权精神损害赔偿责任若干问题的解释》中，对精神损害赔偿作了较为详尽的规定，以指导司法实践。该司法解释中规定，具有人格象征意义的特定纪念物品，因侵权行为而永久性灭失或者毁损，物品所有人以侵权为由，向人民法院起诉请求赔偿精神损害的，人民法院应当依法予以受理。同时，该解释规定了确定精神损害赔偿数额的考虑因素。2009 年颁布的侵权责任法第一次在民事法律中对精神损害赔偿作了规定，即：侵害他人人身权益，造成他人严重精神损害的，被侵权人可以请求精神损害赔偿。在 2013 年修改的消费者权益保护法中进一步规定，经营者有侮辱诽谤、搜查身体、侵犯人身自由等侵害消费者或者其他受害人人身权益的行为，造成严重精神损害的，受害人可以要求精神损害赔偿。

随着实践的发展，社会公众对精神损害赔偿的认知有加深也有误读，人民法院受理的请求承担精神损害赔偿的案件不断增多，司法实践反映现行法仍存在一些问题。为满足实践需要，在民法典侵权责任编编纂过程中，结合各方面提出的意见和建议，在《侵权责任法》第22条的基础上更进一步，作出修改完善：一是将“他人”修改为“自然人”，明确我国精神损害赔偿的主体只能是自然人。二是将“被侵权人可以请求精神损害赔偿”修改为“被侵权人有权请求精神损害赔偿”，在侵权责任编中统一规范请求权术语的表达。三是扩大了精神损害赔偿的适用范围，增加一款，规定“因故意或者重大过失侵害自然人具有人身意义的特定物造成严重精神损害的，被侵权人有权请求精神损害赔偿”。

条文解读

根据本条第1款的规定，侵害自然人人身权益造成严重精神损害的，被侵权人有权请求精神损害赔偿。第一，精神损害赔偿的范围是人身权益，侵害财产权益不在精神损害赔偿的范围之内。第二，需要造成严重精神损害。并非只要侵害他人人身权益被侵权人就可以获得精神损害赔偿，偶尔的痛苦和不高兴不能认为是严重精神损害。之所以强调“严重”的精神损害，是为了防止精神损害赔偿被滥用。对“严重”的解释，应当采容忍限度理论，即超出了社会一般人的容忍限度，就认为是“严重”。第三，被侵权人有权请求精神损害赔偿。一般来说，请求精神损害赔偿的主体应当是直接遭受人身权侵害的本人，自不待言。民法典侵权责任编编纂过程中，有的提出，被侵权人因侵权行为死亡的，其近亲属能不能主张精神损害赔偿，不够明确，建议予以明确。我们认为，自侵权责任法明确规定精神损害赔偿制度开始，我国民事立法对这一问题的态度就是明确的：被侵权人因侵权行为死亡而导致近亲属受到严重的精神损害的，此时，本条第 1 款中规定的“侵害自然人人身权益”中“自然人”就是被侵权人的近亲属。因被侵权人已经死亡，不存在本人精神损害的问题，是因为其死亡，给其近亲属造成了严重精神损害，因此本条第 1 款已经解决了这个问题。

根据本条第 2 款的规定，因故意或者重大过失侵害自然人具有人身意义的特定物造成严重精神损害的，被侵权人有权请求精神损害赔偿。在编纂过程中，民法典侵权责任编曾将本款与第 1 款放在一起规定。有的建议，不要将“自然人人身权益”与“具有人身意义的特定物”混在一起规定。我们研究认为，侵害自然人人身权益在很多情形下会造成严重精神损害，但是对“具有人身意义的特定物”应当严格限定，即使侵害了、也给受害人造成了严重精神损害，未必一定要承担精神损害赔偿责任。因为对侵权人而言，自己的行为侵害了被侵权人的物权，自己对此是非常清楚的。但是，除了遗体、遗骨等极少数物品之外，法律不能一般性地期待侵权人认知该物对被侵权人具有人身意义。只有当侵权人明知是“具有人身意义的特定物”而故意加以侵害，且造成严重精神损害的，才能要求其承担精神损害赔偿。因此，民法典侵权责任编将本款内容单做一款作了规定。

第一，本款规定了侵害行为的主观要件，即故意或者重大过失。在民法理论中，重大过失基本等同于故意。第二，“具有人身意义的特定物”的范围，在实践中主要涉及的物品类型为：（1）与近亲属死者相关的特定纪念物品（如遗像、墓碑、骨灰盒、遗物等）；（2）与结婚礼仪相关的特定纪念物品（如录像、照片等）；（3）与家族祖先相关的特定纪念物品（如祖坟、族谱、祠堂等）。这些物品对被侵权人具有人身意义。

关于精神损害赔偿的数额。精神损害本身无法用金钱数额进行衡量，但是精神损害赔偿的数额应该与精神损害的严重程度相一致。侵权人的过错程度、侵害手段、场合、行为方式、侵权行为所造成的后果，是衡量被侵权人精神损害程度的重要因素。越是故意甚至恶意的主观状态、在更为公开的场合、以更为恶劣的加害手段侵害被侵权人，对被侵权人造成越为严重的后果，则被侵权人所受精神损害的程度就越深，侵权人应承担的赔偿数额也就越高。同时应当承认，侵权人的获利情况、侵权人承担责任的经济能力与司法政策、法官结合具体案件自由裁量密不可分，因此精神损害赔偿的数额，宜在具体案件中，结合个案情况灵活处理。随着社会经济的发展变化，精神损害赔偿的数额也会随之发生变化。

第一千一百八十四条　侵害他人财产的，财产损失按照损失发生时的市场价格或者其他合理方式计算。

条文主旨

本条是关于财产损失计算的规定。

立法背景

财产权益是民事权益中的重要组成部分，包括物权、知识产权、股权和其他投资性权利、网络虚拟财产等具有财产性质的权益。

因侵权行为导致财产损失的，一般按照财产损失发生时的市场价格计算。也就是以财产损失发生的那个时间，该财产在市场上的价格为计算标准，完全毁损、灭失的，要按照该物在市场上所对应的标准全价计算，如果该物已经使用多年的，其全价应当是市场相应的折旧价格。例如，一辆已经开了五年的汽车被毁坏，其全价应当是二手车市场与该种车型及使用年限相对应的价格；财产部分毁损的，应当按照由于毁损使该物价值减损的相应的市场价格标准计算。如果该财产没有在市场上流通，没有市场的对应价格，可以采用其他合理方式计算，包括评估等方式。如家传的古董，没有市场价格，就可以按照有关部门的评估价格计算。

条文解读

本条系继承了《侵权责任法》第19条的规定，未作变更。在民法典侵权责任编编纂过程中，有的提出，实践中，从财产受到损失到法院作出判决一般都会经历较长时间，财产价格因市场因素很可能会发生较大变化，若只能按照损失发生时的市场价格计算赔偿额，对被侵权人不是很公平。还有的建议明确“其他合理方式”的具体类型是什么，以增强可操作性。

我们经研究认为，一般说来，市场价格会有上升或下降的可能，一个侵权案件审判终结需要一段时日，如果对于价格标准不作确定，则可能在司法实践中引起混乱，侵权行为发生时、诉讼开始时、诉讼终结时等都可能成为法官考虑的时间点，由于市场价格的波动，不同的时间点可能赔偿的数额就会不同。为了避免司法实践中可能出现的规则运用上的不统一，本条需要明确对财产损失的计算标准，最终规定以财产损失发生的时间点计算赔偿价格，主要考虑两点：一是这个时间点相比较其他时间点最容易固定和掌握。其他时间点上，例如起诉之日、立案之日、判决作出之日等均有各种诉讼法上的不确定性，有可能存在同一类型案件确定时间不同的情况，不利于这对统一财产损失的计算点。二是本条还规定了“或者其他合理方式计算”确定损失的方法。当价格波动较大时，为了使被侵权人获得充分的救济，法官可以以其他合理方式确定损失。社会不断发展，实践极其复杂，法律没有限定“其他合理方式”的范围，由法官结合具体案情自由裁量。

第一千一百八十五条　故意侵害他人知识产权，情节严重的，被侵权人有权请求相应的惩罚性赔偿。

条文主旨

本条是关于故意侵害他人知识产权惩罚性赔偿的规定。

立法背景

惩罚性赔偿也称惩戒性赔偿，是侵权人给付给被侵权人超过其实际受损害数额的一种金钱赔偿。作为一种集补偿、制裁、遏制等功能于一身的制度，惩罚性赔偿在一些国家和地区得到了广泛运用。

一些英美法系国家承认惩罚性赔偿制度，比较典型的是美国。英美法中的惩罚性赔偿制度起源于1763年英国的哈克勒诉蒙尼一案。早期的美国法不承认精神损害赔偿，19世纪以后，惩罚性赔偿主要转向制裁和遏制极其恶意的不法行为。20世纪以来，惩罚性赔偿已逐渐被广泛用于产品责任领域。大陆法系国家在民事立法、司法实践中普遍不接受惩罚性赔偿制度，主要原因是：这些国家严格区分公法与私法，强调公法私法具有不同的职能。行政法、刑法等公法的任务是惩罚犯罪和不法行为，维护社会公共利益；私法的任务是协调私人之间的利益纷争，对受害人所受损害进行补偿和救济，维护个体之间的利益平衡，私法责任（即民事责任）具有完全补偿性，不具有惩罚性。惩罚性赔偿制度实质是一种公法责任而非私法责任，将其作为民事责任纳入私法体系，与公、私法的严格划分观念及私法的基本原则不相符。然而，近年来，情况发生了一些变化。法国、德国、西班牙以及欧盟等国家和地区已经开始接受惩罚性赔偿并逐步执行有惩罚性赔偿的美国判决，例如德国法院就常常将惩罚性的因素加入损害赔偿中，通常这样的做法被视为例外，但是这样的例外有逐渐泛化的趋势。

一、惩罚性赔偿的功能

传统民法认为，损害赔偿的功能在于填补受害人的损害。惩罚性赔偿制度的产生和发展没有否认传统的补偿性赔偿制度的合理性，只是在一般损害赔偿制度之外发展了一种例外的赔偿制度。一般认为惩罚性赔偿主要具有以下功能：

1. 制裁功能。对不法行为人来说，补偿其故意行为所致的损害如同一项交易，只要付出一定的补偿性赔偿，即可任意实施民事违法行为，这将使不法行为人特别是富人享有太大的损害他人的权利，只有通过惩罚性赔偿才能使被告刻骨铭心，从而达到制裁的效果。过错是惩罚的重要根据。惩罚性赔偿就是对故意或者恶意的不法行为实施惩罚，这种惩罚与补偿性损害赔偿所体现的制裁作用有所不同。它通过给不法行为人强加更重的经济负担，使其承担超过被害人实际损失的赔偿来制裁不法行为。

2. 遏制功能。遏制是对惩罚性赔偿合理性的传统解释。惩罚性赔偿的目的在于惩罚过去的过错行为，并“以此作为一个样板遏制未来的过错行为”，这概括了惩罚性赔偿的两项功能，即制裁和遏制。制裁只是手段，遏制才是真正的目的。关于惩罚性赔偿遏制功能的合理性，学者曾经有许多论述。例如，有学者从道德伦理角度论述其合理性，也有学者从社会正义角度阐述其合理性，还有学者从经济效率的角度解释了其合理性。从经济学的观点来看，惩罚性赔偿通过给不法行为人增加经济上的负担使其为自己的不法行为付出一定的代价，这就可以促使行为人采取较为安全的措施以防止损害的发生或者将事故发生的危险降到最低程度。许多学者认为，惩罚性赔偿对滥用权利的大公司是“强制性的教训”。在某些情况下，受害人获得补偿性赔偿的数额与其因提起诉讼而花费的时间和精力极不相称，从而不能在利益上形成一种使受害人提起诉讼的激励机制。惩罚性赔偿可以鼓励受害人为获得赔偿金而提起诉讼以揭露不法行为并对不法行为予以遏制，这也有利于阻吓未来潜在的危险和不法行为。

二、我国对惩罚性赔偿的立法沿革

民法典编纂之前，我国现行法律对惩罚性赔偿的具体规定主要体现在消费者权益保护法、食品安全法、商标法、电子商务法等单行法中，民法总则对惩罚性赔偿作了原则性规定。消费者权益保护法对欺诈消费者的行为规定了惩罚性赔偿，该法第55条规定：“经营者提供商品或者服务有欺诈行为的，应当按照消费者的要求增加赔偿其受到的损失，增加赔偿的金额为消费者购买商品的价款或者接受服务的费用的三倍；增加赔偿的金额不足五百元的，为五百元。法律另有规定的，依照其规定。经营者明知商品或者服务存在缺陷，仍然向消费者提供，造成消费者或者其他受害人死亡或者健康严重损害的，受害人有权要求经营者依照本法第四十九条、第五十一条等法律规定赔偿损失，并有权要求所受损失二倍以下的惩罚性赔偿。”《合同法》第 113 条第 2 款规定，经营者对消费者提供商品或者服务有欺诈行为的，依照《中华人民共和国消费者权益保护法》的规定承担损害赔偿责任。《侵权责任法》第 47 条规定，明知产品存在缺陷仍然生产、销售，造成他人死亡或者健康严重损害的，被侵权人有权请求相应的惩罚性赔偿。《食品安全法》第 148 条第 2 款规定，生产不符合食品安全标准的食品或者经营明知是不符合食品安全标准的食品，消费者除要求赔偿损失外，还可以向生产者或者经营者要求支付价款十倍或者损失三倍的赔偿金；增加赔偿的金额不足一千元的，为一千元。但是，食品的标签、说明书存在不影响食品安全且不会对消费者造成误导的瑕疵的除外。《商标法》第 63 条规定，侵犯商标专用权的赔偿数额，按照权利人因被侵权所受到的实际损失确定；实际损失难以确定的，可以按照侵权人因侵权所获得的利益确定；权利人的损失或者侵权人获得的利益难以确定的，参照该商标许可使用费的倍数合理确定。对恶意侵犯商标专用权，情节严重的，可以在按照上述方法确定数额的一倍以上五倍以下确定赔偿数额。赔偿数额应当包括权利人为制止侵权行为所支付的合理开支。《电子商务法》第 42 条规定，因行为人通知错误造成电子商务平台内经营者损害的，依法承担民事责任。恶意发出错误通知，造成平台内经营者损失的，加倍承担赔偿责任。2017 年颁布的《民法总则》第 179 条第 2 款规定，法律规定惩罚性赔偿的，依照其规定。

2018 年 8 月民法典各分编草案提请十三届全国人大常委会第五次会议一审后，有的提出，加强知识产权保护是完善产权保护制度的重要内容，建议进一步加大对知识产权的保护力度。我们研究认为，以习近平同志为核心的党中央高度重视知识产权保护工作，多次指示和批示要求加强对侵犯知识产权行为的惩罚力度。为了切实加强对知识产权的保护，必须显著提高侵犯知识产权的违法成本，把法律的威慑作用充分发挥出来。据此，2018年12月提请十三届全国人大常委会第七次会议审议的民法典侵权责任编草案二审稿增加一条规定："故意侵害知识产权，情节严重的，被侵权人有权请求相应的惩罚性赔偿。"2019年8月提请十三届全国人大常委会第十二次会议审议的民法典侵权责任编草案三审稿，在二次审议稿的基础上作了文字完善，规定故意侵害"他人"知识产权，情节严重的，被侵权人有权请求相应的惩罚性赔偿。这一规定延续至民法典本条最终的表述。

条文解读

目前，我国知识产权法律主要是著作权法、专利法和商标法。此外，国务院颁布的商标法实施条例、集成电路布图设计保护条例和植物新品种保护条例分别对地理标志、集成电路布图和植物新品种作出规定和保护。现行著作权法没有规定惩罚性赔偿制度，著作权法修改已列入十三届全国人大常委会立法规划第一类项目，著作权法修正案草案于2020年4月提请十三届全国人大常委会第十七次会议进行了审议。专利法修改正在进行中，草案对于故意侵犯专利权情节严重的，拟惩罚性赔偿。商标法规定了一倍以上五倍以下的惩罚性赔偿数额。地理标志、集成电路布图和植物新品种规定在国务院行政法规中，因行政法规不宜规定惩罚性赔偿，对这三种知识产权的保护可以适用本条的规定。

第一千一百八十六条　受害人和行为人对损害的发生都没有过错的，依照法律的规定由双方分担损失。

条文主旨

本条是关于公平分担损失的规定。

立法背景

现代公平分担的规定最初产生于未成年人和精神病人的赔偿案件。在这些案件中，古代有些法律要求未成年人对其所致损害完全负责。然而，19 世纪以来，由于过错责任的发展，许多国家认为未成年人不具备意思能力，不能被确定有过错，因此对其造成的损害不负责任。由于完全免责和完全负责的做法都不尽合理，因此一些国家接受了公平负担的思想，在立法上规定了公平分担。比如《埃塞俄比亚民法典》第 2099 条规定，如果导致责任的过错行为是处于不知其行为的过错性质状态的人实施的，在有衡平需要时，法院可减少授予的赔偿额。在这一问题上，必须考虑当事人各自的财务状况和过错行为人的赔偿损害责任的后果。我国台湾地区"民法"第 218 条规定，损害非因故意或者重大过失所致者，如其赔偿致赔偿义务人之生计有重大影响时，法院得减轻其赔偿金额。我国民法通则和最高人民法院的司法解释对公平负担也作了规定。《民法通则》第 132 条规定："当事人对造成损害都没有过错的，可以根据实际情况，由当事人分担民事责任。"《最高人民法院关于贯彻执行〈中华人民共和国民法通则〉若干问题的意见（试行）》第 157 条规定："当事人对造成损害均无过错，但一方是在为对方的利益或者共同的利益进行活动的过程中受到损害的，可以责令对方或者受益人给予一定的经济补偿。”侵权责任的承担以行为人有过错为基本构成要件，行为人对损害发生没有过错的，除法律规定承担无过错责任外，一般不承担责任。但在现实生活中，有些损害的发生行为人虽无过错，法律也没有规定承担无过错责任，但毕竟由行为人引起，如果严格按照无过错即无责任的原则处理，受害人就要自担损失，这不仅有失公平，也不利于和谐人际关系的建立，因此《侵权责任法》第24条规定：“受害人和行为人对损害的发生都没有过错的，可以根据实际情况，由双方分担损失。”

在民法典侵权责任编编纂过程中，有的提出，本条适用范围不明确，实践中争议大、裁判不统一，出现了一些问题。一是适用范围宽泛化。一些法院出现了对行为人与受害人都有过错，受害人有过错或行为人、第三人有过错的案件，依据该条予以判定的情况。二是自由裁量空间过大。“实际情况”的确体现了对多重因素的综合考虑，一般包括受害人所受损失的严重程度、受害人与行为人的具体情况、社会道德准则与和谐等因素。司法判决中，由于侵权责任法的规定有些抽象，法官在自由裁量的过程中，出现了认定过于随意、标准失之宽松的情况，导致了公平分担损失原则的滥用。因此，应妥当限定。为进一步明确公平分担损失原则的适用范围，统一裁判尺度，避免自由裁量尺度过宽等弊端，侵权责任编草案一审稿将侵权责任法规定的“可以根据实际情况，由双方分担损失”修改为“可以依照法律的规定，由双方分担损失”。对此规定，有的意见提出，受害人和行为人对损害的发生都没有过错的情况下，要求分担损失只能依照法律规定，因此不应再规定“可以”依照法律规定。经研究，我们在侵权责任编草案三审稿开始，采纳这一建议，删除“可以”的表述。

公平责任是不是与过错责任、无过错责任并列的侵权责任的归责原则，要不要在侵权法中规定公平责任，这些问题在侵权责任法的立法以及民法典侵权责任编中都有不同意见。有的认为，公平责任原则是我国民法公平原则的必然引申，是由民法所担负的保护公民和法人的合法权利的任务决定的，是市场发展的内在要求，也是淳化道德风尚、建设社会主义精神文明的需要。该责任原则既不同于过错责任，也有别于严格责任，具有相当的特殊性、功能和自身独有的适用范围。有的认为，公平责任不是侵权责任法的归责原则。因为过错责任原则和无过错责任原则，均体现了公平原则的精神。公平原则属于指导性原则，不能成为法院裁判的依据。有的认为，公平责任的适用不具有法律上的确定性，将其作为归责原则，将会背离过错责任这一基本原则，造成另一种形式的不公平。考虑到实践中有适用公平负担的特殊需求，民法通则和最高人民法院的司法解释也都对公平责任作了规定，因此，侵权责任法、民法典保留了关于公平分担的规定，但将民法通则规定的“分担民事责任”修改为“分担损失”。该修改主要基于理论和实践两方面考虑：从理论层面来看，无过错即无责任是承担侵权责任的基本原则，既然双方当事人对损害的发生都没有过错，那么行为人就不应承担责任，而只能是分担损失。从实践层面来看，有些情况下让无过错的当事人承担责任，他们比较难以接受。因此，侵权责任法及民法典均没有将公平分担损失规定为一项侵权责任归责原则。

条文解读

1. 公平分担损失的规定是侵权责任编根据实际情况作出的特别规定，与过错责任原则和无过错责任原则均有不同。与过错责任的区别主要有：(1) 过错责任原则以行为人的过错作为承担责任的前提，而公平分担行为人并没有过错。(2) 承担过错责任以填补受害人全部损失为原则，公平分担只是根据实际情况适当给受害人以补偿。与无过错责任的区别：(1) 无过错责任不问行为人是否有过错，其适用以法律的特殊规定为根据。也就是说，承担无过错责任，行为人可能有过错，也可能无过错。而公平分担，行为人没有过错，也不属于法律规定的适用无过错责任的情形。(2) 无过错责任适用于法律明确规定的几种情形，而公平分担只是原则规定适用条件，没有具体界定所适用的案件类型。(3) 承担无过错责任，有的是填补受害人的全部损失，有的法律规定了最高责任限额。公平分担只是分担损失的一部分，没有最高额限制。

2. 公平分担适用于行为人和受害人对损害的发生均无过错的情况。如果损害由受害人过错造成，应当由其自已负责；如果由行为人或者第三人过错造成，应当由行为人或者第三人负责；如果行为人和受害人对损害的发生都有过错，应当根据他们的过错程度和原因力分配责任。也就是说，只要有过错责任人，都不适用本条规定。公平分担不是说加害人与受害人各打五十大板，平均分担损失。确定损失分担，应当考虑行为的手段、情节、损失大小、影响程度、双方当事人的经济状况等实际情况，达到公平合理、及时化解矛盾、妥善解决纠纷、促进社会和谐的目的。

3. “法律的规定”可以是本法的规定，例如，“因紧急避险造成损害的，由引起险情发生的人承担民事责任。危险由自然原因引起的，紧急避险人不承担民事责任，可以给予适当补偿”；“完全民事行为能力人对自己的行为暂时没有意识或者失去控制造成他人损害有过错的，应当承担侵权责任；没有过错的，根据行为人的经济状况对受害人适当补偿”。除了本法外，“法律的规定”还可以是其他法律根据实践需要作出相应规定。

第一千一百八十七条　损害发生后，当事人可以协商赔偿费用的支付方式。协商不一致的，赔偿费用应当一次性支付；一次性支付确有困难的，可以分期支付，但是被侵权人有权请求提供相应的担保。

条文主旨

本条是关于赔偿费用支付方式的规定。

立法背景

侵权责任制度的一项重要功能就是填补受害人的损失。由于损失既包括实际损失，例如侵害他人造成人身损害，因此产生的医疗费、护理费、交通费、营养费等为治疗和康复支出的合理费用，也包括预期利益的损失，例如因误工减少的收入；既涉及赔偿的额度，例如有的赔偿费用只有百十元，有的却有几十万元、上百上千万元，也涉及侵权人的支付能力，例如有的侵权人拿不出钱，有的财富充裕。因此，赔偿费用的支付方式成为能否有效地保护受害人利益的重要问题。

一、境外有关立法例

世界各国、各地在赔偿费用支付方式的处理上有以下几种模式：

一是绝对的一次性支付。采此模式的主要是英国、美国、丹麦、西班牙等。英国法院基于“一了百了”的原则，通常都要求赔偿义务人将赔偿费用一次性支付给受害人，但如果受害人能够证明其在未来的某个时间内将出现某种严重疾病或者生理、心理状况的恶化，受害人可以要求法院判决临时性给付。

二是以一次支付为原则，以定期金给付为例外。采此模式的主要是我国台湾、澳门地区等。我国台湾地区“民法”第193条规定：不法侵害他人之身体或健康者，对于被害人因此丧失或减少劳动能力或增加生活上之需要时，应负损害赔偿责任。前项损害赔偿，法院得因当事人申请，定为支付定期金，但需加害人提出担保。我国《澳门民法典》第561条规定，经考虑损害的连续性，法院可以依照受害人的申请，就全部或者部分损害定出终身或暂时定期金的赔偿。如果受害人没有提出此种申请，则应当判决一次性给付赔偿费用。

三是以定期金支付为原则，以一次性给付为例外。采此模式的主要是德国、俄罗斯等。《德国民法典》第843条规定：因侵害他人身体或者健康致受害人丧失或者减少劳动能力，或者增加生活上的需要，应以支付金钱定期金对受害人赔偿损失。如果存在有重大原因，受害人可以不要求定期金而要求一次给付赔偿总额。《俄罗斯联邦民法典》第1092条规定：因受害人劳动能力降低或者因受害人死亡引起的损害赔偿，按月支付。有正当理由时，法院考虑致害人支付的可能性，可依有损害赔偿权的公民的请求，判决向其一次性给付，但对三年以上的赔偿不适用一次给付。

四是赔偿费用的支付方式由法官自由裁量。采此模式的主要是荷兰、埃塞俄比亚等。《荷兰民法典》第105条规定：法官可以命令债务人一次性支付或分期支付赔偿费用，并附随或不附随担保义务。此命令可以附带法官确定的条件。《埃塞俄比亚民法典》第2154条规定：如果采取定期金的支付方式与损害的性质或案情相适应从而被证明是合适的，则法院可命令以定期金方式赔偿损害。在此等情形，债务人得就偿付定期金提供担保。《欧洲侵权法基本原则》第10－102条也规定：尤其考虑到受害方的利益，损害赔偿可一次性赔偿或分期赔偿。

二、我国规定的立法沿革

我国民法通则和最高人民法院相关司法解释对赔偿费用的支付方式也作了规定。《民法通则》第108条规定："债务应当清偿。暂时无力偿还的，经债权人同意或者人民法院裁决，可以由债务人分期偿还。有能力偿还拒不偿还的，由人民法院判决强制执行。"《最高人民法院关于审理人身损害赔偿案件适用法律若干问题的解释》第33条规定："赔偿义务人请求以定期金方式给付残疾赔偿金、被扶养人生活费、残疾辅助器具费的，应当提供相应的担保。人民法院可以根据赔偿义务人的给付能力和提供担保的情况，确定以定期金方式给付相关费用。但一审法庭辩论终结前已经发生的费用、死亡赔偿金以及精神损害抚慰金，应当一次性给付。"第34条规定："人民法院应当在法律文书中明确定期金的给付时间、方式以及每期给付标准。执行期间有关统计数据发生变化的，给付金额应当适时进行相应调整。定期金按照赔偿权利人的实际生存年限给付，不受本解释有关赔偿期限的限制。”

侵权责任法借鉴有关国家和地区的立法经验，结合中国法律已有规定和司法实践的做法，作了规定。民法典侵权责任编继承了侵权责任法的规定。

条文解读

本条对赔偿费用的支付方式作了三个层面的规定：

1. 由当事人协商确定赔偿费用的支付方式。当事人对赔偿费用支付方式的协商可以包括：是一次性支付还是分期支付；如果是分期支付，分几期，每次付多少，要不要考虑物价变化因素；要不要支付利息，利息如何计算等。当事人可以根据赔偿数额的多少，受害人对赔偿费用的需求程度，侵权人的支付能力等实际情况对赔偿费用的支付进行协商。

由当事人协商确定赔偿费用的支付方式，一是有利于赔偿费用的按时支付。比如有的赔偿数额不是很高，侵权人一次支付没有问题，可以协商一次支付，而有的赔偿数额超出侵权行为人的支付能力，强求其一次支付，可能会陷入执行难的困境或者导致侵权行为人破产，最终损害受害人的利益。协商确定支付方式，当事人可以根据双方实际情况做出合情合理的支付安排，避免支付障碍。二是有利于合理确定赔偿费用的数额。损害赔偿的目的是弥补受害人的损失，但有时损失多少并不确定，比如，一次性赔偿受害人预期收入的，通常以赔偿费用支付时受害人的收入标准计算赔偿数额，这样就失去了对受害人将来的身体状况、发展机遇、收入调整等变化因素的考量，赔偿数额不一定合理；又比如，一次性赔偿难以预测未来物价变动，将来受害人很难以物价上涨为由要求侵权人增加支付，侵权人也不能因物价下降要求退还已支付的赔偿费用。协商确定支付方式，当事人可以通过支付方式的选择，规避赔偿费用未来的风险敞口，保全自己的利益。三是有利于预防纠纷。协商确定支付方式，当事人可以充分表达自己的意愿、需求、面临的困难等，在尊重对方利益的基础上，达成双方都能接受的方案，从而避免因支付而产生新的争议。

当事人协商确定支付方式后，侵权行为人应当按照约定的方式支付赔偿费用，不能将协商作为拖延给付赔偿费用的手段。如果以合法形式掩盖非法目的，违反约定到期不履行支付赔偿费用的义务，受害人有权请求人民法院宣告该约定无效，强制侵权人履行付款义务。

2. 协商不一致的一次性支付。侵权行为发生后，受害人的损失应当得到全面和及时的弥补，因此，如果当事人就赔偿费用的支付方式协商后，受害人不同意分期支付，侵权人就应当一次性支付全部赔偿费用。一次性支付，可以彻底了结纠纷，避免受害人对侵权人未来能否按照约定支付的担心。

3. 一次性支付确有困难的，可以分期支付，但是被侵权人有权请求提供相应的担保。虽然本条规定当事人就赔偿费用支付协商不成的应当一次性支付，但在实践中确实存在行为人一次支付确有困难的情况，比如，有的侵权人生活困难；有的侵权人虽可竭尽全力一次支付，但支付后不能保证自己的基本生活需要，或者造成企业停业甚至破产，带来新的社会问题。侵权责任法虽然要填补受害人损失，但也要兼顾侵权人的合法权益。民事诉讼法也规定，强制执行被执行人的财产，应当保留被执行人及其所扶养家属的生活必需品。因此，本条规定一次性支付确有困难的，可以分期支付。分期支付应当具备以下两个条件：一是一次性支付确有困难。确有困难应当由侵权人举证证明，由人民法院作出判断。二是被侵权人有权请求提供相应的担保。该担保是应被侵权人请求提供的，可以是保证人提供的保证，也可以是侵权人以自己的财产抵押、质押。

第三章　责任主体的特殊规定

本章共十四条，主要规定了监护人的侵权责任，委托监护时监护人的侵权责任，完全无民事行为能力人暂时丧失意识后造成他人损害的侵权责任，用人单位的侵权责任，个人之间因劳务产生的侵权责任，承揽关系中的侵权责任，网络侵权责任，宾馆、商场、银行等的安全保障义务，学校、幼儿园等教育机构的责任等。在本章规定的这些责任中，有的责任承担的方式比较特殊，如监护人的责任、用人单位的责任等在理论上被称为替代责任，在这些责任中出现了行为人和责任人的分离；有的承担责任的主体具有特定性，如承担安全保障义务的责任主体是宾馆、商场、银行、车站、娱乐场所等经营场所、公共场所的经营者、管理者或者群众性活动的组织者；有的不仅规定了行为人的责任，还规定在第三人侵权的情况下，有管理职责主体的责任。比如，学校、幼儿园等教育机构的责任中不仅规定了教育机构在不同情况下承担过错责任或者过错推定责任，还明确了无民事行为能力人或者限制民事行为能力人在教育机构学习、生活期间，受到第三人伤害，侵权人的责任和教育机构的补充责任。

第一千一百八十八条 无民事行为能力人、限制民事行为能力人造成他人损害的，由监护人承担侵权责任。监护人尽到监护职责的，可以减轻其侵权责任。

有财产的无民事行为能力人、限制民事行为能力人造成他人损害的，从本人财产中支付赔偿费用；不足部分，由监护人赔偿。

条文主旨

本条是关于监护人责任的规定。

立法背景

民事行为能力是民事主体从事民事活动所具备的资格。只要达到一定的年龄，能够理智地处理自己事务的人，就具有民事行为能力。公民的民事行为能力依据其年龄和精神健康状况分为完全民事行为能力、限制民事行为能力和无民事行为能力。

设立监护制度的目的是保护被监护人的人身、财产及其他合法权益不受损害，同时监护人也要承担起管教好未成年人和无行为能力人、限制行为能力的精神病人的责任，对于被监护人给他人造成损害的，监护人应当承担责任。

一些国家和地区对于监护人责任的规定主要有以下三种模式：第一种是规定监护人对被监护人的行为承担无过错责任，比如法国民法。第二种是规定监护人承担过错推定责任，比如德国民法。第三种是根据被监护人的年龄区分监护人的责任，比如荷兰民法。

《侵权责任法》第32条规定，无民事行为能力人、限制民事行为能力人造成他人损害的，由监护人承担侵权责任。监护人尽到监护责任的，可以减轻其侵权责任。有财产的无民事行为能力人、限制民事行为能力人造成他人损害的，从本人财产中支付赔偿费用。不足部分，由监护人赔偿。民法典侵权责任编有关监护人责任的规定，沿袭了侵权责任法的规定。

条文解读

本条第 1 款主要规定责任能力和监护人承担监护责任的问题。监护责任是无过错责任还是过错责任，一直以来都有争议。本条第 1 款规定，无民事行为能力人和限制民事行为能力人造成他人损害的，由监护人承担民事责任，是由监护人的职责所决定的。由于大多数监护人与被监护人有血缘等密切关系，监护人有责任通过教育、管理等方式来减少或者避免被监护人侵权行为的发生。无民事行为能力人或者限制民事行为能力人造成他人损害的，应当由监护人承担侵权责任。

依照本条第 2 款的规定，在具体承担赔偿责任时，如果被监护人有财产的，比如未成年人接受了亲友赠与的财产或者拥有其他价值较大的财产等，那么应当首先从被监护人的财产中支付赔偿费用，不足的部分再由监护人承担赔偿责任。虽然从我国的情况来看，无民事行为能力人或者限制民事行为能力人有自己独立财产的情况不多，但是随着经济和社会的多元化发展，无民事行为能力人或者限制民事行为能力人通过创作、接受赠与或者继承等方式取得独立财产的情况越来越多，因此，以自己的财产对自己造成他人的损害承担赔偿责任，也是公平的。在侵权责任法立法和民法典编纂过程中，一直有意见质疑本款的合理性。本款的一个重要意义，在于解决父母等亲属之外的人员或者单位承担监护人的情况下，被监护人造成他人损害的，如果要求监护人承担责任，那么实践中很多个人或者单位可能不愿意担任监护人，这对被监护人的成长、生活会造成负面影响。为了打消这种顾虑，考虑到父母等亲属之外的人员或者单位承担监护人的情况下，可能会给被监护人留有独立财产。在这种情况下，先从被监护人的财产中支付赔偿费用更有制度安排上的意义。当然，从被监护人的财产中支付赔偿费用的，应当保留被监护人基本的生活费用，保障其正常的生活和学习不受影响。被监护人的财产不足以支付赔偿费用的，其余部分由监护人承担。

第一千一百八十九条　无民事行为能力人、限制民事行为能力人造成他人损害，监护人将监护职责委托给他人的，监护人应当承担侵权责任；受托人有过错的，承担相应的责任。

条文主旨

本条是关于委托监护时监护人责任的规定。

立法背景

侵权责任法并未规定监护人将监护职责委托给他人时，无民事行为能力人、限制民事行为能力人造成他人损害的，如何承担责任的问题。《最高人民法院关于贯彻执行〈中华人民共和国民法通则〉若干问题的意见（试行）》第22条规定，监护人可以将监护职责部分或者全部委托给他人。因被监护人的侵权行为需要承担民事责任的，应当由监护人承担，但另有约定的除外；被委托人确有过错的，负连带责任。这一规定确定了委托监护中监护人承担无过错责任、受托人在有过错时承担连带责任的规则，司法实践中一直沿用，较好地保护了被侵权人的利益，有利于督促监护人履行监护职责。但该司法解释的规定存在两个问题：一是“另有约定的除外”为监护人规避监护人责任提供了借口，不利于监护人责任的承担，且“约定”具有对内性，不能对抗被侵权人的损害赔偿请求；二是监护人是承担监护职责的第一责任人，享有履行监护职责产生的权利。实践中，委托监护大量存在于亲朋好友之间，且基本是无偿的。承担义务时要求其“确有过错的，负连带责任”，过分强调了对被侵权人的保护而没有平衡委托人与受托人的利益，使监护的权利与义务失衡。

因此，民法典侵权责任编在吸收司法解释规定和有关意见的基础上，在本条对委托监护情形下的责任承担进行了明确，以突出权利与义务的一致性。2019 年 12 月的民法典草案规定，“监护人将监护职责委托给他人的，由监护人承担侵权责任；受托人有过错的，承担相应的责任”。对此，有的意见提出，本条在语言逻辑上有瑕疵，既然“由监护人承担侵权责任”了，受托人有过错的情况下，为何“承担相应的责任”？经研究，将民法典草案该条中“由监护人承担侵权责任”修改为“监护人应当承担侵权责任”，表明有可能由监护人承担，也有可能由其他人承担，这样与后面一句“受托人有过错的，承担相应的责任”在逻辑上更加清楚，避免误解和语言逻辑问题。

条文解读

委托监护是指监护人委托他人代行监护的职责，是一种双方的民事法律行为，是被监护人的监护人与受托人之间关于受托人为委托人履行监护职责、处理监护事务的协议，须有监护人委托与受委托人接受委托的意思表示一致才能成立。因此，很多学者将委托监护认定为一种合同关系。

委托监护当事人之间的委托协议一旦成立，受托人即负有依约定为委托人履行监护职责的义务；委托人负有依其约定支付必要费用的义务，如果合同中约定了支付报酬的内容，则还应当向受托人支付办理受托事务的报酬。委托人和受托人任何一方违反义务，都应当向对方负违约责任。但实践中，我国委托监护一般发生在亲朋好友之间，所以这种合同往往是口头的，也基本上是无偿的。

在委托监护中，委托人可以将部分监护职责委托给受托人行使，也可以将全部监护职责委托给受托人行使。《最高人民法院关于贯彻执行〈中华人民共和国民法通则〉若干问题的意见（试行）》第 10 条规定，监护人的职责包括：保护被监护人的身体健康，照顾被监护人的生活，管理和保护被监护人的财产、代理被监护人进行民事活动，对被监护人进行管理和教育，在被监护人合法权益受到侵害或者与人发生争议时，代理其进行诉讼。这些行为都是可以由他人来行使的，而并非须由监护人本人亲自行使不可。受托人可以和应当行使何种职责，应完全由当事人之间委托监护的协议确定。

需要特别说明的是，委托监护不同于意定监护。意定监护是在监护领域对自愿原则的贯彻落实，是具有完全民事行为能力的成年人对自己将来的监护事务，按照自己的意愿事先所做的安排。本法第 33 条规定了这一制度：具有完全民事行为能力的成年人，可以与其近亲属、其他愿意担任监护人的个人或者组织事先协商，以书面形式确定自己的监护人，在自己丧失或者部分丧失民事行为能力时，由该监护人履行监护职责。由此可以看出两者主要有以下不同点：

第一，委托监护是监护人与非监护人之间确定非监护人代行监护职责的协议，而意定监护是法定监护人之间确定监护人的协议。

第二，委托监护中，尽管委托人可以将监护职责全部委托给受托人，但即使在此情况下，受托人也不是监护人。也就是说，监护人不能依照委托监护的协议将监护人的资格转让给他人，他人也不能通过委托监护的协议来取得监护资格。因此，在委托监护中即使监护职责全部由受托人行使，监护人的监护资格也不丧失。在意定监护中，依当事人之间的协议所确定的监护人对被监护人负监护人责任，其就是被监护人的监护人。

第三，委托监护适用于无民事行为能力人、限制民事行为能力人的未成年人或者成年人。意定监护只适用于具有完全民事行为能力的成年人。

根据本条规定，无民事行为能力人、限制民事行为能力人造成他人损害，监护人将监护职责委托给他人的，监护人应当承担侵权责任。这意味着，实行监护人责任首负原则。除了监护人外，如果受托人有过错的，也要承担相应的责任。具体承担责任的范围，由司法机关结合具体案件情况依法裁量。

第一千一百九十条　完全民事行为能力人对自己的行为暂时没有意识或者失去控制造成他人损害有过错的，应当承担侵权责任；没有过错的，根据行为人的经济状况对受害人适当补偿。

完全民事行为能力人因醉酒、滥用麻醉药品或者精神药品对自己的行为暂时没有意识或者失去控制造成他人损害的，应当承担侵权责任。

条文主旨

本条是关于完全民事行为能力人暂时丧失意识后侵权责任的规定。

立法背景

过错是行为人承担侵权责任的要件，过错的前提是行为人有意识能力。完全民事行为能力人造成他人损害时，如果已经丧失了意识是否应当承担侵权责任，一些国家和地区对此作出了规定。过错导致完全民事行为能力人暂时丧失意识造成他人损害的，原则上行为人需要承担侵权责任。此外，在赔偿的问题上会考虑各方当事人的经济状况，根据衡平的原则来处理。

《侵权责任法》第33条对完全民事行为能力人暂时没有意识或者失去控制造成他人损害的责任作了规定。民法典侵权责任编继承了该条的规定。

条文解读

考虑到导致完全民事行为能力人丧失意识的情况比较复杂，本条根据不同的情形，规定了完全民事行为能力人的责任。

1. 完全民事行为能力人对于自己丧失意识存在过错。如果是因为自己的过错，丧失了意识后造成了他人的损害，那么行为人应当根据其过错承担赔偿责任。比如，某人患有心脏病，需每天按时服药，医生禁止其骑自行车外出，但是，该人未按医嘱服药，并骑车外出，结果途中心脏病发作，丧失意识后摔倒并撞伤一行人。那么，在这种情况下，由于该人对于失去意识存在过错，所以应当根据其过错的程度来承担侵权责任。本条第1款中的过错，是指“过错”导致其丧失意识，因为失去意识之后确实没有过错可言。完全民事行为能力人是由于其过错导致意识丧失，那么对于丧失意识后的行为造成他人损害的，则要承担相应的侵权责任。

2. 完全民事行为能力人对于自己的行为暂时没有意识或者失去控制没有过错。如果行为人暂时没有意识或者失去控制不是由于自己的过错造成，而是由于其他原因导致发生，在这种情况下，行为人可以不承担侵权责任，不过需要根据公平分担的规定，适当分担被侵权人的损失。需要说明的是，这里对受害人是“补偿”而不是“赔偿”。因为赔偿原则上采取“填平”的原则，受害人损失多少赔多少，而补偿通常行为人没有过错，是根据行为人的经济能力，适当弥补受害人的损失。本条第1款的规定是本法第1186条公平分担损失在具体制度中的体现。

3. 完全民事行为能力人因醉酒、滥用麻醉药品或者精神药品导致自己暂时没有意识或者失去控制造成他人损害的。根据我国刑法的规定，醉酒的人应当承担刑事责任。治安管理处罚法规定，醉酒的人违反治安管理的，应当给予处罚。醉酒的人在醉酒状态中，对本人有危险或者对他人的人身、财产或者公共安全有威胁的，应当对其采取保护性措施约束至酒醒。麻醉药品是具有一定依赖性潜力的药品，连续使用、滥用或者不合理使用，易产生身体依赖性和精神依赖性，能成瘾癖。精神药品是直接作用于中枢神经系统，使之极度兴奋或抑制的药品。我国对于精神药品一直实行严格管理并严禁滥用，但为了治疗有关的病人，医院和药房也要保证精神药品正常销售。目前，一些侵权行为都是发生在行为人醉酒、滥用麻醉药品或者精神药品后。特别是在交通事故中，虽然道路交通安全法规定，饮酒、服用国家管制的精神药品或者麻醉药品，不得驾驶机动车，但是，全国每年发生的交通事故中不少都是因为驾驶员酒驾、醉驾所致。作为完全民事行为能力人，应当预见到醉酒或者滥用麻醉药品或者精神药品后会难以控制自己的行为，可能会危害公共安全和他人的生命健康，但行为人放任结果的发生，仍然驾车或者采取其他方式造成他人人身权和财产权的损害。虽然侵权行为发生时，行为人已经丧失意识，似乎没有“过错”可言，但是，其行为本身具有违法性，应当对此发生的侵权行为承担责任。本条第 2 款规定“醉酒、滥用麻醉药品或者精神药品导致自己暂时没有意识或者失去控制造成他人损害”，其实也属于第 1 款“有过错”的一种情形。为了强调醉酒、滥用麻醉药品或者精神药品的行为和一般的过错相比，具有违法性，且危害性较大，第 2 款对醉酒、滥用麻醉药品或者精神药品导致自己暂时没有意识或者失去控制造成他人损害的责任专门作出了规定。

第一千一百九十一条 **用人单位的工作人员因执行工作任务造成他人损害的，由用人单位承担侵权责任。用人单位承担侵权责任后，可以向有故意或者重大过失的工作人员追偿。**

劳务派遣期间，被派遣的工作人员因执行工作任务造成他人损害的，由接受劳务派遣的用工单位承担侵权责任；劳务派遣单位有过错的，承担相应的责任。

条文主旨

本条是关于用人单位责任、劳务派遣单位和劳务用工单位责任的规定。

立法背景

一、用人单位的责任

用人单位的工作人员因工作造成他人损害的，由用人单位对外承担侵权责任，这种责任在理论上被称为替代责任，即由他人对行为人的行为承担责任。由于工作人员是为用人单位工作，用人单位可以从工作人员的工作中获取一定的利益，因此，工作人员因工作所产生的风险，需要用人单位承担。用人单位与工作人员相比，一般经济能力较强，让用人单位承担责任，有利于更好地保护被侵权人的合法权益，也有利于用人单位在选任工作人员时能尽到相当的谨慎和注意义务，加强对工作人员的监督和管理。

二、我国有关规定的历史沿革

我国民法通则和司法解释都对用人单位的责任作出过规定。《民法通则》第 43 条规定："企业法人对它的法定代表人和其他工作人员的经营活动，承担民事责任。"第 121 条规定："国家机关或者国家机关工作人员在执行职务中，侵犯公民、法人的合法权益造成损害的，应当承担民事责任。"《最高人民法院关于人身损害赔偿案件适用法律若干问题的解释》中分别对法人责任、雇主责任作出了规定：法人或者其他组织的法定代表人、负责人以及工作人员，在执行职务中致人损害的，由法人或者其他组织承担民事责任。雇员在从事雇佣活动中致人损害的，雇主应当承担赔偿责任；雇员因故意或者重大过失致人损害的，应当与雇主承担连带责任。雇主承担连带责任后，可以向雇员追偿。《侵权责任法》第34条规定，用人单位的工作人员因执行工作任务造成他人损害的，由用人单位承担侵权责任。劳务派遣期间，被派遣的工作人员因执行工作任务造成他人损害的，由接受劳务派遣的用工单位承担侵权责任；劳务派遣单位有过错的，承担相应的补充责任。

需要特别说明的是，是否规定用人单位的追偿权，在侵权责任法立法过程中就有很大争议，最终侵权责任法没有规定。在侵权责任法的释义中，我们对不规定的原因作过详细的阐述。当时研究认为，在侵权责任法中规定追偿权是一把“双刃剑”。虽然侵权责任法对追偿权没有作出规定，但是不影响用人单位依照法律规定，或者根据双方的约定来行使追偿权。民法典侵权责任编编纂过程中，又有不少意见提出，建议在侵权责任法规定的基础上，增加规定用人单位的追偿权。因为根据诚实信用的原则，劳动者对用人单位负有忠实和勤勉的义务，当劳动者未尽到基本的注意义务造成用人单位损害的，应当承担适当的责任。但追偿比例应根据过错程度等因素综合考虑，而不应由劳动者承担所有的损害后果。建议以重大过失作为责任承担与否的分界线，不仅可以合理地强化工作人员的注意义务，也会促进工作人员在工作时认真负责，从而有利于减少工作人员在工作中造成损失发生的情形，也有利于在用人单位与工作人员之间公平分配责任。我们经过考虑，采纳了这一意见。本条在继承侵权责任法的基础上，在第1款增加了用人单位追偿权的规定。

条文解读

我国对用人单位采取的是无过错责任，只要工作人员实施侵权行为造成他人的损害，用人单位就要首先承担赔偿责任。用人单位不能通过证明自己在选任或者监督方面尽到了相应的义务来免除自己的责任。当然，用人单位承担侵权责任后，可以向有故意或者重大过失的工作人员追偿。

一、对第1款的理解和适用

本条中的“用人单位”，包括企业、事业单位、国家机关、社会团体等，也包括个体经济组织等。“工作人员”既包括用人单位的正式员工，也应当包括临时在单位工作的员工。

用人单位承担侵权责任的前提是工作人员的行为与“执行工作任务”有关。工作人员应当按照用人单位的授权或者指示进行工作。与工作无关的行为，即使发生在工作时间内，用人单位也不承担侵权责任，该责任由工作人员自己承担。比如，一职工在上班时间因私事将一朋友打伤，受害人就应当直接找该职工要求赔偿。为了更准确地界定工作人员的行为与职务之间的关系，本条明确用人单位承担侵权责任的前提是工作人员“因执行工作任务”造成他人损害。

需要指出的是，国家机关以及工作人员因工作造成他人损害的，一类属于履行公职权的行为；另一类不属于履行公职权的行为，是国家机关为了维持国家机关正常运转所进行的民事行为。对于第一类属于履行公职权的行为，依据国家赔偿法的规定，有的需要国家机关承担国家赔偿责任。对于第二类国家机关在民事活动中侵害他人合法权益的，国家机关需要承担民事侵权责任。比如，国家机关的司机外出办理公务，发生了交通事故，应当由国家机关承担侵权责任。本法调整国家机关及工作人员在民事活动中发生的侵权行为，对于属于国家赔偿法调整范围的，适用国家赔偿法的规定。

二、对第 2 款的理解和适用

劳务派遣是指劳动派遣机构与员工签订劳务派遣合同后，将工作人员派遣到用工单位工作。劳务派遣的主要特点就是员工的雇用和使用分离。劳动派遣机构不是职业介绍机构，是与劳动者签订劳动合同的一方当事人。派遣的员工到用工单位工作，但不与用工单位签订劳动合同，产生劳动关系。劳务派遣从制度上切断了员工与用工单位的依附关系，减少了用工单位的人力资源管理成本，为用工单位搭建了“集天下优才为我用”的平台，有利于用工单位提高劳动生产率。这种新的用人方式在一定程度上也有利于解决就业问题。

劳务派遣的用人形式不同于一般的用人单位，劳务派遣单位虽然与被派遣的员工签订了劳动合同，但不对被派遣员工进行使用和具体的管理。在劳务派遣期间，被派遣的工作人员是为接受劳务派遣的用工单位工作，接受用工单位的指示和管理，同时由用工单位为被派遣的工作人员提供相应的劳动条件和劳动保护，所以，被派遣的工作人员因工作造成他人损害的，其责任应当由用工单位承担。劳务派遣单位在派遣工作人员方面存在过错，应当承担相应的责任。例如，某商场要求派来的员工具有电工操作证和高级电工资质，以负责检测和维修商场的照明设备，但劳务派遣单位派来的员工不仅没有合格的资质，也没有任何的实践经验，结果该员工在工作时发生了火灾，造成店内租户的商品受损。在这种情况下，虽然用工单位作为直接使用员工的单位，需要赔偿租户的损失，但是劳务派遣单位在选派员工方面有一定的过错，也应当承担相应的责任。

《侵权责任法》第 34 条第 2 款规定，劳务派遣单位承担的是“相应的补充责任”，即首先由用工单位承担赔偿责任，用工单位不能全部赔偿的，才由劳务派遣单位赔偿。民法典侵权责任编编纂过程中，有的提出，劳务派遣单位的责任类型大致有三种情形：一是用工单位是第一顺位的责任人，劳务派遣单位是第二顺位的责任人，在用工单位承担了全部赔偿责任的情况下，劳务派遣单位对被侵权人就不再承担赔偿责任。二是在用工单位财力不足，无法全部赔偿的情况下，剩余的部分由劳务派遣单位来承担。三是劳务派遣单位存在过错，劳务派遣单位应当按照过错程度直接承担侵权责任。《侵权责任法》第 34 条第 2 款“相应的补充责任”的表述涵盖不了第三种情形，建议修改为“承担相应的责任”。经研究，我们采纳了这一建议。

第一千一百九十二条 个人之间形成劳务关系，提供劳务一方因劳务造成他人损害的，由接受劳务一方承担侵权责任。接受劳务一方承担侵权责任后，可以向有故意或者重大过失的提供劳务一方追偿。提供劳务一方因劳务受到损害的，根据双方各自的过错承担相应的责任。

提供劳务期间，因第三人的行为造成提供劳务一方损害的，提供劳务一方有权请求第三人承担侵权责任，也有权请求接受劳务一方给予补偿。接受劳务一方补偿后，可以向第三人追偿。

条文主旨

本条是关于个人之间因提供劳务造成他人损害和自己损害的责任的规定。

立法背景

个人之间形成劳务关系的情况越来越多，家庭雇用保姆、小时工、家庭教师等情况已非常普遍，对于在劳务期间发生的纠纷如何解决，需要法律给予明确的规定。侵权责任法对个人之间因劳务产生的侵权责任作出了规定。

劳务关系（Service Relations），是指提供劳务一方为接受劳务一方提供劳务服务，由接受劳务一方按照约定支付报酬而建立的一种民事权利义务关系。劳务关系的建立可以采取书面形式，也可以采取口头或者其他形式。劳务关系不同于劳动关系，主要表现在：（1）劳务关系由民法进行规范和调整。企业和个体经济组织与形成劳动关系的劳动者之间的劳动关系，由劳动法规范和调整。（2）劳务关系的主体可以是两个自然人或者自然人与单位之间，但本条仅调整个人之间形成的劳务关系。劳动关系中的一方应是符合法定条件的用人单位，另一方必须是符合劳动年龄条件，且具有与履行劳动合同义务相适应的能力的自然人。（3）劳务关系中，提供劳务一方不是接受劳务一方的职工，双方不存在隶属关系。劳动关系中的用人单位与员工之间存在隶属关系。（4）劳务关系中，接受劳务一方可以不承担提供劳务一方的社会保险。比如，国家没有规定要求居民必须为其雇用的保姆缴纳社会保险。劳动关系中的用人单位必须按照相关规定为职工购买社会保险。（5）劳务关系中，接受劳务的一方有权中断劳务关系，但没有用人单位对职工处分等权利。用人单位对职员违反用人单位劳动纪律和规章制度等行为，有权依法进行处理。（6）劳务关系中，报酬完全由双方当事人协商确定。劳动关系中，用人单位对职工有工资、奖金等方面的分配权利。用人单位向员工支付的工资应遵循按劳分配、同工同酬的原则，并遵守当地有关最低工资标准的规定。当然，如何界定个人之间形成的劳务关系，还需要根据具体情况来判断。如果是公司安排的上门服务，例如，某人购买了空调或者家具后，厂家派工人上门安装，那么在安装期间工人不慎将工具掉到楼下砸到一行人，那么系工人因工作造成他人伤害的情形，应当由工人所在的工厂依照本法的规定赔偿被侵权人的损失。

本条中“接受劳务一方”仅指自然人，个体工商户、合伙的雇员因工作发生的纠纷，按照本法用人单位的规定处理。

接受劳务一方对提供劳务一方造成他人损害承担赔偿责任的，前提是提供劳务一方的行为是因劳务产生；如果提供劳务一方的行为纯属个人的行为，与劳务无关，那么接受劳务一方无须承担责任。例如，某人家里雇的保姆周末休息外出游玩，骑车不慎将一路人撞伤，其行为与劳务无关，保姆应当自己承担赔偿责任。

条文解读

一、对本条第 1 款的理解和适用

侵权责任法对接受劳务一方承担责任后，能否向提供劳务一方追偿的问题没有作出规定。民法典侵权责任编编纂过程中，有的建议增加规定此种情形下的追偿权。我们经研究认

为，个人之间形成的劳务关系，双方经济能力都较为有限，接受劳务一方对外承担责任后，原则上是可以向有过错的提供劳务一方追偿的，比如，王某请小时工来家里擦玻璃，告知小时工干活前要将花盆从窗台挪开，但小时工未听王某的指示，未挪开花盆，结果干活时不小心将花盆摔到楼下，将停放在楼下的一汽车挡风玻璃砸裂，那么，王某应当赔偿车主的损失，不过承担赔偿责任后可以向小时工追偿。因此，本条第1款在侵权责任法的基础上，增加了接受劳务一方承担侵权责任后的追偿权，但仅限于可以向有故意或者重大过失的提供劳务的一方追偿。

本条除了明确提供劳务过程中，造成他人损害的责任外，还规定了提供劳务一方因劳务受到损害时双方责任的承担。根据本条规定，提供劳务一方因劳务受到损害的，根据双方各自的过错承担相应的责任。这一规定和工作人员在用人单位受到损害的规定有所不同。2003年国务院颁布、2010年修订的《工伤保险条例》规定，中华人民共和国境内的企业、事业单位、社会团体、民办非企业单位、基金会、律师事务所、会计师事务所等组织和有雇工的个体工商户应当依照本条例规定参加工伤保险，为本单位全部职工或者雇工缴纳工伤保险费。从现有的规定来看，工作人员在工作过程中受到工伤损害的，用人单位原则上承担无过错责任。只要工作人员是因工作遭受事故伤害或者患职业病的，职工就可以依照相关规定获得医疗救治和经济补偿。由于本条中“个人之间形成劳务关系的”，不属于依法应当参加工伤保险统筹的情形，提供劳务一方受到损害后，不能适用《工伤保险条例》。个人之间的劳务关系的损害，跟雇主情形下损害不一样，个人之间的劳务，提供劳动一方有较大的自主权，不像雇主对雇员的控制力那么强。造成损害的，接受劳务一方承担无过错责任太重。所以提供劳务一方因劳务受到损害的，不宜采取无过错责任的原则，要求接受劳务的一方无条件地承担赔偿责任。实践中因劳务受到损害的情况比较复杂，应当区分情况，根据双方的过错来处理比较合理。例如，张某家雇的保姆不听张某的劝阻，执意要站在椅子上打扫卫生，结果不小心将腿扭伤，那么，雇用保姆的张某可以从人道主义的角度，带保姆看病，适当承担一定的责任，但若张某承担无过错责任，则责任过重，有失公允。所以，本法规定双方根据各自的过错承担责任，比较公平，也符合现实的做法。

二、对本条第2款的理解和适用

侵权责任法没有规定在个人之间形成的劳务关系中，因第三人的行为造成提供劳务一方损害的责任承担。民法典侵权责任编编纂过程中，有的意见建议补充规定这一情形。我们研究认为，根据本法第1175条的规定，损害是因第三人造成的，第三人应当承担侵权责任。在个人之间形成的劳务关系中，因第三人的行为造成提供劳务一方损害的责任承担，第三人应当承担侵权责任，这一点没有疑问；关键是提供劳务一方是在为接受劳务一方工作过程中受伤的，能否请求接受劳务一方承担责任。有的意见提出，提供劳务一方受损害时，应有权请求接受劳务一方承担侵权责任，但是，只能在第三人或者接受劳务一方中择一行使请求权，第三人与接受劳务的人承担不真正连带责任。民法典各分编草案一审稿采纳了这一建议，增加一款，规定因第三人的行为造成提供劳务一方损害的，提供劳务一方有权请求第三人承担侵权责任，也有权请求接受劳务一方承担侵权责任。接受劳务一方承担侵权责任后，可以向第三人追偿。2020 年 5 月民法典草案提请十三届全国人大第三次会议审议过程中，有的意见提出，个人之间形成劳务关系一般不购买相应的工伤保险，这与本法第 1191 条规定的用人单位责任有较大不同。因此，要求接受劳务一方承担不真正连带责任，责任分配过重。经研究，我们采纳了这一意见，将上述方案修改为“提供劳务一方有权请求第三人承担侵权责任，也有权请求接受劳务一方补偿。接受劳务一方补偿后，可以向第三人追偿”。

第一千一百九十三条　承揽人在完成工作过程中造成第三人损害或者自己损害的，定作人不承担侵权责任。但是，定作人对定作、指示或者选任有过错的，应当承担相应的责任。

条文主旨

本条是关于承揽关系中的侵权责任的规定。

立法背景

本法规定的承揽合同是承揽人按照定作人的要求完成工作，交付工作成果，定作人给付报酬的合同。承揽包括加工、定作、修理、复制、测试、检验等工作。在履行承揽合同的过程中，承揽人对第三人造成损害或者自身遭受损害的侵权责任如何承担，我国法律没有规定。《最高人民法院关于审理人身损害赔偿案件适用法律若干问题的解释》第 10 条规定，承揽人在完成工作过程中对第三人造成损害或者造成自身损害的，定作人不承担赔偿责任。但定作人对定作、指示或者选任有过失的，应当承担相应的赔偿责任。这一解释明确了承揽人对第三人造成损害或者自身遭受损害的侵权责任的承担规则。

条文解读

考虑到在大多数情况下，承揽人主要依靠自己的技术和专业技能独立完成承揽工作，不受定作人的支配，承揽人对第三人造成损害或者造成自身损害时，不应要求定作人承担侵权责任。但是，定作人对定作、指示或者选任存在过错的，需要承担相应的过错责任，这是指定作人的指示过失责任。

定作人的指示过失责任，源自英美法的"独立契约人"责任理论，指不属于合同相对方的被用工人，在执行合同中规定的工作时，用工人对其不具有很强的控制力，基本上是依靠自己的技术和判断来完成工作的人，属于该概念范围的主要有承揽人、建筑工程的承包人、运输承运人、委托、行纪、居间合同中的受托人等。大陆法系国家中，日本民法从英美法中借鉴这一理论，在《日本民法典》第719条规定：定作人对承揽人就其工作加于他人的损害，不负赔偿责任。但是，定作人对定作或者指示有过失时，不在此限。我国台湾地区借鉴日本民法典的规定，在其"民法"第189条规定：承揽人因执行承揽事项，不法侵害他人之权利者，定作人不负损害赔偿责任。但定作人于定作或指示有过失者，不在此限。之所以作这样的规定，是因为选任承揽人时，定作人对承揽人是否具备相应的资质和具备安全生产条件有义务进行审查，如果选任不当，对承揽人的工作人员在执行工作任务中所受到的损害，应该承担过错责任。在吸收司法解释和境外立法例的基础上，本条对承揽关系中的侵权责任作了规定。

需要指出的是，本法第1192条个人之间形成劳务关系，个人之间因提供劳务造成他人损害和自己损害的责任的规定，不适用本条因承揽关系产生的纠纷。根据合同编的规定，承揽合同是承揽人按照定作人的要求完成工作，交付工作成果，定作人给付报酬的合同。承揽包括加工、定作、修理、测试、检验等工作。承揽合同与劳务合同的区别在于：承揽合同的劳动者所交付的标的是劳动成果，而劳务合同的劳动者交付的标的是劳动，定作人与承揽人之间不存在劳务关系。

第一千一百九十四条　网络用户、网络服务提供者利用网络侵害他人民事权益的，应当承担侵权责任。法律另有规定的，依照其规定。

条文主旨

本条是关于网络侵权的一般规定。

立法背景

2009年通过的侵权责任法第一次在我国民法中规定网络侵权制度，施行10年来，对解决网络民事侵权问题提供了有效方案，发挥了重要作用。但随着互联网的快速发展，网络侵权行为越来越复杂，起草民法典侵权责任编过程中，不少意见建议进一步完善、充实网络侵权责任制度，细化相关规定。为了更好地保护权利人的利益，同时平衡网络用户和网络服务提供者之间的利益，侵权责任编在侵权责任法规定的基础上，细化了网络侵权责任的具体规则：一是修改完善了网络侵权的通知和反通知以及声明发送规则，规定“通知应当包括构成侵权的初步证据及权利人的真实身份信息”，以减少或者避免恶意通知损害网络用户正当利益的情况。增加反通知程序，规定“网络用户接到转送的通知后，可以向网络服务提供者提交不存在侵权行为的声明”。对权利人行使权利作出时间要求，规定“网络服务提供者在转送声明到达权利人后的合理期限内，未收到权利人已经投诉或者提起诉讼通知的，应当及时终止所采取的措施”，以平衡权利人、网络用户、网络服务提供者之间的权利义务关系。二是现实中滥用“通知—删除”程序进行不正当竞争的情形时有发生，不仅给网络用户造成损害，也造成网络服务提供者的流量损失和广告收入损失。对网络服务提供者的合法权益也应当加以保护，增加规定“权利人因错误通知造成网络用户或者网络服务提供者损害的，应当承担侵权责任。法律另有规定的，依照其规定”。三是将《侵权责任法》第 36 条中的“知道”修改为“知道或者应当知道”，以指导人民法院更好地适用法律，力求法院公正裁判和保护当事人合法权益。

在民法典侵权责任编起草过程中，有的意见提出，本条不是裁判规范，只具有宣示性作用，建议删去。这一意见在起草《侵权责任法》第 36 条第 1 款时就存在。经研究，我们没有删除这一规定，而是将其作为一条单独规定，并增加规定“法律另有规定的，依照其规定”，主要是考虑到相比 10 年前，互联网技术的发展和应用已经深入到社会生活各个方面，一部手机具有交友、购物、支付等多种功能，网络侵权行为有增无减，日益成为社会突出问题，有必要继续维持一般性规定，突出显示网络并非法外之地。

条文解读

本条主要从两个方面规定利用网络侵害他人民事权益的，应当承担侵权责任。

一、网络用户利用网络侵害他人民事权益

网络用户利用网络侵害他人民事权益，大体可以分为以下几种类型：

一是侵害人格权。主要表现为：（1）盗用或者假冒他人姓名，侵害姓名权；（2）未经许可使用他人肖像，侵害肖像权；（3）发表攻击、诽谤他人的文章，侵害名誉权；（4）非法侵入他人电脑、非法截取他人传输的信息、擅自披露他人个人信息、大量发送垃圾邮件，侵害隐私权和个人信息受保护的权利。

二是侵害财产利益。基于网络活动的便捷性，通过网络侵害财产利益的情形较为常见，如窃取他人网络银行账户中的资金，而最典型的是侵害网络虚拟财产，如窃取他人网络游戏装备、虚拟货币等。

三是侵害知识产权。主要表现为侵犯他人著作权、商标权和专利权等知识产权：（1）侵犯著作权。如擅自将他人作品进行数字化传输，规避技术措施，侵犯数据库等。（2）侵犯商标权。如恶意抢注与他人商标相同或相类似的域名，在电商平台上销售假冒他人商标或者使用足以使消费者混淆的商标的商品等。（3）侵犯专利权。如未经专利人授权，在网站上销售专利产品。

二、网络服务提供者利用网络侵害他人民事权益

网络服务提供者是一个概括性表述，既包括提供接入、缓存、信息存储空间、搜索以及链接等服务类型的技术服务提供者，也包括主动向网络用户提供内容的内容服务提供者，还包括在电子商务中为交易双方或者多方提供网络经营场所、交易撮合、信息发布等服务，供交易双方或者多方独立开展交易活动的电子商务平台经营者。

不同类型的网络服务提供者通过网络实施侵权行为的表现也不一样。根据“技术中立”原则，技术服务提供者一般无须对他人通过网络侵犯他人民事权益的行为承担责任，如中国移动、中国电信、中国联通等电信服务运营商无须对经由其网络传输的信息承担责任，百度等搜索引擎提供者无须对搜索结果负责，但若其行为高度介入传输行为、编排搜索结果等，则须对其行为承担责任，电子商务平台经营者一般无须对其平台出现的侵权行为承担责任。此外，破坏他人技术保护措施、利用技术手段攻击他人网络、窃取他人个人信息的，也要承担侵权责任。内容服务提供者应当对所上传内容的真实性与合法性负责，如果提供了侵权信息，如捏造虚假事实诽谤他人、发布侵犯著作权的影视作品等，应当承担侵权责任。

本条在《侵权责任法》第36条第1款的基础上增加“法律另有规定的，依照其规定”，是为了与著作权法、专利法、商标法、电子商务法等法律衔接，根据侵害客体的不同，适用不同的法律规定和归责原则。

相关规定

《最高人民法院关于审理侵害信息网络传播权民事纠纷案件适用法律若干问题的规定》第3－7条

第一千一百九十五条 **网络用户利用网络服务实施侵权行为的，权利人有权通知网络服务提供者采取删除、屏蔽、断开链接等必要措施。通知应当包括构成侵权的初步证据及权利人的真实身份信息。**

网络服务提供者接到通知后，应当及时将该通知转送相关网络用户，并根据构成侵权的初步证据和服务类型采取必要措施；未及时采取必要措施的，对损害的扩大部分与该网络用户承担连带责任。

权利人因错误通知造成网络用户或者网络服务提供者损害的，应当承担侵权责任。法律另有规定的，依照其规定。

条文主旨

本条是关于“通知与取下”制度的规定。

立法背景

“通知与取下”制度首先规定在美国《千禧年数字版权法》(以下简称 DMCA) 中，被侵权人在获知侵权事实后，可以向提供信息存储空间和信息定位服务的网络服务提供者发出符合 DMCA 规定的侵权通知，网络服务提供者在接到侵权通知后，应当迅速移除或屏蔽对侵权信息的访问。

我国最高人民法院 2000 年颁布的《关于审理涉及计算机网络著作权纠纷案件适用法律若干问题的解释》(现已失效) 首次引入“通知与取下”程序。国务院 2006 年出台的《信息网络传播权保护条例》对在著作权领域适用这一程序作出了详细规定。2009 年《侵权责任法》第一次在民法中确立这一制度。2018 年《电子商务法》则在电子商务平台经营者侵权责任领域中适用这一制度。

条文解读

本条主要从四个方面规定了“通知与取下”程序。

一、通知的要件

根据本条规定，通知应当包括构成侵权的初步证据及权利人的真实身份信息。

实践中，大多数网络服务提供者都非常重视通知书的形式和内容，很多网站提供了格式化的通知模板、专门的投诉途径，极大地简化了通知流程，提高了处理效率。一般而言，一份合格的权利通知应当包括两方面内容：

首先是权利人的真实身份信息，包括但不限于权利人的姓名、名称、住址、联系方式、电话、电子邮箱等，没有真实身份信息和有效联系方式，网络服务提供者无法与其取得联系，也无法发送网络用户声明不存在侵权行为的通知。

其次是构成侵权的初步证据，通知是权利人主张权利的重要依据，应当附有证明其权利的证据或者相关信息涉嫌侵权的初步证据，如著作权登记证书、专利证书、商标权证书、明显超出正常言论自由范围的诽谤、攻击等言词。另外，通知中一般还应当附有涉嫌侵权信息的网址链接或其他可以定位侵权商品或信息的有效方法等，曾有权利人向网络服务提供者发送书面通知，将包含上千个字符的 URL 打印出来，给网站造成不必要的负担，这显然不是正常的维权方式。

二、网络服务提供者的义务

权利人一旦发出合格通知，就触发了网络服务提供者的义务。根据本条规定，网络服务提供者接到通知后，应当及时将该通知转送相关网络用户，并根据构成侵权的初步证据和服务类型采取必要措施。

（一）及时将该通知转送相关网络用户

“通知与取下”程序不是孤立的，而是与其他制度配合而生的，权利人有权发出通知主张权利，要求网络服务提供者采取相应措施，这只是权利人的一面之词，是“自称”，无法确定相关信息是否侵犯了权利人的权利，上传相关信息的网络用户有权提出申辩。所以，网络服务提供者应当及时将该权利人发出的通知转送相关网络用户，使其知晓，要求其作出回应。

（二）根据构成侵权的初步证据和服务类型采取必要措施

根据所提供网络服务的类型不同，不同类型的网络服务提供者在接到侵权通知后所应承担的义务也应当有所区别，对此，本条没有采取一刀切的方法，而是由网络服务提供者根据其掌握的证据以及提供服务的类型采取必要措施，所取得的效果应当是在技术能够做到的范围内避免相关信息进一步传播。对于提供信息存储空间、搜索、链接服务的网络服务提供者，其在接到侵权通知后，应当对侵权信息采取删除、屏蔽、断开链接等必要措施。对于电子商务平台经营者，其在接到侵权通知后，应当根据电子商务法的要求，对相关商品或者服务采取删除、屏蔽、断开链接、终止交易和服务等必要措施。对于提供接入、缓存服务的网络服务提供者，其在接到侵权通知后，应当在技术可能做到的范围内采取必要措施，如果采取这些措施会使其违反普遍服务义务，在技术和经济上增加不合理的负担，该网络服务提供者可以将侵权通知转送相应网站。由于所有网络信息都须经由接入服务进行传输，很多权利人都会要求接入服务提供者删除侵权信息，如果不对此类服务提供者采取必要措施的义务进行必要的限制，可能会妨碍网络产业的正常发展。目前互联网技术的发展日新月异，新技术不断得到应用，网络服务提供者提供的服务类型也在不断拓宽，通知与取下程序是否能够一体适用需要进一步探索和研究，应当正确看待技术与法律的关系，运用法律解释方法，智慧解决各种新型问题。如果需要通过修改法律解决，可以及时提出修改意见和建议。

三、网络服务提供者的责任

根据本条规定，未及时采取必要措施的，对损害的扩大部分与该网络用户承担连带责任。

理解这一规定，需要注意以下两个方面：

一是网络服务提供者承担本条项下责任的归责原则。本条这一规定在《侵权责任法》第36条实施以来，存在一些争论，有人认为这是无过错归责原则，只要网络服务提供者没有及时采取必要措施，就要承担相应责任。有人认为，DMCA创设避风港规则的本意是为了豁免网络服务提供者的责任，为其提供“避风港”，而这一规定却创设了网络服务提供者承担责任的新类型。其实，这些都是对这一条文的误读，首先，依据本条要求网络服务提供者承担责任的前提是网络服务提供者收到了合格通知，只有通知合格，网络服务提供者才承担采取必要措施的义务。其次，通知合格，并不代表权利人的权利主张是合适的，网络服务提供者应当进行必要的审查。在多数情形下如著作权、人格权、商标权等，网络服务提供者应当对权利人提供的初步证据予以审查，以一个正常理性人的标准，以一般专业知识来看，是否可以支持其权利要求。如果完全无法支持，则没有必要采取删除、断开链接等措施，如果认为可以支持，应当及时采取必要措施。所以，从这个意义上来说，网络服务提供者审查权利通知后依法采取了必要措施，既豁免了对网络用户的违约责任，也豁免了对权利人可能承担的帮助侵权责任；网络服务提供者依然承担过错责任，或者因应当采取必要措施而没有采取，或者因采取的必要措施不当，按照共同侵权制度，其因网络用户的侵权行为而对权利人承担帮助侵权责任。

二是如何认定“及时”。实践中，以淘宝、京东、百度、新浪等为代表的网络服务提供者每天收到大量的侵权通知，需要耗费大量人力物力对这些通知进行整理、甄别和审查，这就涉及对“及时”的理解，最高人民法院在《关于审理侵害信息网络传播权民事纠纷案件适用法律若干问题的规定》中要求根据权利人提交通知的形式，通知的准确程度，采取措施的难易程度，网络服务的性质，所涉作品、表演、录音录像制品的类型、知名度、数量等因素综合判断。在《关于审理利用信息网络侵害人身权益民事纠纷案件适用法律若干问题的规定》中要求，根据网络服务的性质、有效通知的形式和准确程度，网络信息侵害权益的类型和程度等因素综合判断。以著作权为例，实践中，有的法院认为应当考虑作品的知名度和传播范围。例如，热门的电视剧或者电影，很短的侵权时间就可能给权利人造成巨大损失，对于热门作品，其合理删除期限应当较短，对于非热门作品，期限可以适当放宽。

四、权利人错误通知的法律后果

“通知与取下”制度在我国实施以来，对于维护权利人合法权益，打击网络侵权违法行为，净化网络空间，起到了重要作用，但是权利人错误通知甚至恶意通知的事件也时常出现，甚至有人将这一制度作为打击竞争对手的重要手段，有人借用特殊销售节点，以投诉方式达到下架竞争对手的商品的方式，使其短期内丧失经营资格。2016 年仅阿里巴巴知识产权投诉平台上就共发现疑似恶意投诉方账号 5862 个，因其恶意投诉行为造成的卖家资损约 1.07 亿元。

为此，本条在《侵权责任法》第 36 条基础上，特别增加这一规定，警示权利人不得滥用“通知与取下”程序，促使权利人的维权行为更为理性，因错误通知造成网络用户、网络服务提供者损失的，权利人应当承担侵权责任。增加“法律另有规定的，依照其规定”这一衔接性表述，主要是考虑到本条为一般规定，根据被侵害的权利类型的不同，其他法律可能作出细化或者特别规定，如 2018 年《电子商务法》第 42 条第 3 款规定：“因通知错误造成平台内经营者损害的，依法承担民事责任。恶意发出错误通知，造成平台内经营者损失的，加倍承担赔偿责任。”

相关规定

《中华人民共和国电子商务法》第 42 条；《信息网络传播权保护条例》第 14 条、第 15 条、第 24 条；《最高人民法院关于审理利用信息网络侵害人身权益民事纠纷案件适用法律若干问题的规定》第 5 - 8 条

第一千一百九十六条　网络用户接到转送的通知后，可以向网络服务提供者提交不存在侵权行为的声明。声明应当包括不存在侵权行为的初步证据及网络用户的真实身份信息。

网络服务提供者接到声明后，应当将该声明转送发出通知的权利人，并告知其可以向有关部门投诉或者向人民法院提起诉讼。网络服务提供者在转送声明到达权利人后的合理期限内，未收到权利人已经投诉或者提起诉讼通知的，应当及时终止所采取的措施。

条文主旨

本条是关于“反通知”制度的规定。

立法背景

本条是此次编纂民法典新增加的条文。《侵权责任法》第36条没有规定反通知制度，在起草侵权责任编的过程中，有些意见提出，反通知制度对于平衡权利人与网络用户之间的利益至关重要，权利人有权发出侵权通知，相对应地，网络用户应当有权进行申辩。反通知程序是通知与取下制度的重要组成部分，美国以出台DMCA为契机，将判例法中的通知与取下程序发展为通知与反通知规则，并得到了很多国家和地区的借鉴。简而言之，设置反通知制度，就是赋予网络用户以抗辩的权利。未经正当程序，仅凭自称权利人的一纸通知，就将涉嫌侵权的信息从网络上予以取下，是对网络用户合法权益的重大限制，若不对权利人的权利加以适当限制，将会对信息自由流动构成极大威胁。因此，为了平衡和保障网络用户的合法权益，本条增加规定了反通知制度。

条文解读

本条主要从两个方面规定了反通知制度。

一、"反通知"的要件

根据本条规定，网络用户提交的声明应当包括不存在侵权行为的初步证据及网络用户的真实身份信息。

（一）不存在侵权行为的初步证据

有的意见对这一要件提出不同看法，认为根据民事诉讼一般举证规则，积极的构成要件由原告提出证据，被告没有义务提出消极的构成要件，有时也难以拿出证据。这一意见有一定道理，但在大部分权利类型下，初步证据是可以提出的，比如著作权、专利权、商标权等，涉嫌侵权的网络用户可以提供文章底稿、著作权登记证书、专利证书、商标权证书、原产地证明、授权法律文书等，证明其具有相应的权利；诚然，有些情形下确实难以提出，比如权利人主张某篇文章侵犯了其隐私权，这既是一个事实问题，更是一个法律问题，即使在法庭上，也不是三言两语能够判断清晰的。

（二）网络用户的真实身份信息

不少网络用户对外表现为昵称、笔名，而非其真实身份，实践中，这使得很多权利人在起诉时，无法准确确定被告，维权十分困难。网络不是法外之地，每个人都需要对自己的行为负责，在网络上也是一样。在权利人表明自己真实身份，指称其涉嫌侵权时，网络用户有义务表明其真实身份，这也是当然之意。

二、网络服务提供者的义务

（一）转送义务

根据本条规定，网络服务提供者接到声明后，应当将该声明转送发出通知的权利人，并告知其可以向有关部门投诉或者向人民法院提起诉讼。

纠纷主要发生在权利人与网络用户之间，网络服务提供者接到反通知后，立即产生转送义务，应当及时将反通知转送发出通知的权利人，让权利人及时知道网络用户提出了抗辩；同时履行告知义务，让权利人知晓应当及时向有关部门投诉或者向法院起诉，以解决纠纷。

（二）及时终止所采取的措施

根据本条规定，网络服务提供者在转送声明到达权利人后的合理期限内，未收到权利人已经投诉或者提起诉讼通知的，应当及时终止所采取的措施。

网络用户的声明到达权利人后，权利人应当作出适当反应，可以表示认可，也可以表示反对，可以明示，也可以默示。如果在合理期限内，权利人通知网络服务提供者，其已经向有关部门投诉或者向法院起诉，表明权利人以明示方式对反通知的内容表示反对，网络服务提供者应当继续维持此前采取的必要措施，直至有关部门或者法院有进一步指令；如果权利人在合理期限内没有投诉或者起诉，表明权利人默示认可反通知，网络服务提供者应当及时终止所采取的措施，恢复相关信息。这样规定，既是为了促使权利人尽快行使权利，避免相关权利纠纷长期处于不确定状态，也是为了尽量减少因错误通知给网络用户和网络服务提供者增加的负担。

需要说明的是，通知与反通知程序只是为快速应对纠纷而采取的一种程序性救济手段，网络服务提供者并非司法机关，其没有能力具体判断当事人之间的争议。即便权利人在合理期限内没有采取相应的法律行动，也不影响其实体权利，权利人仍然可以在合理期限届满后向有关部门投诉或者向法院起诉。

相关规定

《中华人民共和国电子商务法》第 43 条；《信息网络传播权保护条例》第 16 条、第 17 条

第一千一百九十七条　网络服务提供者知道或者应当知道网络用户利用其网络服务侵害他人民事权益，未采取必要措施的，与该网络用户承担连带责任。

条文主旨

本条是关于网络服务提供者与网络用户承担连带责任的规定。

立法背景

此次编纂民法典，将《侵权责任法》第 36 条规定的“知道”修改为“知道或者应当知道”。

我国在互联网技术发展和运用上成功实现弯道超车，从 20 世纪 90 年代末起，大量涉互联网技术和网站的案件进入法院，经过 20 多年的司法实践，我国法院已经建立起适应我国国情的审判政策，在过错责任归责原则上也早已取得共识。《侵权责任法》第 36 条中使用的是“知道”，从解释上，包括“明知”和“应知”两种主观状态，多年来，法院在审判实践中也是这样操作的。在编纂民法典过程中，有的意见建议将“知道”修改为“知道或者应当知道”，表述更清楚。经研究我们采纳了这个建议，这样修改内涵没有变化，但更清楚明了，也保持了不同法律之间用语的统一。

条文解读

根据本条规定，网络服务提供者与网络用户承担连带责任的主观构成要件为“知道或者应当知道”，采用的是过错责任。

一、“知道”的含义

在新的语境下，“知道”即为“明知”。明知是一种主观状态，表明行为人的内心对侵权行为这一事实的发生具有明确而充分的认识，甚至放任或者积极追求损害后果的发生。如何证明行为人的主观状态为“明知”？一般有两种途径：一是行为人自认。行为人明确表示其主观状态为“明知”，当然可以认定，只是这种情形实践中较少出现。二是通过通知与取下程序来证明。这也是多数国家和地区司法机关判断网络服务提供者主观状态的核心标准，权利人发送的合格通知到达网络服务提供者时，即视为网络服务提供者知晓了存在通知中所指出的侵权事实，网络服务提供者有义务采取必要措施，未采取必要措施的，即属本条知道而未采取必要措施的情形，需要对损害扩大部分承担连带责任。《最高人民法院关于审理侵害信息网络传播权民事纠纷案件适用法律若干问题的规定》第 13 条也有类似规定：“网络服务提供者接到权利人以书信、传真、电子邮件等方式提交的通知，未及时采取删除、屏蔽、断开链接等必要措施的，人民法院应当认定其明知相关侵害信息网络传播权行为。”

二、“应当知道”的含义

如前所述，目前各国都不要求网络服务提供者承担普遍审查义务，但这并不意味着网络服务提供者可以完全躲进“避风港”。美国国会众议院在 DMCA 立法报告中提出“红旗规则”，是对网络服务提供者适用避风港的限制，这一规则也为我国学者广泛接受。所谓“红旗规则”，是指当侵权事实在网络空间中像红旗一样明显时，我们便可以根据侵权事实发生的具体环境推定网络服务提供者对侵权事实应当知晓并要求其承担采取必要措施制止侵权行为的义务。这也是本条中“应当知道”的含义。

但是，“红旗规则”如何适用，“应当知道”如何判断？这是一个极具实务操作的难题，法官在具体案件中应当综合各种因素，以一个合理标准去判断，需要在促进网络行业健康发展与保护权利人合法权益之间寻找合适的平衡点，既不能失之过严，也不能操之过宽，法律难以规定一个普遍适用的标准。总的来讲，网络空间治理是一个系统工程，既需要权利人积极行使权利，同时也需要网络服务提供者在技术和能力允许的范围内积极作为，共同打击侵权信息。在掌握判断标准时大体应当遵循以下三大原则：

第一，根据提供技术服务的网络服务提供者的类型不同，判断标准应当有所不同。相比提供其他类型技术服务的网络服务提供者，认定提供接入、缓存服务的网络服务提供者“应当知道”的标准应当更加严格。接入服务连接着网站和网络用户，所有网络信息包括侵权信息都需要通过接入服务才能得以传输，但这种传输是即时的，信息量十分庞大，该类型网络服务提供者无法一一核实，如果认定标准过于宽泛，可能会使接入服务提供者承担过重的责任，影响普遍接入服务。随着互联网技术的创新和运用不断发展，网络服务提供者提供的服务类型也在不断拓展，“应当知道”的适用标准也应当随之发展。

第二，根据保护对象的不同，判断标准也应当有所不同。对于著作权而言，只要网络服务提供者没有对网络用户上传的信息进行人工编排等，一般不应认定构成侵权行为；同时还要考虑涉案作品的知名度、影响力等因素，专业视频网站应当具备甄别当前热播影视作品的能力。对于专利权而言，专利权侵权判断技术性较强，非专业人士难以作出准确判断，当前利用通知与取下程序打击竞争对手的现象仍然存在，具体如何适用，还有不同意见，有待进一步探讨与完善。对于商标权而言，商标权侵权判断不似专利权那样复杂，但也并非一目了然，不应令网络服务提供者承担过高的审查义务。涉嫌诋毁他人名誉、不当使用他人肖像、违法公布他人个人信息等行为，不经法院审理，有时难以准确判断是否为侵权行为，网络服务提供者不是司法机关，不应当要求其具有专业的法律素养，更不能要求其对用户发布的信息一一核实，通常人认为不应属于侵权信息即可免除责任。

第三，提供技术服务的网络服务提供者没有普遍审查义务。在审判实践中，应当谨慎认定此类网络服务提供者“应当知道”网络用户利用其网络服务实施侵权行为。如果判断标准过宽，可能会使网络服务提供者实际上承担了普遍审查的义务。事实上，由于网络具有开放性的特征，网络信息十分庞杂，要求此类网络服务提供者逐一审查，可能大量增加网络服务提供者的运营成本，阻碍网络产业的发展，美国 DMCA 以及欧盟电子商务指令也都规定，网络服务提供者不具有监视其传输或储存信息的义务，也不应赋予其寻找不法活动的事实或情况的义务。但同时也要寻找促使网络服务提供者适当履行监管义务的平衡点，比如是否通过成熟的技术手段对网站传输的特定信息进行监控，是否建立了较为完善的投诉响应机制，是否对多次侵权人建立黑名单制度，等等。

相关规定

《中华人民共和国电子商务法》第38条、第45条；《信息网络传播权保护条例》第20－23条；《最高人民法院关于审理侵害信息网络传播权民事纠纷案件适用法律若干问题的规定》第7－14条；《最高人民法院关于审理利用信息网络侵害人身权益民事纠纷案件适用法律若干问题的规定》第9条、第10条

第一千一百九十八条 **宾馆、商场、银行、车站、机场、体育场馆、娱乐场所等经营场所、公共场所的经营者、管理者或者群众性活动的组织者，未尽到安全保障义务，造成他人损害的，应当承担侵权责任。**

因第三人的行为造成他人损害的，由第三人承担侵权责任；经营者、管理者或者组织者未尽到安全保障义务的，承担相应的补充责任。经营者、管理者或者组织者承担补充责任后，可以向第三人追偿。

条文主旨

本条是关于经营场所、公共场所的经营者、管理者或者群众性活动的组织者未尽到安全保障义务的侵权责任的规定。

立法背景

在2009年侵权责任法的制定过程中，对于什么是安全保障义务，哪些人负有安全保障义务，哪些人是安全保障义务的保护对象，未尽到安全保障义务应当承担什么样的侵权责任等问

题，各方面有不同意见，国外的做法也有一定的差异。从了解的情况来看，典型的大陆法系国家法律中对安全保障义务都没有作出一般性规定，而是通过判例来确立，其适用领域较为广泛。但各国判例确立的规则存在较大差异，这主要是由各国侵权法和合同法调整范围的不同、侵权法的立法模式和侵权损害赔偿请求权与违约损害赔偿请求权的时效不同以及赔偿范围的差异造成的。在英美侵权法中，与安全保障义务相类似的一个概念是“注意义务”。是否违反注意义务，应以理性人的行为标准，并结合生理缺陷、精神缺陷、醉酒、未成年、紧急情况等其他因素予以判断。

侵权责任法之前，安全保障义务的概念在我国的法律中从未出现过。2003 年最高人民法院颁布的《关于审理人身损害赔偿案件适用法律若干问题的解释》第 6 条中首次对安全保障义务的有关问题作出规定：“从事住宿、餐饮、娱乐等经营活动或者其他社会活动的自然人、法人、其他组织，未尽合理限度范围内的安全保障义务致使他人遭受人身损害，赔偿权利人请求其承担相应赔偿责任的，人民法院应予支持。因第三人侵权导致损害结果发生的，由实施侵权行为的第三人承担赔偿责任。安全保障义务人有过错的，应当在其能够防止或者制止损害的范围内承担相应的补充赔偿责任。安全保障义务人承担责任后，可以向第三人追偿。赔偿权利人起诉安全保障义务人的，应当将第三人作为共同被告，但第三人不能确定的除外。”侵权责任法在总结司法实践经验的基础上，借鉴国外相关规定，在第 37 条对未尽到安全保障义务的侵权责任作出了明确规定。

民法典侵权责任编编纂过程中，有的提出，《侵权责任法》第 37 条的规定，与此后修改的消费者权益保护法等法律的表述略有不同，建议统一。我们研究认为，这一差异主要是，《侵权责任法》第37条表述的是“公共场所的管理人或者群众性活动的组织者”，《消费者权益保护法》第18条第2款则规定的是“宾馆、商场、餐馆、银行、机场、车站、港口、影剧院等经营场所的经营者，应当对消费者尽到安全保障义务”。按照后法优于先法、特别法优于一般法的规则，在表述上我们向消费者权益保护法靠拢。

条文解读

根据本条规定，安全保障义务，是指宾馆、商场、银行、车站、机场、体育场馆、娱乐场所等经营场所、公共场所的经营者、管理者或者群众性活动的组织者，所负有的在合理限度范围内保护他人人身和财产安全的义务。理解安全保障义务，须注意以下问题。

一、安全保障义务人的范围

合理确定安全保障义务人的范围，既要以人为本，对社会生活中可能发生危险的场所或者活动，要求行为人履行必要的防范损害发生的义务，充分保护广大人民群众的人身和财产安全；又要考虑我国国情，从促进社会和谐稳定的目的出发，不能盲目地扩大安全保障义务人的范围，避免引发过多社会纠纷；同时还要处理好未尽到安全保障义务的侵权行为与其他侵权行为之间的关系，避免或者减少相关法律规定间的冲突或者竞合。本法明确安全保障义务人为下列两类人：

第一，宾馆、商场、银行、车站、机场、体育场馆、娱乐场所等经营场所、公共场所的经营者、管理者。公共场所包括以公众为对象进行商业性经营的场所，也包括对公众提供服务的场所。例如，本条列举的宾馆、商场、银行、车站、机场、体育场馆、娱乐场所等，除了本条列举的这些场所外，码头、公园、餐厅等也都属于公共场所。

第二，群众性活动的组织者。群众性活动，是指法人或者其他组织面向社会公众举办的参加人数较多的活动，如体育比赛活动，演唱会、音乐会等文艺演出活动，展览、展销等活动，游园、灯会、庙会、花会、焰火晚会等活动，人才招聘会，现场开奖的彩票销售等活动。

二、保护对象的范围

安全保障义务所保护的对象与安全保障义务人之间应存在某种关系，但是否要在法律中作出明确规定有不同意见。有的建议规定为“顾客或参与活动者”或者“进入公共场所或者参与活动的人”，有的建议规定为“合法进入公共场所或者参加活动的人”，有的建议不作明确规定。考虑到司法实践中的情况较为复杂，仅仅进入商场上洗手间、问路或者躲雨的人能不能界定为顾客，上错了公交车又准备下车的人是否属于保护对象，特别是对于非法进入者如到宾馆里打算偷窃的人是否给予保护等，争议很大。在法律中明确哪些人属于保护对象较为困难，因此，本法对安全保障义务的保护对象规定为“他人”，没有明确具体的范围，实践中哪些人属于保护对象应根据具体情况判断。

三、安全保障义务的内容和判断标准

安全保障义务的目的在于保护他人的人身和财产安全，其主要内容是作为，即要求义务人必须采取一定的行为来维护他人的人身或者财产免受侵害。这种义务的具体内容既可能基于法律的明确规定，也可能基于合同义务，也可能基于诚实信用原则而产生。由于安全保障义务人的范围很广，涉及多个行业、多类主体，不同义务人对不同保护对象所负有的安全保障义务是不同的，在法律中无法明确其具体内容。对于实践中需要确定义务人应当负有的具体安全保障义务的内容，进而判断安全保障义务人是否已经尽到安全保障义务的，可以参考该安全保障义务人所在行业的普遍情况、所在地区的具体条件、所组织活动的规模等各种因素，从侵权行为的性质和力度、义务人的安保能力以及发生侵权行为前后所采取的防范、制止侵权行为的状况等方面，根据实际情况综合判断。

四、未尽到安全保障义务的侵权责任

根据安全保障义务的内容不同，可以将安全保障义务分为以下两类：一是防止他人遭受义务人侵害的安全保障义务。这是指安全保障义务人负有不因自己的行为而直接使他人的人身或者财产受到侵害的义务。例如，宾馆负有不因自己提供的服务或者设施存在危险而使前来住宿的客人受伤的安全保障义务。二是防止他人遭受第三人侵害的安全保障义务。这是指安全保障义务人负有的不因自己的不作为而使他人的人身或者财产遭受自己之外的第三人侵害的义务。例如，宾馆对在本宾馆住宿的旅客负有使其人身或者财产安全免受第三人侵害的义务。他们之间的区别主要是造成损害后果的直接侵害人不同，未尽到前一类义务造成他人损害的，其直接加害人就是安全保障义务人，没有第三人的介入；未尽到后一类义务的并不必然导致他人的损害，只有当这种未尽到义务的行为与第三人的侵权行为相互结合时才导致了他人的损害。本条规定根据所未尽到的义务种类的不同，规定了安全保障义务人不同的侵权责任。

1. 安全保障义务人未尽到防止他人遭受义务人侵害的安全

保障义务的，应当承担侵权责任。这是本条第1款规定的情形。如果损害结果的发生没有第三人的介入，安全保障义务人就应当自己承担全部侵权责任。例如，顾客到餐厅吃饭，由于餐厅的地板有油渍导致顾客摔倒受伤的，餐厅就应当承担侵权责任。

2. 安全保障义务人未尽到防止他人遭受第三人侵害的安全保障义务的，应当承担相应的补充责任。这是本条第2款规定的情形。在实践中，存在不少第三人的侵权行为和安全保障义务人未尽到安全保障义务两个因素结合在一起而造成他人损害的情形。例如，储户到银行取钱或者存款，遭到第三人抢劫，银行的保安人员未尽到安全保障义务，没有及时注意或者制止，导致储户钱款被抢或者人身受到伤害；又如，宾馆没有完善的保安措施或者没有认真履行保安职责，导致住宿旅客被外来人员殴打等。在这种情形下，根据本条第2款的规定，第三人的行为是造成损害的直接原因，应当首先由第三人承担侵权责任。在上述例子中，应当先由抢劫者和打人者承担侵权责任，安全保障义务人未尽到安全保障义务也是造成损害的因素，应当承担相应的补充责任。理解这一规定，应当注意以下两点：

第一，第三人的侵权责任和安全保障义务人的补充责任有先后顺序。首先由第三人承担侵权责任，在无法找到第三人或者第三人没有能力全部承担赔偿责任时，才由安全保障义务人承担补充责任。如果第三人已经全部承担侵权责任，则安全保障义务人不再承担责任。

第二，侵权责任法并未规定经营者、管理者或者组织者承担补充责任后，是否可以向第三人追偿的问题，主要是考虑本条中负有安全保障义务的主体承担补充责任是因为其本身有过错，有过错一方承担补偿责任不应有追偿权。民法典侵权责任编纂过程中，不少建议增加追偿权的规定。我们研究认为，增加追偿权的规定，一是符合不真正连带责任的法理。借鉴德国通说见解，不真正连带责任的认定以“阶层区分说”为标准。第三人因为距离损害更近，属于终局责任人，安全保障义务人可以向其追偿。二是有利于避免司法中的争议，为实践中出现的具体案例提供法律依据。

第一千一百九十九条 **无民事行为能力人在幼儿园、学校或者其他教育机构学习、生活期间受到人身损害的，幼儿园、学校或者其他教育机构应当承担侵权责任；但是，能够证明尽到教育、管理职责的，不承担侵权责任。**

条文主旨

本条是关于无民事行为能力人受到人身损害时，幼儿园、学校或者其他教育机构的侵权责任的规定。

立法背景

一、幼儿园、学校和其他教育机构的侵权责任概述

幼儿园、学校和其他教育机构的侵权责任，是指在幼儿园、学校和其他教育机构的教育、教学活动中或者在其负有管理责任的校舍、场地、其他教育教学设施、生活设施中，由于幼儿园、学校或者其他教育机构未尽教育、管理职责，致使学习或者生活的无民事行为能力人和限制民事行为能力人遭受损害或者致他人损害的，学校、幼儿园或者其他教育机构应当承担的与其过错相应的侵权责任。

幼儿园，通常是指对3周岁以上学龄前幼儿实施保育和教育的机构等。学校，是指国家或者社会力量举办的全日制的中小学（含特殊教育学校）、各类中等职业学校、高等学校等。其他教育机构，是指少年宫以及电化教育机构等。

随着经济的快速增长，社会的明显进步，近年来我国的教育事业蓬勃发展，据统计，我国在各类教育机构学习的人员总数已经达到甚至超过我国总人数的1/5，其中，绝大多数是无民事行为能力人和限制民事行为能力人。再考虑到其父母、近亲属，可以说在教育机构就读的无民事行为能力人和限制民事行为能力人的人身安全牵动着全社会每一个人的心。但一个严峻的事实是，近年来学校学生人身伤害事故频频发生，一些重大恶性事故也有发生，导致在校无民事行为能力人和限制民事行为能力人人身损害发生的原因很多，主要有以下情况：(1) 因幼儿园、学校和其他教育机构的教学和生活设施、设备不符合安全标准或者管理、维护不当引起的人身损害；(2) 因幼儿园、学校和其他教育机构提供的食品、药品、饮用水、教学用具或者其他物品不合格引起的人身损害；(3) 因幼儿园、学校和其他教育机构教师或者其他工作人员体罚、变相体罚学生或者其他侮辱学生人格尊严的行为引起的人身损害；(4) 幼儿园、学校和其他教育机构组织学生进行实验教学或者劳动时发生的人身损害；(5) 学生之间互相嬉戏、玩耍造成的人身损害；(6) 幼儿园、学校和其他教育机构组织学生外出活动时出现的人身损害；(7) 校外人员在校内造成的人身损害；(8) 因学生自身原因造成的人身损害；(9) 其他因幼儿园、学校和其他教育机构未尽到教育、管理职责而发生的人身损害。在校无民事行为能力人和限制民事行为能力人遭受的人身损害，幼儿园、学校和其他教育机构存在过错的，应当承担与其过错相应的侵权责任；幼儿园、学校和其他教育机构没有过错的，应当由第三人或者无民事行为能力人、限制民事行为能力人及其监护人承担责任。

二、境外有关立法例

幼儿园、学校和其他教育机构侵权责任的归责原则，境外主要有两种立法例。一种是过错推定原则，如德国、意大利、日本、俄罗斯、越南等采用该种立法例。另一种是过错责任原则，如法国、美国、加拿大等采用该种立法例。

三、我国法律规定的沿革

侵权责任法之前，无民事行为能力人或者限制民事行为能力人在幼儿园、学校或者其他教育机构学习、生活期间受到人身损害的，幼儿园、学校或者其他教育机构在什么条件下需要承担侵权责任，我国法律、行政法规均未作出具体规定。《最高人民法院关于审理人身损害赔偿案件适用法律若干问题的解释》作出了相应的规定，并采用了过错推定的归责原则。法律中采用什么归责原则，一直以来就有争议，有的主张采用过错推定原则；有的主张采用过错责任原则。主张采用过错推定原则的理由主要是：第一，由于未成年学生心理和生理上的特点，难以对事故发生的情形准确地加以描述，如果按照“谁主张、谁举证”的一般举证原则来处理，显然对未成年学生一方有失公正。第二，未成年人离开其监护人之后，监护人就失去了对未成年人的控制，整个教育活动都在学校的控制之下，要让监护人来证明学校的过错，几乎是不可能的，这对保护学生及其监护人的利益非常不利。因此从公平原则来考虑，应该对学校适用过错推定原则。第三，由学校来证明已经尽到了相当的注意并且实施了合理的行为，以达到免责的目的，有助于学校尽到更多的注意义务，更有利于保护未成年人。而且学校也能举证反驳，也有机会免责。第四，随着社会经济状况的不断变化，学校等教育机构更有可能通过保险等方式来向社会转移风险，民办教育机构可以通过适当提高学费来抵消增加的成本，公立教育机构也可由国家拨付资金来设立这种保险。

主张采用过错责任原则的理由主要是：第一，学校对学生的管理、教育和保护职责，是一种特定的义务，这种义务不履行，应当采用证明的方式进行，必须证明学校方未尽谨慎义务。第二，适用过错推定的主要目的是加强对受害人的救济，特别是在当事人双方力量对比极不平衡的情况下适用，如垄断性行业与消费者之间等，从而体现法律的实质正义。在学校与受害人之间不存在经济力量、诉讼地位的明显不平衡，无须对受害人给予特别的保护。第三，适用过错推定原则易于不适当地扩大学校的责任，学校为免责必然会采取消极对策，如不再组织春游、参观等校外活动，严格限制学生在校时间，甚至不允许学生在课间互相追逐打闹等，不利于素质教育的推行。第四，完全由受害人承担举证责任，判断学校在主观上是否有过错确实存在一定的困难，可以通过采用客观化的过错判断标准如学校的各种教学设施是否符合安全要求，对存在的各种安全隐患是否及时排除、是否已采取必要的防范措施，学校是否制定了合理、明确的安全规章制度等来缓和举证责任，减轻受害人的举证负担，以利于对未成年学生的救济。第五，国外不少国家实行过错推定原则，主要是由于他们广泛实行责任保险制度，应由学校承担的责任，最终都由保险公司赔付，而在我国目前全面实行这一制度尚不现实。

如何确定归责原则，要考虑各方面的因素和社会经济发展状况。对学校、幼儿园和其他教育机构的侵权责任作出适当的界定，以做到既维护未成年人和其他受害人的合法权益，又维护幼儿园、学校和其他教育机构的正常教学秩序和管理秩序。侵权责任法最终在借鉴境外立法例和最高人民法院司法解释的基础上，根据未成年人的年龄和民事行为能力的不同，规定了幼儿园、学校和其他教育机构侵权责任的不同的归责原则。《侵权责任法》第 38 条规定的“无民事行为能力人在幼儿园、学校或者其他教育机构学习、生活期间受到人身损害的，幼儿园、学校或者其他教育机构应当承担责任，但能够证明尽到教育、管理职责的，不承担责任”，是采用过错推定原则。第 39 条规定的“限制民事行为能力人在学校或者其他教育机构学习、生活期间受到人身损害，学校或者其他教育机构未尽到教育、管理职责的，应当承担责任”，这是采用过错责任原则。

民法典侵权责任编继承了侵权责任法的规定，仅对个别字词表述作了调整。

条文解读

一、本条采用过错推定原则

采用这一原则的主要考虑是：无民事行为能力人智力发育还很不成熟，对事物的认知和判断上存在较大不足，不能辨认或者不能充分理解自己行为的后果，必须加以特别保护，这就要求学校更多地履行保护孩子身心健康的义务。无民事行为能力人在幼儿园、学校或者其他教育机构学习、生活期间，超越了监护人的控制范围，如果受到人身损害，基本无法对事故发生的情形准确地加以描述，此时要让无民事行为能力人或者其监护人来证明学校的过错，几乎是不可能的。采用过错推定原则，学校也能举证反驳，可以通过证明已经尽到了相当的注意并且实施了合理的行为，以达到免责的目的。同时，学校等教育机构更有可能通过保险等方式来向社会转移风险。

二、承担责任的范围

由幼儿园、学校和其他教育机构承担侵权责任的侵权行为的范围，应当限于发生在幼儿园、学校和其他教育机构的教育、教学活动中或者其负有管理责任的校舍、场地、其他教育教学设施、生活设施中的侵权行为。但具体范围究竟有多宽，存在不同意见，如学生自行到校或者放学后滞留学校发生的损害，幼儿园、学校和其他教育机构是否应当承担侵权责任等。由于这个问题较为复杂，与幼儿园、学校和其他教育机构所应负有的教育、管理职责密切相关，实践中个案的情况也千差万别，作出统一、具体的规定较为困难，宜由人民法院在具体案件审判过程中作出判断更为合适。

三、如何确定责任

如何确定教育、管理职责的范围，进而判断幼儿园、学校和其他教育机构是否已尽教育、管理职责，也存在一定争议。我们认为，教育法、未成年人保护法以及其他法规和规章中，对于幼儿园、学校和其他教育机构的教育、管理职责已经作了广泛、具体的规定，出现纠纷时，应当参考这些规定结合具体情况由人民法院作出最终判断，法律对此没有也很难作出具体规定。

四、关于免责事由

在制定侵权责任法和编纂民法典的过程中，有的建议明确幼儿园、学校和其他教育机构不承担赔偿责任的具体情形，如在自行上学、放学、返校、离校途中发生损害的，学生参加体育锻炼正常对抗中造成的损害，等等。我们研究认为，这些情形有的根据本法规定明显不属于幼儿园、学校和其他教育机构的责任，有的在侵权责任编“一般规定”一章中已经有所规定，没有必要再作重复规定。

第一千二百条　限制民事行为能力人在学校或者其他教育机构学习、生活期间受到人身损害，学校或者其他教育机构未尽到教育、管理职责的，应当承担侵权责任。

条文主旨

本条是关于限制民事行为能力人受到人身损害时，学校或者其他教育机构的侵权责任的规定。

立法背景

本法第1199条规定了在受侵害人是无民事行为能力人的情况下，幼儿园、学校或者其他教育机构应当承担的侵权责任。本条则规定了在受侵害人是限制民事行为能力人的情况下，学校或者其他教育机构应当承担的侵权责任。

条文解读

根据本条规定，限制民事行为能力人在学校或者其他教育机构学习、生活期间受到人身损害的，如果该限制民事行为能力人或者其监护人能够证明学校或者其他教育机构没有尽到教育、管理职责，对该限制民事行为能力人所发生的人身损害有过错，学校或者其他教育机构就要承担责任。与第1199条采用过错推定原则不同，对限制民事行为能力人的情况，本条采用了过错责任原则，主要是考虑：与无民事行为能力人相比，限制民事行为能力人的心智已渐趋成熟，对事物已有一定的认知和判断能力，能够在一定程度上理解自己行为的后果，对一些容易遭受人身损害的行为也有了充分认识，应当在构建和谐的成长环境的同时，鼓励其广泛地参加各类学校活动和社会关系，以利于其更好、更有效地学习、成长。如果适用过错推定原则，科以学校较重的举证负担，为避免发生意外事故，有的学校会采取消极预防的手段，如减少学生体育活动、劳动实践，不再组织春游、参观等校外活动，严格限制学生在校时间，甚至不允许学生在课间互相追逐打闹等，一些措施甚至与素质教育目标背道而驰，成为推行素质教育的一大障碍，最终不利于学生的成长、成熟。同时，在判断学校是否尽到教育、管理职责时也可以通过采用客观化的判断标准，如学校的各种教学设施是否符合安全要求，对存在的各种安全隐患是否及时排除、是否已采取必要的防范措施，学校是否制定了合理、明确的安全规章制度等来缓和举证责任，减轻被侵权人的举证负担，以利于对学生的救济。

教育法、未成年人保护法以及其他法规和部门规章中，对于学校和其他教育机构的教育、管理职责已经作了广泛、具体的规定，只要能够证明学校或者其他教育机构违反了这些职责，使限制民事行为能力人在学习、生活期间受到人身损害的，学校或者其他教育机构就要承担责任。比如，教育部2002年颁发的《学生伤害事故处理办法》第9条明确规定："因下列情形之一造成的学生伤害事故，学校应当依法承担相应的责任：(一) 学校的校舍、场地、其他公共设施，以及学校提供给学生使用的学具、教育教学和生活设施、设备不符合国家规定的标准，或者有明显不安全因素的；(二）学校的安全保卫、消防、设施设备管理等安全管理制度有明显疏漏，或者管理混乱，存在重大安全隐患，而未及时采取措施的；(三）学校向学生提供的药品、食品、饮用水等不符合国家或者行业的有关标准、要求的；(四）学校组织学生参加教育教学活动或者校外活动，未对学生进行相应的安全教育，并未在可预见的范围内采取必要的安全措施的；(五）学校知道教师或者其他工作人员患有不适宜担任教育教学工作的疾病，但未采取必要措施的；(六）学校违反有关规定，组织或者安排未成年学生从事不宜未成年人参加的劳动、体育运动或者其他活动的；(七）学生有特异体质或者特定疾病，不宜参加某种教育教学活动，学校知道或者应当知道，但未予以必要的注意的；(八）学生在校期间突发疾病或者受到伤害，学校发现，但未根据实际情况及时采取相应措施，导致不良后果加重的；(九）学校教师或者其他工作人员体罚或者变相体罚学生，或者在履行职责过程中违反工作要求、操作规程、职业道德或者其他有关规定的；(十）学校教师或者其他工作人员在负有组织、管理未成年学生的职责期间，发现学生行为具有危险性，但未进行必要的管理、告诫或者制止的；(十一）对未成年学生擅自离校等与学生人身安全直接相关的信息，学校发现或者知道，但未及时告知未成年学生的监护人，导致未成年学生因脱离监护人的保护而发生伤害的；(十二）学校有未依法履行职责的其他情形的。”在司法实践中，只要有上述十二项情形之一，就基本可以认定学校没有尽到教育、管理职责，就要依法对限制民事行为能力人受到的人身损害承担责任。

第一千二百零一条 **无民事行为能力人或者限制民事行为能力人在幼儿园、学校或者其他教育机构学习、生活期间，受到幼儿园、学校或者其他教育机构以外的第三人人身损害的，由第三人承担侵权责任；幼儿园、学校或者其他教育机构未尽到管理职责的，承担相应的补充责任。幼儿园、学校或者其他教育机构承担补充责任后，可以向第三人追偿。**

条文主旨

本条是关于无民事行为能力人或者限制民事行为能力人受到校外人员人身损害时的责任分担的规定。

立法背景

本法第1199条和第1200条对未成年人在幼儿园、学校或者其他教育机构学习、生活期间遭受人身损害时幼儿园、学校或者其他教育机构的侵权责任，区分无民事行为能力人和限制民事行为能力人分别规定了不同的归责原则。本条则区分造成损害的主体为幼儿园、学校或者其他教育机构以外的人员的情况，规定幼儿园、学校或者其他教育机构应当承担的侵权责任。

条文解读

一、幼儿园、学校或者其他教育机构以外的人员承担的侵权责任

幼儿园、学校或者其他教育机构以外的人员是指幼儿园、学校或者其他教育机构的教师、学生和其他工作人员以外的人员。

如果未成年人在幼儿园、学校或者其他教育机构学习、生活期间遭受人身损害，是由于幼儿园、学校或者其他教育机构本身的人员的行为造成的，幼儿园、学校或者其他教育机构未尽到教育、管理职责时，就要承担责任。如因学校的教学和生活设施、设备不符合安全标准或者管理、维护不当引起的学生人身损害；因学校提供的食品、药品、饮用水、教学用具或者其他物品不合格引起的学生人身损害；因学校教师或者其他工作人员体罚、变相体罚学生或者其他侮辱学生人格尊严的行为引起的学生人身损害；学生之间互相嬉戏、玩耍，教师管理不当造成学生人身损害等。但在某些情况下，幼儿园、学校或者其他教育机构以外的人员可能进入校园内或者在幼儿园、学校或者其他教育机构组织学生外出活动期间直接造成学生人身伤害，如社会人员进入学校殴打学生，校外车辆在校园内撞伤学生等。在这种情况下，该幼儿园、学校或者其他教育机构以外的人员的侵权行为直接造成人身损害后果的发生，其作为侵权人就应当依法承担侵权责任。

二、幼儿园、学校或者其他教育机构承担的相应补充责任

无民事行为能力人或者限制民事行为能力人在幼儿园、学校或者其他教育机构学习、生活期间，受到幼儿园、学校或者其他教育机构以外的人员人身损害的，该人员作为侵权人应当承担侵权责任。但由于此时受到人身损害的无民事行为能力人或者限制民事行为能力人仍在幼儿园、学校或者其他教育机构的监管之下，幼儿园、学校或者其他教育机构仍负有管理职责，如果幼儿园、学校或者其他教育机构未尽到管理职责的，对损害的发生也具有过错，其未尽到管理职责的行为是造成损害发生的间接原因，应当承担补充责任。幼儿园、学校或者其他教育机构是否尽到管理职责，要根据人身损害发生时的具体情况判断，如幼儿园、学校或者其他教育机构的安全管理制度是否有明显疏漏，或者是否管理混乱，存在重大安全隐患。如果幼儿园、学校或者其他教育机构的安全保卫工作存在过失，如学校门卫管理制度欠缺或者门卫管理不善，导致校外人员随意进入学校殴打学生，或者学校为改善经济条件将学校校舍、场地租给他人使用，甚至将学校操场辟为停车场，致使校内常有车辆来往，出现车辆撞伤、撞死学生等情况的，学校就应承担补充责任。理解这一规定应当注意第三人的侵权责任和安全保障义务人的补充责任有先后顺序。首先由第三人承担侵权责任，在无法找到第三人或者第三人没有能力全部承担侵权责任时，才由幼儿园、学校或者其他教育机构承担侵权责任。如果第三人已经全部承担侵权责任，则幼儿园、学校或者其他教育机构不再承担侵权责任。

三、幼儿园、学校或者其他教育机构承担补充责任后，是否可以向第三人追偿

侵权责任法没有规定幼儿园、学校或者其他教育机构承担补充责任后，是否可以向第三人追偿，主要是考虑本条中负有安全保障义务的主体承担相应的补充责任是因为其本身有过错，有过错一方承担补偿责任不应有追偿权。民法典侵权责任编编纂过程中，不少建议增加追偿权的规定。我们研究认为，增加追偿权的规定，一是符合不真正连带责任的法理。借鉴德国通说见解，不真正连带责任的认定以“阶层区分说”为标准。第三人因为距离损害更近，属于终局责任人，安全保障义务人可以向其追偿。二是有利于避免司法中的争议，为实践中出现的具体案例提供法律依据，更好地保障无民事行为能力人或者限制民事行为人能力人的成长，也为平安校园建设提供支撑。

第四章 产品责任

本章共七条，主要规定了生产者、销售者、运输者、仓储者及第三人等承担产品责任的归责原则及侵权责任，被侵权人的索赔途径，先行赔偿人的追偿权，被侵权人有权要求生产者、销售者承担的侵权责任，对已投入流通后发现缺陷产品的警示、召回等补救措施及侵权责任，故意生产、销售缺陷产品的惩罚性赔偿等。

本章“产品责任”是指产品存在缺陷发生侵权，造成他人损害，生产者、销售者等所应当承担的侵权责任，而不是指合同中的产品质量不合格的民事责任。“缺陷”并非指产品有瑕疵，而是指产品质量不好达到危害人民生命和财产安全的程度。例如，汽车制动有缺陷，致使刹车不灵，造成交通事故，导致人身、财产损害，对此生产者、销售者等应当承担侵权责任。汽车空调不制冷，为产品有瑕疵，对此生产者、销售者等应当承担合同责任。

第一千二百零二条 **因产品存在缺陷造成他人损害的，生产者应当承担侵权责任。**

条文主旨

本条是关于产品生产者侵权责任的规定。

立法背景

对产品责任的归责原则，各国多经历从合同责任到过失责任再发展到现在的无过错责任的过程。

侵权责任法制定之前，我国法律对生产者产品责任的规定主要有：《民法通则》第122条规定，因产品质量不合格造成他人财产、人身损害的，产品制造者、销售者应当依法承担侵权责任。运输者、仓储者对此负有责任的，产品制造者、销售者有权要求赔偿损失。《产品质量法》第41条第1款规定，因产品存在缺陷造成人身、缺陷产品以外的其他财产损害的，生产者应当承担侵权责任。《产品质量法》第42条规定，由于销售者的过错使产品存在缺陷，造成人身、他人财产损害的，销售者应当承担赔偿责任。

侵权责任法制定过程中，产品责任应采用何种归责原则，有较大争议，无过错责任原则、过错责任原则、过错推定原则以及既适用无过错责任也适用过错责任，以无过错责任原则为主的观点都有。在广泛借鉴国际通行做法并充分调查研究国内实际情况下，《侵权责任法》第41条采用了无过错责任的归责原则。民法典侵权责任编本条规定继承了侵权责任法的归责原则及规定。

条文解读

依据本条的规定，构成产品责任须具备三个要件：第一，产品具有缺陷；第二，须有缺陷产品造成受害人损害的事实；第三，缺陷产品与损害事实之间存在因果关系。

一、关于产品缺陷

产品缺陷是构成产品责任的首要条件。从境外立法例及相关公约看，关于产品缺陷的定义虽然表述不同，但其意思都与产品的“不安全性”或“危险性”相关，基本都将产品缺陷的定义建立在产品欠缺安全性的基础上。我国台湾地区“民法”第191－1条第3款规定，商品之生产、制造或加工、设计，与其说明书或广告内容不符者，视为有欠缺。

我国《产品质量法》第46条规定，本法所称缺陷，是指产品存在危及人身、他人财产安全的不合理的危险；产品有保障人体健康和人身、财产安全的国家标准、行业标准的，是指不符合该标准。侵权责任法起草及民法典编纂过程中，对是否将产品质量法关于缺陷产品的含义在民法中作出规定，存在不同意见。有的认为，民法典是基本法，不应再援引其他法律的规定。有的认为，民法不宜对某些概念作过细、过于具体的规定，否则会限制产品的更新与发展，随着科学技术的发展，对产品的缺陷会有不同的认识。此外，还会造成法律之间规定的重复。

侵权责任法没有对产品缺陷作出定义性的规定。实践中可以《产品质量法》第46条关于缺陷的规定为标准判断产品是否为缺陷产品。产品质量法的规定从法律上确立了判断产品是否存在缺陷的基本标准。具体如何运用这项标准判断产品是否存在缺陷，要根据每一案件、每种产品的情况具体分析，得出结论。一般来说，产品存在缺陷，即产品存在“不合理危险”。按照标准化法的规定，对在全国范围内需要统一技术要求的产品，由国务院标准化行政主管部门制定国家标准。对没有国家标准而又需要在全国某个行业范围内统一技术要求的产品，由国务院有关行政主管部门制定行业标准，并报国务院标准化行政主管部门备案。如果产品有上述保障人体健康，人身、财产安全的国家标准、行业标准的，产品缺陷“是指不符合该标准”的规定，这是从方便对缺陷产品认定的角度出发作出的规定。需要指出的是，如果产品的各项性能指标都符合该产品的强制性标准，是否可据此判定该产品不存在缺陷呢？某一产品的强制性标准，可能并未覆盖该产品的全部安全性能指标（特别对某些新产品更是如此），在这种情况下，如果因该产品中的某项属于国家强制性标准、行业标准中未作规定的性能指标不符合保障人身、财产安全的要求，可能造成他人损害的，仍可判定该产品存在缺陷。例如，某厂生产的农用地膜的有关性能指标都符合国家、行业关于农用地膜的强制性标准，但该地膜中含有一种国家和行业标准中都未作规定的对农作物生产不利的有害物质，结果导致使用该厂生产的地膜的农田减产，造成农民的财产损失，对该种地膜仍应认为是存在缺陷的产品。

民法典侵权责任编继承了侵权责任法的规定，也没有规定缺陷的含义。

二、关于缺陷产品造成受害人损害的事实

缺陷产品造成受害人损害的事实，是指缺陷产品的使用人或者第三人因缺陷产品造成损害的客观存在。损害事实包括人身损害、财产损害。财产损害是否包括缺陷产品本身的损失，在立法中存在争论。有的认为，多数国家产品责任中的财产损害仅指缺陷产品以外的其他财产的损失，不包括缺陷产品本身。缺陷产品本身的损害，属于合同责任问题，应当通过合同解决，缺陷产品以外的其他财产损害，才是本章所称的财产损害。有的认为，财产损害应当包括缺陷产品本身的损害。有的提出，立法应当从我国国情出发，从保护用户、消费者的角度出发，财产损害不应区分缺陷产品本身的损害及缺陷产品以外的其他财产的损害。我们认为本条的财产损害，既包括缺陷产品以外的其他财产的损害，也包括缺陷产品本身的损害，这样，有利于及时、便捷地保护用户、消费者的合法权益。

三、关于缺陷产品与损害事实之间的因果关系

产品责任中的因果关系，是指产品的缺陷与受害人损害事实之间存在引起与被引起的关系。在一般侵权案件中，原则上是谁主张谁举证。产品责任是一种特殊的侵权，考虑到用户、消费者与生产者之间存在信息上的不对称，特别是对于高科技产品致害原因不易证明等特点，通常要求生产者就缺陷不存在，或缺陷与损害之间不存在因果关系举证。如果生产者不能举证证明，则认定产品存在缺陷及缺陷与损害之间存在因果关系。

相关规定

《中华人民共和国产品质量法》第41条

第一千二百零三条　因产品存在缺陷造成他人损害的，被侵权人可以向产品的生产者请求赔偿，也可以向产品的销售者请求赔偿。

产品缺陷由生产者造成的，销售者赔偿后，有权向生产者追偿。因销售者的过错使产品存在缺陷的，生产者赔偿后，有权向销售者追偿。

条文主旨

本条是关于被侵权人要求损害赔偿的途径和先行赔偿人追偿权的规定。

立法背景

被侵权人因产品存在缺陷造成损害后，往往不清楚这一缺陷究竟是谁造成的，因此也就不知道应当向谁请求赔偿。为解决实践中这一问题，使得被侵权人尽快得到赔偿，本条规定，因产品存在缺陷造成损害的，被侵权人可以向产品的生产者请求赔偿，也可以向产品的销售者请求赔偿。产品缺陷由生产者造成的，销售者赔偿后，有权向生产者追偿。因销售者的过错使产品存在缺陷的，生产者赔偿后，有权向销售者追偿。

《侵权责任法》第 42 条规定，因销售者的过错使产品存在缺陷，造成他人损害的，销售者应当承担侵权责任。销售者不能指明缺陷产品的生产者也不能指明缺陷产品的供货者的，销售者应当承担侵权责任。在民法典侵权责任编编纂过程中，有的提出，本条对销售者责任的归责原则表述模糊，“因销售者的过错”的表述易产生歧义，并且第 42 条的实际意义是解决销售者与生产者的内部最终责任承担问题。我们研究认为，侵权责任法对产品责任中生产者、销售者责任的归责原则是不同的，销售者承担产品责任采用过错责任原则。但是，该条第 1 款“因销售者的过错使产品存在缺陷，造成他人损害的，销售者应当承担侵权责任”的表述确实与第 43 条第 3 款“因销售者的过错使产品存在缺陷的，生产者赔偿后，有权向销售者追偿”的表述重复；第 42 条第 2 款“销售者不能指明缺陷产品的生产者也不能指明缺陷产品的供货者的，销售者应当承担侵权责任”也主要解决责任内部分配的问题，并且第 43 条第 2 款、第 3 款能够涵盖第 42 条的内容。由此看出，删除第 42 条并不影响侵权责任编关于产品责任的严密规定。为了使表述更加清晰简洁、上下文逻辑更加通顺，民法典侵权责任编编纂过程中，删除了《侵权责任法》第42条的规定。

条文解读

本条所讲被侵权人，是指因产品存在缺陷造成人身、财产损害之后，有权要求获得赔偿的人。包括直接购买并使用缺陷产品的人，也包括非直接购买使用缺陷产品但受到缺陷产品损害的其他人。

本条从方便被侵权人维护自己合法权益的角度出发，规定了被侵权人请求赔偿的两个途径：一个是可以向产品的生产者请求赔偿；另一个是可以向产品的销售者请求赔偿。也就是说，只要是缺陷产品引起的损害，被侵权人可以向生产者和销售者中的任何一方提出赔偿请求。

根据本条规定，生产者、销售者中先行赔偿的一方有权向应当承担责任的一方追偿自己已经向被侵权人垫付的赔偿费用。预先垫付了赔偿费用的一方有权要求有责任的一方支付自己已经垫付的费用。需要明确的是，生产者和销售者承担产品责任的原则是不同的，生产者承担无过错责任，销售者承担过错责任，对此本条明确规定“产品缺陷由生产者造成的，销售者赔偿后，有权向生产者追偿。因销售者的过错使产品存在缺陷的，生产者赔偿后，有权向销售者追偿”。先行垫付赔偿费用的一方只有在另一方符合承担产品侵权责任条件的情形下，才可以向对方行使追偿权。

相关规定

《中华人民共和国产品质量法》第42条、第43条

第一千二百零四条　因运输者、仓储者等第三人的过错使产品存在缺陷，造成他人损害的，产品的生产者、销售者赔偿后，有权向第三人追偿。

条文主旨

本条是关于第三人过错致使产品存在缺陷造成他人损害的侵权责任及生产者、销售者先行赔偿后追偿权的规定。

立法背景

产品在运输流通过程中，运输者、仓储者等应当按照有关规定和产品包装上标明的储藏、运输等标准进行储存、运输。如果运输者、仓储者等不按上述规定运输或者仓储，有可能造成产品缺陷。对此有过错的，行为人应当对因自己的过错产生的损害负赔偿责任，因此，因运输者、仓储者等第三人导致产品缺陷造成他人损害的，应当按照过错责任原则承担赔偿责任。

本条继承了《侵权责任法》第44条的规定，未作修改。

条文解读

现实生活中，产品从生产到使用人手中，要经过生产、储存、运输、销售等许多环节，被侵权人往往不知道运输者、仓储者是谁，也不清楚产品缺陷究竟是谁造成的，损害发生后，找生产者或者销售者请求赔偿最简单、方便。因为产品使用人通常清楚从何处购买的产品，即使非直接购买者，也容易找到产品生产者。为了充分保护被侵权人的利益，方便被侵权人请求赔偿，根据本条的规定，即使是因运输者、仓储者等第三人的过错使产品存在缺陷造成损害，被侵权人仍然可以先找产品的生产者或者销售者请求赔偿。生产者、销售者承担赔偿责任后，可以依据本条的规定，向造成产品缺陷的有过错的运输者、仓储者等第三人行使追偿权，要求其支付赔偿费用。

第一千二百零五条　因产品缺陷危及他人人身、财产安全的，被侵权人有权请求生产者、销售者承担停止侵害、排除妨碍、消除危险等侵权责任。

条文主旨

本条是关于因产品缺陷危及他人人身、财产安全的侵权责任的规定。

立法背景

产品存在缺陷对他人可能产生两种影响：一是造成他人损害，这种损害是已经发生的，是现实存在的，被侵权人有权请求生产者、销售者承担停止侵害、排除妨碍等侵权责任。二是对他人人身、财产安全产生一种危险，存在不安全因素。从某种角度说，这是一种尚未发生、非现实存在的损害，如果不采取相应措施，这种潜在的损害随时都有可能发生，造成受害人的实际损害。为了避免这种潜在损害实际发生，给受害人造成真正的损害，杜绝、减少或者减轻受害人的损失，也为了便利被侵权人请求损害赔偿，因产品缺陷危及他人人身、财产安全的，被侵权人有权要求生产者、销售者承担排除妨碍、消除危险等侵权责任。

条文解读

排除妨碍、消除危险是承担产品侵权责任的两种方式。妨碍是指侵权人实施的妨碍他人合法权益的行为或者造成的妨碍他人合法权益正常行使的某种有害状况。排除妨碍是指依据被侵权人的请求，侵权人以一定的积极行为除去妨碍，以使被侵权人正常行使合法权益的民事责任方式。被侵权人在请求排除妨碍时，应当注意以下几个问题：第一，妨碍必须是不法的。至于妨碍人主观是否预见妨碍后果，均不影响被侵权人提出请求。但如果妨碍是合法的，即正当行使权利的行为，则妨碍人可以拒绝当事人的请求。第二，妨碍既可以是已经发生的，也可以是可能出现的。被侵权人不仅可以对已经发生的妨碍要求排除，对尚未发生但又确有可能发生的也有请求排除的权利。第三，妨碍是权利人行使权利的障碍，只要不法行为妨碍他人行使物权、人身权等，被侵权人均可请求排除妨碍。

侵权人的侵权行为或者其他行为构成对他人人身、财产的现实威胁，为侵权责任法规定的危险。这里的危险是指现实威胁，即随时可能发生的、发生概率极大的危险而不是遥不可及的危险。消除危险，是指人身或者财产受到现实威胁的当事人请求造成危险或对危险负有责任的人消除危险状况，保障请求权人人身、财产安全的民事责任方式。适用这种责任方式，能有效地防止损害的发生，充分保护民事主体的民事权利。

需要明确的是，产品责任中，被侵权人承担排除妨碍、消除危险侵权责任有两个条件：一是产品存在缺陷，二是危及他人人身、财产安全。在这两个条件同时具备的情况下，被侵权人可以要求产品生产者或者销售者承担包括但不限于停止侵害、排除妨碍、消除危险的侵权责任。此外，还可以依据本法总则编的规定，要求生产者或者销售者以其他方式承担侵权责任，如恢复原状等。

相关规定

《中华人民共和国消费者权益保护法》第50条、第52条

第一千二百零六条 产品投入流通后发现存在缺陷的，生产者、销售者应当及时采取停止销售、警示、召回等补救措施；未及时采取补救措施或者补救措施不力造成损害扩大的，对扩大的损害也应当承担侵权责任。

依据前款规定采取召回措施的，生产者、销售者应当负担被侵权人因此支出的必要费用。

条文主旨

本条是关于生产者、销售者应当采取补救措施及费用承担的规定。

立法背景

产品投入流通时，生产者、销售者可能因某种原因或者技术水平等未能发现产品有缺陷，在产品售出已经进入流通后才发现产品存在缺陷。在这种情形下，生产者、销售者应当及时以合理、有效的方式向使用人发出警示，或者采取召回缺陷产品等补救措施，以防止损害的发生或者进一步扩大。对此本条规定，产品投入流通后发现存在缺陷的，生产者、销售者应当及时采取停止销售、警示、召回等补救措施。

条文解读

停止销售是对正在销售的产品采取下架、封存等不再出售

的措施。停止销售可以避免侵权行为的扩大化，最大限度做到减少新产生损失。

警示是对产品有关的危险或产品的正确使用给予说明、提醒，提请使用者在使用该产品时注意已经存在的危险或者潜在可能发生的危险，避免危险的发生，防止或者减少对使用者的损害。警示的作用有两个：一是告知使用者产品有危险，明示产品的缺陷；二是让使用者知道在使用该产品时如何避免危险的发生，以保证人身、财产的安全。

召回是产品的生产者、销售者依法定程序，对其生产或者销售的缺陷产品以换货、退货、更换零配件等方式，及时消除或减少缺陷产品危害的行为。召回的意义在于防患于未然，就此而言，有些类似于消除危险的侵权责任方式，是生产者、销售者将缺陷产品从流通环节中撤回，阻断可能发生的危害，一般而言是停止销售的下一步措施。

《侵权责任法》第46条规定，对未及时采取补救措施或者补救措施不力造成损害的，应当承担侵权责任。民法典侵权责任编编纂过程中，有的提出，因产品存在缺陷造成他人损害的，生产者应当承担侵权责任；因销售者的过错使产品存在缺陷，造成他人损害的，销售者应当承担侵权责任，这些内容已经在本章其他条款中明确规定了。本条应当旨在解决生产者、销售者对产品跟踪服务的义务，要求生产者、销售者对投入流通后的产品不能撒手不管。因此，建议将《侵权责任法》第46条“未及时采取补救措施或者补救措施不力造成损害的，应当承担侵权责任”修改为“未及时采取补救措施或者补救措施不力造成损害扩大的，对扩大的损害也应当承担侵权责任”。经研究，我们采纳了这一建议，在2018年12月提请审议的侵权责任编草案二审稿时作了相应的修改。

此外，还有的意见提出，为更好地保护被侵权人的权益，建议借鉴消费者权益保护法的相关规定，明确被侵权人因相关产品被召回支出的必要费用由生产者、销售者负担。我们研究认为，《消费者权益保护法》第19条规定，经营者发现其提供的商品或者服务存在缺陷，有危及人身、财产安全危险的，应当立即向有关行政部门报告和告知消费者，并采取停止销售、警示、召回、无害化处理、销毁、停止生产或者服务等措施。采取召回措施的，经营者应当承担消费者因商品被召回支出的必要费用。消费者权益保护法规定了召回费用承担的内容，对维护产品生产经营秩序、救济被侵权人具有积极意义，可以吸收到基本法里。因此，我们采纳了这一意见，在本条中增加了召回费用承担的规定。

相关规定

《中华人民共和国消费者权益保护法》第19条；《中华人民共和国食品安全法》第63条

第一千二百零七条　明知产品存在缺陷仍然生产、销售，或者没有依据前条规定采取有效补救措施，造成他人死亡或者健康严重损害的，被侵权人有权请求相应的惩罚性赔偿。

条文主旨

本条是关于产品责任中惩罚性赔偿的规定。

条文解读

根据本条的规定，产品责任中适用惩罚性赔偿的条件是：

第一，侵权人具有主观故意。明知是缺陷产品仍然生产或者销售，这一点在《侵权责任法》第 46 条中已经明确规定。民法典侵权责任编编纂过程中，有的意见提出，《侵权责任法》第 46 条要求生产者、销售者采取补救措施。实践中，有些企业、销售者置他人的生命财产安全于不顾，置法律规定于不顾，主观恶性极大，这种行为应当予以严惩，建议规定惩罚性赔偿。我们采纳了这一建议，在本条增加规定，没有依照前条规定采取有效补救措施，造成他人死亡或者健康严重损害的，被侵权人有权请求相应的惩罚性赔偿。

第二，要有损害事实。这种损害事实不是一般的损害事实，而应当是造成严重损害的事实，即造成他人死亡或者健康受到严重损害。

第三，要有因果关系，即被侵权人的死亡或者健康严重受损害是因为侵权人生产或者销售的缺陷产品造成的，或者生产者、销售者没有依照前条规定采取有效补救措施。本条还规定了惩罚性赔偿的适用范围，即在被侵权人死亡或者健康受到严重损害的范围内适用，除此之外的其他损害不适用惩罚性赔偿，如被侵权人的财产损害。为防止滥用惩罚性赔偿，避免被侵权人要求的赔偿数额畸高，本条规定，被侵权人有权请求相应的惩罚性赔偿。这里的“相应”，主要指被侵权人要求的惩罚赔偿金的数额应当与侵权人的恶意相当，应当与侵权人造成的损害后果相当，与对侵权人威慑相当，具体赔偿数额由人民法院根据个案具体判定。

需要指出的是，惩罚性赔偿的主要目的不在于弥补被侵权人的损害，而在于惩罚有主观故意的侵权行为，并遏制这种侵权行为的发生。从赔偿功能上讲，其主要作用在于威慑，其次才是补偿。虽然从个案上看，被侵权人得到了高于实际损害的赔偿数额，但从侵权人角度来看，这种赔偿能够提高其注意义务，从而避免类似情况再次发生。

相关规定

《中华人民共和国消费者权益保护法》第 55 条；《中华人民共和国食品安全法》第 148 条

第五章　机动车交通事故责任

本章共十条，主要规定了机动车发生交通事故造成损害承担赔偿责任的原则；因租赁、借用等情形机动车所有人、管理人与使用人不是同一人时，发生交通事故后如何承担赔偿责任；以买卖等方式转让并交付机动车但未办理登记，发生交通事故后如何承担赔偿责任；以挂靠形式从事道路运输经营活动的机动车发生交通事故造成损害如何承担赔偿责任；未经允许驾驶他人机动车发生交通事故造成损害如何承担赔偿责任；机动车发生交通事故造成损害的赔偿顺序；以买卖或者其他方式转让拼装或者已达到报废标准的机动车，发生交通事故造成损害如何承担责任；盗窃、抢劫或者抢夺的机动车发生交通事故造成损害的如何承担赔偿责任；强制保险责任限额范围内垫付抢救费用的追偿权；机动车驾驶人发生交通事故后逃逸的责任承担；好意同乘情形下的责任承担。

本章所称交通事故，是指车辆在道路上因过错或者意外造成的人身伤亡或者财产损失的事件。机动车，是指以动力装置驱动或者牵引，上道路行驶的供人员乘用或者用于运送物品以及进行工程专项作业的轮式车辆。民法典侵权责任编编纂过程中，有的建议本章明确规定电动车的侵权责任类型。根据我国道路交通安全法的规定，“非机动车”是指以人力或者畜力驱动，上道路行驶的交通工具，以及虽有动力装置驱动但设计最高时速、空车质量、外形尺寸符合有关国家标准的残疾人机动轮椅车、电动自行车等交通工具。结合《电动自行车通用技术条件》对于电动自行车以及摩托车的规定，时速20km/h以下且车重不大于40kg的判定为非机动车，而最高设计时速在20～50km/h之间且车重大于40kg的判定为轻便摩托车，最高设计时速大于50km/h的判定为摩托车。因此，判定电动车的责任，以及电动车是否属于机动车主要取决于驱动方式、最高时速以及车重。

第一千二百零八条　机动车发生交通事故造成损害的，依照道路交通安全法律和本法的有关规定承担赔偿责任。

条文主旨

本条是关于机动车发生交通事故造成损害承担赔偿责任的原则规定。

立法背景

本条在沿袭《侵权责任法》第48条规定的基础上进行了完善。本条规定的“依照道路交通安全法律”与侵权责任法该条规定“依照道路交通安全法”系同一含义，只是民法典编纂时根据立法技术规范进行了规范性表述。

条文解读

一、依照道路交通安全法律有关规定承担赔偿责任

《道路交通安全法》第76条第1款规定：“机动车发生交通事故造成人身伤亡、财产损失的，由保险公司在机动车第三

者责任强制保险责任限额范围内予以赔偿；不足的部分，按照下列规定承担赔偿责任：（一）机动车之间发生交通事故的，由有过错的一方承担赔偿责任；双方都有过错的，按照各自过错的比例分担责任。（二）机动车与非机动车驾驶人、行人之间发生交通事故，非机动车驾驶人、行人没有过错的，由机动车一方承担赔偿责任；有证据证明非机动车驾驶人、行人有过错的，根据过错程度适当减轻机动车一方的赔偿责任；机动车一方没有过错的，承担不超过百分之十的赔偿责任。”第 2 款规定：“交通事故的损失是由非机动车驾驶人、行人故意碰撞机动车造成的，机动车一方不承担赔偿责任。”

本条主要有以下几层含义：

（一）首先由保险公司在机动车第三者责任强制保险责任限额范围内予以赔偿

《道路交通安全法》第 17 条规定，国家实行机动车第三者责任强制保险制度。机动车第三者责任强制保险是解决道路交通事故赔偿问题的重要制度。机动车发生交通事故，包括机动车与机动车之间，机动车与非机动车驾驶人、行人之间，都是先由保险公司在机动车第三者责任强制保险责任限额内予以赔偿，不足的部分才由机动车一方承担赔偿责任。这对及时充分地使受害人获得赔偿，分散机动车驾驶人的风险，有重要意义。

机动车第三者责任强制保险，也称机动车交通事故责任强制保险，是指由保险公司对被保险机动车发生道路交通事故造成本车人员、被保险人以外的受害人的人身伤亡、财产损失，在责任限额内予以赔偿的强制性责任保险。根据《机动车交通事故责任强制保险条例》第 2 条的规定，在中华人民共和国境内道路上行驶的机动车的所有人或者管理人，应当依照《中华人民共和国道路交通安全法》的规定投保机动车交通事故责任强制保险。第21条规定，被保险机动车发生道路交通事故造成本车人员、被保险人以外的受害人人身伤亡、财产损失的，由保险公司依法在机动车交通事故责任强制保险责任限额范围内予以赔偿。第23条规定，机动车交通事故责任强制保险在全国范围内实行统一的责任限额。责任限额分为死亡伤残赔偿限额、医疗费用赔偿限额、财产损失赔偿限额以及被保险人在道路交通事故中无责任的赔偿限额。

2008年2月1日起施行的机动车交通事故责任强制保险责任限额为：（1）机动车在道路交通事故中有责任的赔偿限额：死亡伤残赔偿限额110000元人民币；医疗费用赔偿限额10000元人民币；财产损失赔偿限额2000元人民币。（2）机动车在道路交通事故中无责任的赔偿限额：死亡伤残赔偿限额11000元人民币；医疗费用赔偿限额1000元人民币；财产损失赔偿限额100元人民币。

（二）在强制保险责任限额范围内赔偿后不足部分的责任承担

1. 机动车之间发生交通事故的赔偿责任。机动车之间发生交通事故的赔偿责任，由有过错的一方承担赔偿责任；双方都有过错的，按照各自过错的比例分担责任。这一规定表明，机动车之间发生交通事故的，适用过错责任原则。由于机动车之间没有强弱之分，发生交通事故的，应当适用侵权责任的一般归责原则，由有过错的一方承担赔偿责任；如果双方都有过错的，应当按照各自过错的比例分担责任。

2. 机动车与非机动车驾驶人、行人之间发生交通事故的赔偿责任。在归责原则上，机动车与非机动车驾驶人、行人之间发生交通事故，主要适用过错推定原则，同时，机动车一方还要承担一部分无过错责任。过错推定源于过错责任原则，但在适用上与一般的过错责任原则有所不同。发生损害后，首先推定行为人有过错，同时给予其举证证明自己没有过错以及对方有过错的机会，如果能够证明自己没有过错的，可以免除责任；不能证明自己没有过错的，就要承担损害赔偿责任。过错推定与一般过错责任的最大不同就是采用了举证责任倒置的方法。

根据《道路交通安全法》第 76 条第 1 款的规定，机动车一方没有过错的，承担不超过 10% 的赔偿责任。这是机动车在没有过错的情况下，也要承担一小部分的赔偿责任的规定。就此部分而言，机动车承担的是无过错责任。

（三）机动车一方不承担责任的情形

《道路交通安全法》第 76 条第 2 款规定，交通事故的损失是由非机动车驾驶人、行人故意碰撞机动车造成的，机动车一方不承担赔偿责任。这是关于机动车一方免责事由的规定。机动车与非机动车驾驶人、行人之间发生交通事故，如果交通事故的损失是因非机动车驾驶人、行人自杀、自伤、有意冲撞（碰瓷）等行为故意造成的，机动车一方不承担赔偿责任。

二、依照本法的有关规定承担赔偿责任

本法总则编“民事责任”规定了不可抗力、正当防卫、紧急避险等不承担责任的情形；侵权责任编“一般规定”规定了与有过错、受害人故意、第三人侵权等减轻或者免除责任的情形。这些责任承担的特殊情况，需要在确定机动车交通事故责任时，结合具体案件考虑和适用。因此，民法典侵权责任编增加了依照“本法”有关规定承担赔偿责任的规定。

相关规定

《中华人民共和国道路交通安全法》第76条

第一千二百零九条　因租赁、借用等情形机动车所有人、管理人与使用人不是同一人时，发生交通事故造成损害，属于该机动车一方责任的，由机动车使用人承担赔偿责任；机动车所有人、管理人对损害的发生有过错的，承担相应的赔偿责任。

条文主旨

本条是关于因租赁、借用等情形机动车所有人、管理人与使用人不是同一人时，发生交通事故后如何承担赔偿责任的规定。

立法背景

机动车租赁，是指机动车所有人将机动车在一定时间内交付承租人使用、收益，机动车所有人收取租赁费用，不提供驾驶劳务的行为。机动车管理，是指将机动车存放在某一场所，或者将机动车交付维修，机动车暂时脱离所有人占有时，保管、占有机动车的行为。机动车借用，是指机动车所有人将机动车在约定时间内交由借用人使用的行为。现实生活中，机动车租赁主要是出租人仅将机动车交付承租人使用，出租人收取租金，但不提供驾驶人员。例如，汽车租赁公司在一定期间内按约定的租金将机动车出租给其他单位或个人使用。

机动车发生交通事故，属于该机动车一方责任的，当机动车所有人、管理人与使用人是同一人时，损害赔偿责任由所有人承担，这是一种常态。在现实生活中，因出租、管理、出借等情形使机动车与其所有人、管理人分离，机动车承租人或者借用人为使用人、实际控制人的形态也是常见的。这就面临机动车发生交通事故后，是由机动车所有人、管理人还是使用人承担赔偿责任的问题。

条文解读

根据本条规定，因租赁、借用等情形机动车所有人、管理人与使用人不是同一人时，发生交通事故后属于该机动车一方责任的，如何承担责任，需要把握以下几点：

第一，本法删除了《侵权责任法》第49条“由保险公司在机动车强制保险责任限额范围内予以赔偿”的规定。侵权责任法第六章“机动车交通事故责任”在第49条、第50条都规定了机动车强制保险责任限额范围内先行赔偿的内容。为了使条文表述简练、避免重复，同时系统规定机动车发生交通事故造成损害的赔偿顺序，本法将机动车强制保险责任限额范围内先行赔偿的内容单独写了一条。因此，本条不再规定相关内容，但在适用上不受影响，根据本法第1213条的规定，机动车发生交通事故造成损害，属于该机动车一方责任的，仍然先由承保机动车强制保险的保险人在强制保险责任限额范围内予以赔偿。不足部分，如果机动车一方购买了商业保险的，由承保机动车商业保险的保险人按照保险合同的约定予以赔偿；仍然不足或者没有投保机动车商业保险的，由机动车使用人赔偿。这是因为，租赁、借用后，机动车所有人、管理人丧失对机动车的控制，机动车使用人直接使用、支配、管理、占有机动车，成为承担责任的主体。

本条中的“使用人”不仅包括承租人、管理人、借用人，还包括机动车出质期间的质权人、维修期间的维修人、由他人保管期间的保管人等。在机动车出质、维修和由他人保管期间，机动车由质权人、维修人和保管人占有，他们对机动车享有运行支配力，而所有人、管理人则丧失了运行支配力。质权人、维修人、保管人擅自驾驶机动车发生交通事故的，应由质权人、维修人、保管人承担赔偿责任。

第二，机动车所有人、管理人对损害的发生有过错的，承担相应的赔偿责任。机动车所有人在将机动车出租、出借时应当对承租人、借用人进行必要的审查，比如承租人、借用人是否有驾驶资格。同时，还应当保障机动车性能符合安全的要求，比如车辆制动是否灵敏等。机动车管理人在保管、占有机动车过程中，负有妥善保管、管理的义务，不得擅自使用或者许可他人使用机动车。机动车所有人、管理人没有尽到上述应有的注意义务，便有过错，该过错可能成为该机动车造成他人损害的一个因素，机动车所有人、管理人应当对因自己的过错造成的损害负相应的赔偿责任。

第一千二百一十条　当事人之间已经以买卖或者其他方式转让并交付机动车但是未办理登记，发生交通事故造成损害，属于该机动车一方责任的，由受让人承担赔偿责任。

条文主旨

本条是关于已经转让并交付但未办理登记的机动车发生交通事故，承担责任主体的规定。

立法背景

根据《道路交通安全法》第 12 条的规定，机动车所有权发生转移的，应当办理登记。在现实生活中，存在机动车已经通过买卖、赠与等方式转让，也向买受人交付了机动车，但是没有办理登记手续，甚至还存在连环转让机动车但都没有办理登记的情形。本条正是针对这种情况，明确规定了承担赔偿责任的主体。

条文解读

关于本条的理解和适用上需要把握以下几点：

第一，《侵权责任法》第 50 条规定了机动车强制保险责任限额范围内先行赔偿的内容。为了使条文表述简练、避免重复，同时系统规定机动车发生交通事故造成损害的赔偿顺序，本法将机动车强制保险责任限额范围内先行赔偿的内容单独写了一条。因此，本条不再规定相关内容，但在适用上不受影响，根据本法第 1213 条的规定，机动车发生交通事故造成损害，属于该机动车一方责任的，仍然先由承保机动车强制保险的保险人在强制保险责任限额范围内予以赔偿。不足部分，如果机动车一方购买了商业保险的，由承保机动车商业保险的保险人按照保险合同的约定予以赔偿；仍然不足或者没有投保机动车商业保险的，由机动车使用人赔偿。

第二，《侵权责任法》第 50 条规定的是“未办理所有权转移登记”。在编纂民法典的过程中，有的提出，根据本法物权编的有关规定，动产物权的设立和转让，自交付时发生效力，但是法律另有规定的除外。船舶、航空器和机动车等的物权的设立、变更、转让和消灭，未经登记，不得对抗善意第三人。这些规定表明，机动车所有权的转移在交付时发生效力，未经登记，只是缺少公示而不产生社会公信力，在交易过程中不能对抗善意第三人。本条立法目的规范的情形，不是物权是否发生变动，而是事实上机动车所有权已经发生转移。即使在附所有权保留特别约定的分期付款买卖机动车的情形下，如果机动车已交付购买人，虽然出卖人仍保留机动车所有权，但并不影响购买人取得机动车的实际支配力和使用收益。该所有权仅在购买人不依约定支付价金时才发生效力，即要求购买人返还出卖人享有所有权的机动车。因此，在发生道路交通事故后，应当由购买人承担赔偿责任，保留机动车所有权的出卖人不承担赔偿责任。本条的情形应当只是行政管理上的登记没有变更，这种管理性登记不影响侵权责任的承担。因此，建议将《侵权责任法》第50条“所有权转移”删除。经研究，我们采纳了这一建议。当事人之间已经以买卖、赠与等方式转让并交付机动车但未办理登记的，原机动车所有人已经不是真正的所有人，更不是机动车的占有人，他不具有机动车的实质所有权，丧失了对机动车运行支配的能力，不具有防范事故发生的控制力。在机动车发生事故后，仍然要求其承担赔偿责任，是不合理、不公平的。赔偿义务应当由买受人、受赠人等对机动车运行有实质影响力和支配力的机动车的实际所有人、占有人来承担。

第三，本条中的“交付”与物权编中的“交付”不应完全等同。物权理论中的拟制交付有简易交付、指示交付和占有改定等区分。简易交付可以适用本条的规则；指示交付中，第三人不将机动车交给受让人，受让人无法实际控制机动车；占有改定中，出让人仍然继续占有该机动车，受让人无法实际控制机动车。但是，我国法律中并未出现实际交付、简易交付、指示交付和占有改定这些学理术语。因此，本条的“交付”主要是指“实际交付”。

相关规定

《中华人民共和国道路交通安全法》第 8 条、第 12 条

第一千二百一十一条　以挂靠形式从事道路运输经营活动的机动车，发生交通事故造成损害，属于该机动车一方责任的，由挂靠人和被挂靠人承担连带责任。

条文主旨

本条是关于挂靠车辆引发交通事故时的责任主体的规定。

立法背景

机动车挂靠从事运输经营活动，是指为了交通营运过程中的方便，将车辆登记为某个具有运输经营权资质的经营主体名下，以该主体的名义进行运营，并由挂靠者向被挂靠主体支付一定的费用的形式。挂靠形式从事道路运输经营活动一般有三个特点：一是四证统一，即车辆行驶证、道路运输证、驾驶证、营业性道路运输驾驶员从业资格证上的车主、业户、单位、服务单位都统一为被挂靠主体的名称；二是挂靠机动车向被挂靠主体交纳费用；三是具有隐蔽性，虽然挂靠双方签订有关运输经营的合同或内部协议，但发生交通事故造成损害时，被侵权人无法从外观上区别挂靠机动车是否属于被挂靠主体。

实践中以挂靠方式从事道路运输经营活动屡见不鲜，正因

为这种方式涉及多个主体且具有隐蔽性，发生交通事故后极易引发纠纷，目前在法律层面没有相应规定，最高人民法院司法解释有规定，但立场发生过变化。2001 年最高人民法院关于实际车主肇事后其挂靠单位应否承担责任的复函称，被挂靠公司从明确挂靠车辆的运营中取得了利益，因此应当承担适当的民事责任。到了 2012 年，《最高人民法院关于审理道路交通事故损害赔偿案件适用法律若干问题的解释》（法释〔2012〕19 号）第 3 条规定，以挂靠形式从事道路运输经营活动的机动车发生交通事故造成损害，属于该机动车一方责任，当事人请求由挂靠人和被挂靠人承担连带责任的，人民法院应予支持。这一规定从“承担适当的民事责任”变成了“承担连带责任”。对此有意见提出质疑，认为：一是车辆挂靠时，被挂靠人与机动车交通事故的发生并无因果关系；二是实践中，挂靠可能是被挂靠人收取费用的经营性挂靠，也可能是行政法规等规定的强制性挂靠。就后一情形的挂靠而言，被挂靠人与挂靠人承担连带责任，对于被挂靠人显失公平。

条文解读

在吸收司法解释相关规定的基础上，本条作出规定，以挂靠形式从事道路运输经营活动的机动车，发生交通事故造成损害，属于该机动车一方责任的，由挂靠人和被挂靠人承担连带责任。第一，被挂靠主体接受车辆挂靠，应当对该车辆有没有从事运输活动的能力进行核查和负责，从而控制风险，并且与挂靠机动车明确约定机动车发生交通事故造成损害时责任如何承担。第二，在车辆挂靠时，有可能使乘客或者托运人因信赖被挂靠主体的管理能力及责任能力，而对挂靠机动车产生信赖，对这种信赖应当保护，被挂靠主体因为被信赖而有责任。第三，区分经营性挂靠与行政强制性挂靠作出不同规定，可能导致受害人举证不能，而被挂靠人事先采取各种措施以便在诉讼中提出各项证据证明自己未收取任何费用进而达到免责的目的。综上三点，最高人民法院 2012 年相关司法解释中关于“由挂靠人和被挂靠人承担连带责任”的规定，从解决实际赔偿问题的角度出发，有利于保护受害人，让受害人能够得到及时有效的赔偿，具有合理性。机动车交通事故责任的核心首先应当是明确责任主体的义务，然后确定如何承担责任。

第一千二百一十二条　未经允许驾驶他人机动车，发生交通事故造成损害，属于该机动车一方责任的，由机动车使用人承担赔偿责任；机动车所有人、管理人对损害的发生有过错的，承担相应的赔偿责任，但是本章另有规定的除外。

条文主旨

本条是关于未经允许驾驶他人机动车，发生交通事故造成损害时责任主体的确定。

立法背景

侵权责任法仅规定了盗窃、抢劫或者抢夺机动车发生交通事故造成损害时的责任规则。这些行为中，非法占有人均以取得机动车所有权为目的。实践中，尚存在非以取得所有权为目的而仅未经允许而驾驶他人机动车，发生交通事故导致损害的情形，例如，亲朋好友有车辆的钥匙，在没有告知机动车所有人的情况下驾车外出；机动车所有人将车辆送维修厂修理，修好后还没有取回时，维修厂工人擅自驾驶车辆。这些行为均不是犯罪行为，主观恶性显然较小，发生交通事故造成损害时，属于该机动车一方责任的，在承担赔偿责任方面应与盗抢机动车发生道路交通事故时有较大区别。

2012 年《最高人民法院关于审理道路交通事故损害赔偿案件适用法律若干问题的解释》（法释〔2012〕19 号）第 2 条规定，未经允许驾驶他人机动车发生交通事故造成损害，当事人依照侵权责任法第 49 条的规定，请求由机动车驾驶人承担赔偿责任的，人民法院应予支持。机动车所有人或者管理人有过错的，承担相应的赔偿责任，但具有侵权责任法第 52 条规定情形的除外。《侵权责任法》第 49 条即因租赁、借用等情形机动车所有人、管理人与使用人不是同一人时责任主体的确认，第 52 条即盗窃、抢劫或者抢夺的机动车发生交通事故造成损害是责任主体的确认。由此可见，最高人民法院的司法解释已经区分了未经允许而驾驶他人机动车发生交通事故导致损害与盗窃、抢劫或者抢夺机动车发生交通事故造成损害的责任承担，该规定具有合理性。在吸收借鉴司法解释的基础上，本条全面规定了未经允许驾驶他人机动车，发生交通事故造成损害，属于该机动车一方责任时的责任承担问题。

条文解读

第一，未经允许驾驶他人机动车，发生交通事故造成损害，属于该机动车一方责任的，由机动车使用人承担赔偿责任。未经允许驾驶他人车辆，车主对此不知情，因此一般不应承担侵权责任，由机动车使用人承担责任。

第二，机动车所有人、管理人对损害的发生有过错的，承担相应的赔偿责任。此处的“对损害的发生有过错”可理解为机动车所有人、管理人没有履行一般人应有的谨慎注意义务。例如，机动车所有人将车停在路边，为图方便没有熄火就下车买东西，车上同行人在等待时闲极无聊，坐在驾驶位上操作，导致发生交通事故。这种情形下，机动车所有人是有过错的，应当在过错范围内承担相应的责任。

第三，本条规定了但书，而且是仅限于“本章”另有规定的除外。该但书仅指一种情形，即本法第1215条第1款规定的“……盗窃人、抢劫人或者抢夺人与机动车使用人不是同一人，发生交通事故造成损害，属于该机动车一方责任的，由盗窃人、抢劫人或者抢夺人与机动车使用人承担连带责任”。

第一千二百一十三条　机动车发生交通事故造成损害，属于该机动车一方责任的，先由承保机动车强制保险的保险人在强制保险责任限额范围内予以赔偿；不足部分，由承保机动车商业保险的保险人按照保险合同的约定予以赔偿；仍然不足或者没有投保机动车商业保险的，由侵权人赔偿。

条文主旨

本条是关于机动车发生交通事故造成损害赔偿顺序的规定。

立法背景

实践中，不少机动车既投保了机动车强制保险又投保了商业保险，当发生交通事故造成损害时，如何确定机动车强制保险与商业保险的赔偿顺序是实践中急需解决的一个问题。《侵权责任法》第49条、第50条都规定了发生交通事故后属于该机动车一方责任的，由保险公司在机动车强制保险责任限额范围内予以赔偿。不足部分，由受让人承担赔偿责任的内容。虽然分散规定了机动车强制保险赔偿，但并未规定机动车商业保险，也没有规定强制保险与商业保险的赔偿顺序，实践中发生纠纷较多，适用法律存在空白。对此，有的意见建议民法典进行规定。

《最高人民法院关于审理道路交通事故损害赔偿案件适用法律若干问题的解释》第16条规定，同时投保机动车第三者责任强制保险和第三者责任商业保险的机动车发生交通事故造成损害，当事人同时起诉侵权人和保险公司的，人民法院应当按照下列规则确定赔偿责任：（1）先由承保交强险的保险公司在责任限额范围内予以赔偿；（2）不足部分，由承保商业三者险的保险公司根据保险合同予以赔偿；（3）仍有不足的，依照道路交通安全法和侵权责任法的相关规定由侵权人予以赔偿。

《机动车交通事故责任强制保险条例》第21条规定，被保险机动车发生道路交通事故造成本车人员、被保险人以外的受害人人身伤亡、财产损失的，由保险公司依法在机动车交通事故责任强制保险责任限额范围内予以赔偿。道路交通事故的损失是由受害人故意造成的，保险公司不予赔偿。第23条规定，机动车交通事故责任强制保险在全国范围内实行统一的责任限额。责任限额分为死亡伤残赔偿限额、医疗费用赔偿限额、财产损失赔偿限额以及被保险人在道路交通事故中无责任的赔偿限额。机动车交通事故责任强制保险责任限额由国务院保险监督管理机构会同国务院公安部门、国务院卫生主管部门、国务院农业主管部门规定。

条文解读

在吸收司法解释和行政法规规定的基础上，本条区分三个层次作了规定：

1. 先由承保机动车强制保险的保险人在强制保险责任限额范围内予以赔偿。机动车强制保险是由保险人对被保险机动车发生道路交通事故造成受害人（不包括本车人员和被保险人）的人身伤亡、财产损失，在责任限额内予以赔偿的强制性责任保险，是我国首个由国家法律规定实行的强制保险制度。机动车强制保险具有一定的公共政策性质，赔偿的范围比较广、赔付较为及时，其主要目的是及时、有效地救助机动车交通事故中的受害人。

2. 机动车强制保险赔偿不足部分，由承保机动车商业保险的保险人根据保险合同的约定予以赔偿。目前，机动车交通事故责任强制保险责任限额分两大类，一是机动车在道路交通事故中有责任时，死亡伤残赔偿限额 110000 元人民币，医疗费用赔偿限额 10000 元人民币，财产损失赔偿限额 2000 元人民币。二是机动车在道路交通事故中无责任时，死亡伤残赔偿限额 11000 元人民币，医疗费用赔偿限额 1000 元人民币，财产损失赔偿限额 100 元人民币。机动车强制保险赔偿额度要与国民经济发展水平和消费者支付能力相适应，而且其公益性决定了赔偿额度不会太高，在一些较为严重的交通事故侵权案件中，机动车强制保险赔偿无法涵盖全部赔偿额。此时，如果机动车购买了商业保险，可根据保险合同的约定予以赔偿。目前，我国机动车商业保险种类繁多，赔付标准、范围、额度有很大不同。商业险合同往往约定了很多免责条款，列明了许多保险人不承担赔偿的情形。在被保险人无责任或者无过错的情况下，保险人不承担赔偿责任。因此，只能根据机动车购买的保险合同的约定进行赔偿。商业保险的成立基础在于契约自由，其主要目的在于分散机动车驾驶人的事故责任风险，由投保人自愿购买。因此，在赔偿的时候，由强制保险先行赔付，不足的部分再由商业保险赔付，是符合法理的。

3. 机动车商业保险赔偿仍然不足的，由侵权人赔偿。这种保险前置、侵权人托底的规定，充分体现了保险的作用和及时救济受害人，分散机动车使用人风险的目的，符合强制保险的赔偿替代性和商业保险的补充性的特点，也在最大程度上平衡了强制保险、商业保险和侵权人的责任与义务。

第一千二百一十四条 ***以买卖或者其他方式转让拼装或者已经达到报废标准的机动车，发生交通事故造成损害的，由转让人和受让人承担连带责任。***

条文主旨

本条是关于以买卖或者其他方式转让拼装的或者已经达到报废标准的机动车，发生交通事故造成损害如何承担责任的规定。

立法背景

根据道路交通安全法的规定，任何单位或者个人不得拼装机动车。国家实行机动车强制报废制度。根据国务院《报废汽车回收管理办法》第2条的规定，拼装车是指使用报废汽车发动机、方向机、变速器、前后桥、车架（统称“五大总成”）以及其他零配件组装的机动车。报废机动车，是指达到国家报废标准，或者虽未达到国家报废标准，但发动机或者底盘严重损坏，经检验不符合国家机动车运行安全技术条件或者国家机动车污染物排放标准的机动车。

条文解读

本条所称“已经达到报废标准的机动车”，包括国务院报废汽车回收管理办法中所指的两类报废机动车，主要是指“达到国家报废标准，或者虽未达到国家报废标准，但发动机或者底盘严重损坏，经检验不符合国家机动车运行安全技术条件”的机动车。

研制、生产机动车，需要有很高的技术水平。而拼装车辆很难达到机动车应有的安全技术标准，这样的车上路行驶，会构成很大的事故隐患。国家对报废机动车的回收、拆解和机动车的修理实行严格的监督管理。报废汽车回收企业必须拆解回收的报废汽车，其中，回收的报废营运客车，应当在公安机关的监督下解体。拆解的“五大总成”应当作为废金属，交售给钢铁企业作为冶炼原料；拆解的其他零配件能够继续使用的，可以出售，但必须标明“报废汽车回用件”。禁止任何单位或者个人利用报废汽车“五大总成”以及其他零配件拼装汽车。禁止报废汽车整车、“五大总成”和拼装车进入市场交易或者以其他任何方式交易。禁止拼装车和报废汽车上路行驶。根据道路交通安全法的规定，生产、销售拼装的机动车的，没收非法生产、销售的拼装车，可以并处非法产品价值三倍以上五倍以下罚款；有营业执照的，由工商行政管理部门吊销营业执照，没有营业执照的，予以查封。构成犯罪的，依法追究刑事责任。出售已经达到报废标准的机动车的，没收违法所得，处销售金额等额的罚款，对该机动车予以收缴，强制报废。

根据《道路交通安全法》第100条的规定，驾驶拼装的机动车或者已经达到报废标准的机动车上道路行驶的，公安机关交通管理部门应当予以收缴，强制报废。对驾驶人处二百元以上二千元以下罚款，并吊销机动车驾驶证。

拼装和已经达到报废标准的机动车，由于其不能达到机动车上路行驶的安全标准，上路行驶后极易造成其他机动车、非机动车驾驶人和行人的损害。转让拼装的或者已经达到报废标准的机动车，本身即具有违法性，上路行驶则具有更大的危险性，因此，对以买卖、赠与等方式转让拼装的或者已经达到报废标准的机动车，由买卖、赠与等转让人和受让人、赠与人和受赠人承担连带责任。这样规定有利于预防并制裁转让、驾驶拼装的或者已经达到报废标准的机动车的行为，更好地保护人民群众的生命财产安全；在受害人有损害时，也可以根据本条获得较为充分的损害赔偿。

相关规定

《中华人民共和国道路交通安全法》第16条、第100条

第一千二百一十五条　盗窃、抢劫或者抢夺的机动车发生交通事故造成损害的，由盗窃人、抢劫人或者抢夺人承担赔偿责任。盗窃人、抢劫人或者抢夺人与机动车使用人不是同一人，发生交通事故造成损害，属于该

机动车一方责任的，由盗窃人、抢劫人或者抢夺人与机动车使用人承担连带责任。

保险人在机动车强制保险责任限额范围内垫付抢救费用的，有权向交通事故责任人追偿。

条文主旨

本条是关于盗抢的机动车发生交通事故造成损害的赔偿责任主体，以及垫付抢救费用后追偿权的规定。

立法背景

机动车被盗窃、抢劫或者抢夺，是所有人与机动车相分离的形态之一。驾驶被盗窃、抢劫或者抢夺的机动车，是擅自驾驶中最极端的情形。

条文解读

盗窃、抢劫或者抢夺的机动车发生交通事故造成损害的，由盗抢人承担赔偿责任。最高人民法院关于被盗机动车辆肇事后由谁承担损害赔偿责任问题的批复指出："使用盗窃的机动车辆肇事，造成被害人物质损失的，肇事人应当依法承担损害赔偿责任，被盗机动车辆的所有人不承担损害赔偿责任。"

在吸收司法解释规定的基础上，《侵权责任法》第52条规定，盗窃、抢劫或者抢夺的机动车发生交通事故造成损害的，由盗窃人、抢劫人或者抢夺人承担赔偿责任，没有规定机动车所有人的赔偿责任。这样规定主要考虑：一是机动车被盗窃、抢劫或抢夺后，机动车所有人丧失了对机动车的运行支配力，而这种支配力的丧失是盗抢者的违法行为造成的，又是所有人不情愿的，有时还是所有人不知悉、未预想到的。二是在机动车被盗的情形下，即使所有人对机动车保管上的疏忽，导致机动车丢失，这也与机动车发生交通事故没有直接的因果关系。因此，应当由盗抢者承担发生交通事故后的损害赔偿责任，机动车所有人不承担赔偿责任。驾驶盗抢的机动车上道路行驶，通常会给他人的生命财产安全和公共安全带来极大的危害。由于盗抢人不是车辆的拥有者，自认为轻易可以逃脱法律的制裁，因此，常发生不遵守交通法规，任意违章，甚至漠视他人生命财产安全的情况。法律在对机动车盗抢人课以刑罚的同时，规定其民事责任，有利于保护受害人的权益，制裁此类侵权行为。

民法典侵权责任编在这方面继承了侵权责任法的规定，并且本法第1212条对未经允许驾驶他人机动车侵权责任中“机动车所有人、管理人对损害的发生有过错的，承担相应的赔偿责任”也明确作了排除规定：“本章另有规定的除外”，即指本条规定的情形。也就是说，在未经允许驾驶他人机动车发生交通事故造成损害，属于该机动车一方责任的，如果机动车所有人、管理人对损害的发生有过错的，需要承担相应的赔偿责任。但是本条下的机动车所有人、管理人不承担责任。

盗窃人、抢劫人或者抢夺人与机动车使用人不是同一人，发生交通事故造成损害，属于该机动车一方责任的，由盗窃人、抢劫人或者抢夺人与机动车使用人承担连带责任。这里规定的“机动车使用人”，指的是盗窃人、抢劫人或者抢夺人将机动车出售、出租、借用、赠送，从而实际使用该机动车的人。一般而言，驾驶机动车发生交通事故属于该机动车一方责任的，应当由机动车使用人承担赔偿责任。但是，为了惩罚盗窃人、抢劫人或者抢夺人的行为，使他们不能逃脱法律的制裁，本条规定他们需要承担连带赔偿责任。

机动车被盗抢后发生交通事故造成损害，保险人在机动车强制保险责任限额范围内垫付抢救费用的，有权向交通事故责任人追偿。《机动车交通事故责任强制保险条例》第 22 条第 1 款规定，有下列情形之一的，保险公司在机动车交通事故责任强制保险责任限额范围内垫付抢救费用，并有权向致害人追偿：(1) 驾驶人未取得驾驶资格或者醉酒的；(2) 被保险机动车被盗抢期间肇事的；(3) 被保险人故意制造道路交通事故的。

一般而言，机动车发生交通事故后，应当依照本法第 1213 条规定的顺序，首先由保险人在强制保险限额范围内承担赔偿责任。但是，驾驶人无驾驶资格、醉酒、被盗期间肇事、故意制造交通事故等行为，严重漠视他人生命财产安全，属于明显且严重的过错，对道路交通安全构成了严重威胁。为了预防和惩罚这类行为的发生，加强对生命健康的保护，营造良好的社会氛围，及时救济受害人，驾驶人无驾驶资格、醉酒、被盗期间肇事、故意制造交通事故等情形下，应当允许强制保险的保险人在承担赔偿责任后向驾驶人追偿。在借鉴相关行政法规的基础上，本条明确规定了有上述情形的，保险人可行使追偿权。

第一千二百一十六条　机动车驾驶人发生交通事故后逃逸，该机动车参加强制保险的，由保险人在机动车强制保险责任限额范围内予以赔偿；机动车不明、该机动车未参加强制保险或者抢救费用超过机动车强制保险责任限额，需要支付被侵权人人身伤亡的抢救、丧葬等

费用的，由道路交通事故社会救助基金垫付。道路交通事故社会救助基金垫付后，其管理机构有权向交通事故责任人追偿。

条文主旨

本条是关于机动车驾驶人发生交通事故后逃逸的，对受害人的救济、道路交通事故社会救助基金追偿权的规定。

条文解读

一、机动车驾驶人发生交通事故后逃逸情形下对受害人的救济

机动车肇事逃逸，是指发生道路交通事故后，道路交通事故当事人为逃避法律追究，驾驶车辆或者遗弃车辆逃离道路交通事故现场的行为。

行为人之所以在肇事后逃逸，通常是行为人对造成交通事故有过错，负有一定的责任。依照《道路交通安全法》第70条的规定，在道路上发生交通事故，车辆驾驶人应当立即停车，保护现场；造成人身伤亡的，车辆驾驶人应当立即抢救受伤人员，并迅速报告执勤的交通警察或者公安机关交通管理部门。因抢救受伤人员变动现场的，应当标明位置。该条规定要求机动车驾驶人在发生交通事故后，应当立即停车、保护现场、立即抢救受伤人员并及时报案。但在现实生活中，有的机动车驾驶人在肇事后，为了逃避法律追究，要么驾车逃逸，要么弃车逃逸，给受害人的生命、财产造成了不可弥补的损失，也对社会构成了严重的危害。我国刑法、道路交通安全法和道路交通安全法实施条例分别对发生交通事故后逃逸的行为规定了刑事处罚、行政处罚，并规定了逃逸的当事人应当承担事故的全部责任。

本条针对机动车驾驶人发生交通事故后逃逸的，在驾驶人应当承担赔偿责任的前提下，对如何通过机动车强制保险和道路交通事故社会救助基金救济受害人等问题作了如下规定：

第一，机动车驾驶人发生交通事故后逃逸，该机动车参加强制保险的，由保险人在机动车强制保险责任限额范围内予以赔偿。这一规定表明，发生交通事故的机动车参加了机动车强制保险，并且发生交通事故后能够确定机动车的，由保险公司在机动车强制保险责任限额范围内予以赔偿。

第二，机动车不明、该机动车未参加强制保险或者抢救费用超过机动车强制保险责任限额，需要支付被侵权人人身伤亡的抢救、丧葬等费用的，由道路交通事故社会救助基金垫付。

根据《道路交通安全法》第 17 条的规定，国家设立道路交通事故社会救助基金。道路交通事故社会救助基金，是指依法筹集用于垫付机动车道路交通事故中受害人人身伤亡的丧葬费用、部分或者全部抢救费用的社会专项基金。救助基金的来源包括：(1) 按照机动车交通事故责任强制保险的保险费的一定比例提取的资金；(2) 地方政府按照保险公司经营交强险缴纳营业税数额给予的财政补助；(3) 对未按照规定投保交强险的机动车的所有人、管理人的罚款；(4) 救助基金孳息；(5) 救助基金管理机构依法向机动车道路交通事故责任人追偿的资金；(6) 社会捐款；(7) 其他资金。

机动车不明，如机动车驾驶人驾车逃逸，一时难以查明是哪一辆机动车肇事。需要明确的是，法律规定的是机动车不明，而不是驾驶人不明。因为本条规定的前提是“机动车驾驶人发生交通事故后逃逸”，驾驶人已经不明了，此时如果交通事故现场有机动车，可以通过机动车号牌、发动机编号的信息反查机动车驾驶人、所有人或者管理人，从而确定肇事者。但是，当机动车也不明的情况下，很难确定肇事者，这才需要道路交通事故社会救助基金垫付费用。

机动车未参加强制保险，因此无法通过强制保险赔偿被侵权的损失，只能由道路交通事故社会救助基金垫付费用。

抢救费用超过机动车强制责任保险责任限额。根据《机动车交通事故责任强制保险条例》第 24 条的规定，道路交通事故中，抢救费用超过机动车交通事故责任强制保险责任限额的、肇事机动车未参加机动车交通事故责任强制保险的、机动车肇事后逃逸的，受害人人身伤亡的丧葬费用、部分或者全部抢救费用，由救助基金先行垫付。这里的“抢救费用”是指机动车发生道路交通事故导致人员受伤时，医疗机构按照道路交通事故受伤人员临床诊疗指南，对生命体征不平稳和虽然生命体征平稳但如果不采取处理措施会产生生命危险，或者导致残疾、器官功能障碍，或者导致病程明显延长的受伤人员，采取必要的处理措施所发生的医疗费用。这种情形下，根据道路交通安全法的规定，由道路交通事故社会救助基金先行垫付超过限额部分的费用。

二、道路交通事故社会救助基金的追偿权

道路交通事故社会救助基金垫付后，其管理机构有权向交通事故责任人追偿。为体现公平原则，引导机动车参加强制保险，本条规定，道路交通事故社会救助基金垫付被侵权人人身伤亡的抢救、丧葬等费用后，其管理机构有权向逃逸的机动车驾驶人、应当购买而未购买强制责任保险的机动车所有人或者管理人等交通事故责任人追偿。道路交通安全法和机动车交通事故责任强制保险条例也作了同样的规定。

相关规定

《中华人民共和国道路交通安全法》第75条

第一千二百一十七条　非营运机动车发生交通事故造成无偿搭乘人损害，属于该机动车一方责任的，应当减轻其赔偿责任，但是机动车使用人有故意或者重大过失的除外。

条文主旨

本条是关于好意同乘情形下的责任承担的规定。

立法背景

关于好意同乘的概念，学界主要存在三种观点：

第一种观点是“好意施惠行为”说，认为好意人是基于善意的愿望，同意同乘人免费乘车的请求。好意同乘关系中只有两方主体，一方是提供搭乘车辆的施惠人，另一方是接受施惠的搭乘人。并且好意同乘中的车辆必须是不具备营运资质的车辆，在经过施惠人的同意后，搭乘人才可免费搭乘，施惠人没有营利目的，完全出于好意，让搭乘人纯粹地收益而不需付出相应的对价。

第二种观点是“同乘致损”说，认为好意同乘中的车辆可以是营运车辆，也可以是非营运车辆，但是否构成好意同乘决定于搭乘行为本身是否具有无偿性，如果是有偿搭乘则不得认定好意同乘，而是属于一般的民事客运合同。如果是搭乘人仅仅是基于答谢而馈赠礼物或者是负担油费，仍然属于好意同乘。

第三种观点是“纯无偿搭乘”说，认为好意同乘中不能有给付行为的发生，即使是搭乘人出于谢意或者其他目的给予相应的对价，都不应被认定为好意同乘。

条文解读

1. 是否适用于营运机动车。好意同乘主要是指非营运机动车的驾驶人基于亲情或者友情在上下班、出游途中无偿搭载自己的亲朋好友、邻居同事的情形，生活中，老百姓称之为“搭便车”。好意同乘可以缓解交通压力、实现资源最大化利用、节约资源等。但是，实践中，就好意同乘引发的损害赔偿问题，司法裁判结果不一，引发了较大争议。对于好意同乘过程中造成损害的责任承担的规定，既要保护受害者的权益，也要尊重我国助人为乐的传统美德，保护民事主体之间的信赖关系，为解决民事纠纷设定切实可行的规则。营运性车辆搭载乘客，双方之间形成客运合同关系，机动车使用人应当有较高的注意义务，按照客运合同的目的，将乘客安全运送至目的地。如果发生交通事故造成损害，属于该机动车一方责任的，乘客既可以依照合同请求机动车驾驶人承担违约责任，也可以依照侵权行为请求机动车驾驶人承担赔偿责任，不存在一般性免责或者减轻责任的需要。因此，好意同乘不适用于营运机动车。但是，出租汽车在上班前或者下班后等非营运的时间，免费搭乘邻居、朋友的，可以参照适用本条规定。民法典草案三审稿第1217条规定“非营运机动车发生交通事故造成无偿搭乘人损害”，对此有的意见提出，好意同乘与否并不体现在车辆本身，而是体现在车辆的运营状态。民法典草案三审稿的规定不易读出这一层意思。我们经过研究认为，“非营运机动车”包括“处于非营运状态的营运机动车”这一情形。

2. 减轻责任的理由。我们经过研究认为，首先，好意同乘既然属于好意，如果不减轻被搭乘人的责任，有违民事活动应尊重公序良俗、社会公德的原则。其次，出现交通事故后，往往驾驶人自己受伤、车辆受损，于此情况下还要求驾驶人对无偿搭乘乘客尽到严格的注意义务，完全赔偿无偿搭乘乘客损失，有些苛求。这样会导致机动车驾驶人拒绝无偿搭乘，亲戚、朋友、同事概不例外，造成社会的冷漠，世态炎凉。这不符合社会目的，也不符合公序良俗。为了维护社会公德，弘扬社会公平正义，为了环保，减少汽车数量，为了减少空气污染，好意同乘应当是我们社会赞许并值得提倡的互助行为。实践中，被搭乘人多数是出于好心而做错了事，如果让做好事的人反而得不到好的结果，这其实与“公序良俗”原则相违背。

3. 只能减轻而不能免除机动车一方的责任。好意同乘者无偿搭乘的行为并不意味着由其自甘冒险，机动车使用人对好意同乘者的注意义务不因为无偿而完全不存在，只是不同于无偿客运合同或者无偿委托合同中的注意义务。好意同乘中，机动车使用人的责任适用过错责任原则。同时，也应明确区分，好意同乘不同于网络顺风车，网络顺风车的合乘者分摊部分，合乘出行成本属于共享出行方式，是有偿的、营运性的。因此，好意同乘中发生交通事故造成无偿搭乘人损害，属于该机动车一方责任的，应当减轻其赔偿责任，却不可以完全免除，在鼓励人际友善利他与承担法律责任方面寻求平衡。

4. 对“无偿搭乘人”减轻赔偿责任。本章规定的侵权责任，除了本条以外均是对机动车外人员或者财产的责任，只有本条规定是对机动车内责任分配的规定。根据本条，减轻的是对“无偿搭乘人”的赔偿责任。至于对机动车外人员或者财产的赔偿责任的承担，适用本法和其他法律的一般规定。

5. 好意同乘中，如果机动车使用人有故意或者重大过失的，不减轻其对无偿搭乘人的赔偿责任。

第六章　医疗损害责任

本章共十一条，主要规定了医疗损害责任归责原则，医疗机构说明义务和患者知情同意权，紧急情况下实施医疗措施，医务人员过错造成损害由医疗机构赔偿，推定医疗机构有过错的情形，因药品、消毒产品、医疗器械的缺陷输入不合格的血液造成患者损害的损害赔偿请求权，医疗机构不承担赔偿责任的情形，医疗机构对病历的义务及患者对病历的权利，患者隐私和个人信息保护，医疗机构及其医务人员不得违反诊疗规范实施不必要检查，维护医疗机构及其医务人员合法权益等内容。

本章采用了“医疗损害责任”的章名，这里的“损害”指的是依照侵权责任编规定，医疗机构应当承担侵权责任的患者损害，不包括实施正常的医疗行为无法避免的患者肌体损伤或者功能障碍。

侵权责任法第七章规定了“医疗损害责任”，所遵循的指导原则是“要妥善处理医疗纠纷，界定医疗损害责任，切实保护患者的合法权益，也要保护医务人员的合法权益，促进医学科学的进步和医药卫生事业的发展”。

这次民法典侵权责任编编纂，对侵权责任法关于“医疗损害责任”一章的规定在继承的基础上没有作大幅度修改，主要考虑到：一是现有制度较为完备成熟，实践中没有太大问题；二是医疗损害责任涉及医患双方的权利义务关系，制度的修改需要极其谨慎。因此，在吸收部门、地方和社会公众意见的基础上，对其进行了微调。

第一千二百一十八条 **患者在诊疗活动中受到损害，医疗机构或者其医务人员有过错的，由医疗机构承担赔偿责任。**

条文主旨

本条是关于医疗损害责任归责原则的规定。

立法背景

境外立法例对医疗侵权的归责原则主要是过错责任原则。

从国内规定看，2001 年《最高人民法院关于民事诉讼证据的若干规定》第 4 条第 8 项规定："因医疗行为引起的侵权诉讼，由医疗机构就医疗行为与损害结果之间不存在因果关系及不存在医疗过错承担举证责任。"由举证责任倒置可知，最高人民法院的司法解释采用的是过错推定的归责原则。2002 年国务院颁布的《医疗事故处理条例》第 2 条规定："本条例所称医疗事故，是指医疗机构及其医务人员在医疗活动中，违反医疗卫生管理法律、行政法规、部门规章和诊疗护理规范、常规，过失造成患者人身损害的事故。"同时，该条例第五章规定了医疗事故的赔偿，可见该条例采用的是过错责任归责原则。

在侵权责任法的立法过程中，对医疗损害责任采用何种归责原则，大体有三种意见。有的意见认为，医疗侵权责任应当适用过错责任原则。医疗行为不同于一般的民事行为，其本身往往具有侵害性，即在治疗疾病的同时亦会给患者造成一定的损害后果。如果对医疗损害责任一般适用无过错责任或者过错推定责任，将会给医疗机构带来过重的负担，影响正常的医疗活动。有的意见认为，实行举证责任倒置更符合医疗侵权案件的特殊性。如果不规定举证责任倒置，对患者来说打医疗官司实在太难。医学文书基本掌握在医疗机构手中，只要医疗机构在证据上采取一些对患者不利的措施，患者将毫无办法。侵权责任法中应当吸收最高人民法院关于民事诉讼证据的若干规定中的举证责任倒置的规则。有的意见认为，医学是一门探索性、经验性的学科，并受到患者体质特异的局限，简单地采用过错推定，加重医务人员的责任，可能会阻碍医学的发展，最终是对患者不利。在举证责任分配方面，可采用“谁主张，谁举证”以及特定条件下的举证责任转移方式，即在一般情况下，应当由患者就医疗机构存在过错承担初步的举证责任。在实践中，该举证责任可以通过提交相关证据或者专业鉴定的方式完成。如果有医疗机构隐匿或者销毁患者病历资料等情形，则可以推定医疗机构有过错，举证责任转移至医疗机构。

合理规定医疗损害责任，必须充分考虑诊疗活动特点。诊疗活动的主要特点有：(1) 未知性。医学是一门探索性、经验性的学科，直至今天，我们对许多疾病的发生原因还不了解，已知发病原因的，也有一半难以治愈，对许多药品副作用的认识非常有限。(2) 特异性。人体的基因不同，体质不同，情绪不同，所处环境不同，因此患者疾病表现、治疗效果也不同。如大家熟知的青霉素，有人过敏，有人不过敏，即使青霉素皮试过关，也不排除有过敏反应的可能。(3) 专业性。医务人员是救死扶伤的白衣天使，据了解，培养一名专科医师至少需要

15 年时间。原卫生部发布的医疗机构诊疗科目名录中，一级科目有 32 类，二级科目有 130 类。

疾病的发生有患者原因，疾病的治疗需要患者配合，在诊疗纠纷中不能适用无过错责任，一律实行过错推定，将助长保守医疗，不利于医学科学进步。因此，对诊疗活动引起的纠纷，宜适用一般过错责任。医疗机构及其医务人员有过错的，医疗机构才承担赔偿责任，原则上由原告承担过错的举证责任。只在特殊情况下，如医务人员有违规治疗行为或者隐匿、拒绝提供与纠纷有关的医学资料，才适用过错推定责任原则，发生举证责任倒置。患者和医院之间信息不对称的问题，应当通过信息交流和信息公开等办法解决。最终，侵权责任法对医疗损害责任采用了过错责任归责原则。民法典侵权责任编继承了这一规定。

条文解读

"诊疗活动"，包括诊断、治疗、护理等环节，对此可以参考原国家卫生计生委 2017 年修改的《医疗机构管理条例实施细则》第 88 条的规定，诊疗活动是指通过各种检查，使用药物、器械及手术等方法，对疾病作出判断和消除疾病、缓解病情、减轻痛苦、改善功能、延长生命、帮助患者恢复健康的活动。

《侵权责任法》第 54 条规定，患者在诊疗活动中受到损害，医疗机构"及其"医务人员有过错的，由医疗机构承担赔偿责任。在民法典侵权责任编编纂过程中，有的意见提出，医务人员是医疗机构的工作人员，依照本法第 1191 条第 1 款"用人单位的工作人员因执行工作任务造成他人损害的，由用人单位承担侵权责任”的规定，医疗机构有过错的，由医疗机构承担赔偿责任自不待言；医务人员有过错的，也应当由医疗机构承担赔偿责任。因此，建议将《侵权责任法》第 54 条中的“及其”修改为“或者”。经研究，我们采纳了这一意见。

还有一点需要说明，患者在诊疗活动中受到损害，除了医疗机构及其医务人员有过错的条件外，医疗机构或者其医务人员的过错还要与患者的损害具有因果关系，医疗机构才承担赔偿责任。

第一千二百一十九条　医务人员在诊疗活动中应当向患者说明病情和医疗措施。需要实施手术、特殊检查、特殊治疗的，医务人员应当及时向患者具体说明医疗风险、替代医疗方案等情况，并取得其明确同意；不能或者不宜向患者说明的，应当向患者的近亲属说明，并取得其明确同意。

医务人员未尽到前款义务，造成患者损害的，医疗机构应当承担赔偿责任。

条文主旨

本条是关于医疗机构的说明义务和患者知情同意权的规定。

立法背景

现行法律、行政法规、规章中规定了有关医务人员告知说明义务和患者知情同意权的内容，这些规定普遍为医疗机构的诊疗活动所遵循，并取得了很好的实践效果。例如，《执业医师法》第26条规定，医师应当如实向患者或者其家属介绍病情，但应注意避免对患者产生不利后果。医师进行试验性临床医疗，应当经医院批准并征得患者本人或其家属同意。《医疗事故处理条例》第11条规定，在医疗活动中，医疗机构及其医务人员应当将患者的病情、医疗措施、医疗风险等如实告知患者，及时解答其咨询。但是，应当避免对患者产生不利后果。《医疗机构管理条例》第33条规定，医疗机构施行手术、特殊检查或者特殊治疗时，必须征得患者同意，并应当取得其家属或者关系人同意并签字；无法取得患者意见时，应当取得家属或者关系人同意并签字；无法取得患者意见又无家属或者关系人在场，或者遇到其他特殊情况时，经治医师应当提出医疗处置方案，在取得医疗机构负责人或者被授权负责人员的批准后实施。《医疗机构管理条例实施细则》第62条规定，医疗机构应当尊重患者对自己的病情、诊断、治疗的知情权利。在实施手术、特殊检查、特殊治疗时，应当向患者作必要的解释。因实施保护性医疗措施不宜向患者说明情况的，应当将有关情况通知患者家属。《医疗机构管理条例实施细则》第88条规定，特殊检查、特殊治疗是指“具有下列情形之一的诊断、治疗活动：（一）有一定危险性，可能产生不良后果的检查和治疗；（二）由于患者体质特殊或者病情危笃，可能对患者产生不良后果和危险的检查和治疗；（三）临床试验性检查和治疗；（四）收费可能对患者造成较大经济负担的检查和治疗”。本条规定借鉴、吸收了这些现有规定。

从境外有关立法例来看，医疗机构的说明义务和患者的知情同意权为各国相关法律普遍规定。医疗机构的说明义务主要是指医方为取得患者对医疗行为的同意，而对该医疗行为的有关事项进行说明的义务。一般医疗过程中惯常实施的不具有严重损伤后果的医疗行为，如常规注射、用药等，则不需向患者详尽说明。

条文解读

本条规定在《侵权责任法》第 55 条的基础上略作修改完善。《侵权责任法》第 55 条第 1 款规定，医务人员在诊疗活动中应当向患者说明病情和医疗措施。需要实施手术、特殊检查、特殊治疗的，医务人员应当及时向患者说明医疗风险、替代医疗方案等情况，并取得其书面同意；不宜向患者说明的，应当向患者的近亲属说明，并取得其书面同意。在民法典侵权责任编编纂过程中，有的意见提出，一是医务人员“说明病情和医疗措施”应当具体、清楚，以便患者能够作出决定。二是近年来发生的一些医患纠纷，很重要的矛盾点是医院机械要求患者或者其近亲属签署“书面”同意，一旦无法取得，往往不敢或者不愿意开展紧急措施，从而延误了最佳治疗时机。侵权责任法等法律、法规要求的“书面”同意，主要目的应当是要求医患双方对病情和医疗措施严肃对待、谨慎决策，对各自的行为负责。如果追求“书面”形式而延误治疗，实乃舍本逐末。因此，有的意见建议将“书面”同意修改为“明确”同意。至于同意的形式，可结合诊疗规范、操作经验等综合认定。三是“不宜向患者说明”是否包括“不能向患者说明”的情形不清楚，在实践中常常引发争议，应当予以明确。在患者昏迷或者由于生理、精神状态无法作出有效判断时，属于“不能”向患者说明的情形。因此，有的意见建议将“不宜向患者说明”修改为“不能或者不宜向患者说明”。我们研究后认为，这些建议均有道理，遂采纳。

本条第 1 款规定，医务人员在诊疗活动中应当向患者具体说明病情和医疗措施。这是医务人员在诊疗活动中一般应尽的义务。除此以外，如果需要实施手术、特殊检查、特殊治疗的，还应当及时向患者说明医疗风险、替代医疗方案等情况，并取得其明确同意；如果向患者说明将造成患者悲观、恐惧、心理负担沉重，不利于治疗的，就不能或者不宜向患者说明，这种情况下医务人员应当向患者的近亲属说明，并取得其明确同意。《侵权责任法》第 55 条即规定了“不宜向患者说明的，应当向患者的近亲属说明”的义务。民法典侵权责任编编纂过程中，一直有意见提出，如果患者没有近亲属的怎么办，建议将“不宜向患者说明的，应当向患者的近亲属说明”修改为“不宜向患者说明的，应当向患者的近亲属或者监护人说明”。对此应当明确，本条欲解决的问题，不是在法律逻辑上穷尽或者对应患者近亲属或者监护人，而是在于当出现“需要实施手术、特殊检查、特殊治疗的”情况时，医务人员应当揭示和说明这些情况，使得照顾患者有关的人员有相应的准备。一般而言，照顾患者的是其近亲属。对于没有近亲属的，例如居委会或者民政部门作监护人的情形，如何说明、如何征得其明确同意，往往与患者近亲属是不一样的。

本条第 2 款规定，医务人员未尽到前款义务，造成患者损害的，医疗机构应当承担赔偿责任。这里需要说明一点，不是说医务人员尽到了本条第 1 款规定的义务，在后续的诊疗活动中造成患者损害的，医疗机构就可以不承担赔偿责任了。本法第 1221 条规定，医务人员在诊疗活动中未尽到与当时的医疗水平相应的诊疗义务，造成患者损害的，医疗机构应当承担赔偿责任。

相关规定

《中华人民共和国执业医师法》第26条

第一千二百二十条　因抢救生命垂危的患者等紧急情况，不能取得患者或者其近亲属意见的，经医疗机构负责人或者授权的负责人批准，可以立即实施相应的医疗措施。

条文主旨

本条是关于紧急情况下实施医疗措施的规定。

条文解读

本法第1219条规定了医疗机构的说明义务和患者的知情同意权，本条是针对抢救危急患者等紧急情况所作的特殊规定。《医疗机构管理条例》第33条规定，医疗机构施行手术、特殊检查或者特殊治疗时，必须征得患者同意，并应当取得其家属或者关系人同意并签字；无法取得患者意见时，应当取得家属或者关系人同意并签字；无法取得患者意见又无家属或者关系人在场，或者遇到其他特殊情况时，经治医师应当提出医疗处置方案，在取得医疗机构负责人或者被授权负责人员的批准后实施。本法与医疗机构管理条例的规定在本质上是一致的。

本条规定的"不能取得患者或者其近亲属意见"，主要是指患者不能表达意志，也无近亲属陪伴，又联系不到近亲属的情况。因此，不包括患者或者其近亲属明确表示拒绝采取医疗措施的情况。对患者或者其近亲属明确表示拒绝采取医疗措施的，如何处理，能否开展紧急医疗救治，侵权责任法立法过程中就有过争论，分歧较大。

从境外的情况看，各国规定不尽相同。有的国家要求，疾病已危及生命时，为了保护患者的生命健康，即使代理人或者监护人不同意也应当进行治疗。有的国家规定，医生不能无视患者家属不同意治疗的表示，但可以请求法院裁定治疗。同时，这个问题还涉及法定代理权、监护权等基本民事法律制度，情况较为复杂，因此侵权责任法立法时提出，应当总结实践经验作进一步研究，待今后条件成熟时再作明确规定。

在民法典侵权责任编编纂过程中，有的意见提出，对实践中，近亲属的意见明显不利于患者时，医疗机构是否有权采取相应医疗措施，法律没有规定。为了避免产生争议，建议在本条“不能取得患者或者其近亲属意见的”后增加规定“或者近亲属的意见明显不利于患者的”的表述。我们经过反复慎重研究后认为，在抢救生命垂危的患者等紧急情况下，“不能取得患者或者其近亲属意见的”情况是多种多样，比较复杂的。有的情况是近亲属的决策对患者不利；有的情况是患者病重，家庭负担较重，患者或者其近亲属不愿意继续治疗；还有的情况是，在患者意识清醒时曾经立下遗嘱或者对近亲属明确表示，生命临终要有尊严，不想遭受各种治疗上的痛苦；此外，肯定还有其他一些情形。因此，如果一概规定医疗机构可以实施强行治疗，不但违反了意思自治原则，同时对患者及其家庭也不一定有益。从国外立法例看，德国规定需要由法院作出判决，来判断什么情况下“近亲属的意见明显不利于患者”。我国法律中没有这一制度，并且人民法院是否能够作出这一判断、是否适宜作出这样的判断，也需要深入研究。故此，本法没有采纳这一建议。

第一千二百二十一条　医务人员在诊疗活动中未尽到与当时的医疗水平相应的诊疗义务，造成患者损害的，医疗机构应当承担赔偿责任。

条文主旨

本条是关于医务人员过错造成损害由医疗机构赔偿的规定。

立法背景

本法第1218条规定，患者在诊疗活动中受到损害，医疗机构或者其医务人员有过错的，由医疗机构承担赔偿责任。民法上的过错包括故意和过失，故意容易理解，如何界定过失是本条的主要着眼点。“尽到与当时的医疗水平相应的诊疗义务”体现了侵权责任法上的重要概念，即注意义务。无论是大陆法系还是英美法系，注意义务是现代侵权责任的核心要素，是界定过失的基准。各国侵权责任法中注意义务的内涵大同小异，英美法对注意义务一般解释为是一种为了避免造成损害而合理注意的法定责任。在大陆法系侵权法中，如果行为人造成损害的行为违反了应对受害人承担的注意义务，则应当承担侵权责任。如果一个人能够合理地预见到其行为可能对其他人造成人身或者财产损害，那么一般情况下他应对可能受其影响的人负有注意义务。

条文解读

在我国侵权责任法律中，依照本条规定，医务人员的注意义务就是应当尽到与当时的医疗水平相应的诊疗义务。尽到诊疗义务的一个重要方面，是诊疗行为符合法律、行政法规、规章以及诊疗规范的有关要求。需要说明的是，医务人员的注意义务并非与诊疗行为合法合规完全等同，这是两个概念。医务人员应当具有的诊疗水平，并非完全能够被法律、行政法规、规章以及诊疗规范的有关要求所涵盖。医务人员完全遵守了具体的操作规程，仍然有可能作出事后证明是错误的判断。医疗行为具有未知性、特异性和专业性等特点，不能仅凭事后证明错误这一点来认定医务人员存在诊疗过错，不能唯结果论，关键要看是不是其他的医务人员一般都不会犯这种错误。因此，本条规定的诊疗义务可以理解为一般情况下医务人员可以尽到的，通过谨慎的作为或者不作为避免患者受到损害的义务。

民法典侵权责任编编纂过程中，对本条的意见主要集中在建议将“当时的医疗水平”修改为“当时、当地、不同资质的医疗水平”。类似的建议在侵权责任法立法时曾经讨论过。侵权责任法立法时，草案曾经规定：“判断医务人员注意义务时，应当适当考虑地区、医疗机构资质、医务人员资质等因素。”后来考虑到诊疗行为的实际情况很复杂，删去了这一规定。我们认为，社会公众对本条的立法目的可能存在一定的误读。诚然，我国幅员辽阔、各地区之间的医疗资源分布不平均，各地区之间的医疗水平存在差异，这一点应当承认。本条的立法目的，在于医务人员造成患者损害发生医患纠纷时，具体地认定侵权责任的问题。换言之，承担侵权责任需要满足四个要件：

医务人员实施了未尽到诊疗义务的行为，医务人员有过错，患者有损害、行为与损害之间有因果关系，本条就是解决医务人员过错的。理解了这一点，就能理解本条的条旨：医务人员的诊疗行为有行政法规、规章和医疗行业的操作规程，这些应当普遍遵守，全国皆准。诊疗行为是否有过错，不因医疗机构处在何地、医疗机构资质如何而不同。同样的手术，不能在北京这样操作就没有过错，在西藏操作就有过错；不能在三级医院操作就没有过错，在二级医院操作就有过错。因此，在探究医务人员是否尽到诊疗义务时，不宜考虑地区、医疗机构资质的差异。同时，因为医疗纠纷解决的时间可能较长，特别是进入诉讼之后，历经一审、二审乃至再审，可能需要数年的时间。数年间诊疗水平肯定发生了进步，判断是否尽到诊疗义务，应当以诊疗行为发生时的诊疗水平为参照才公平合理。

医务人员有过错造成患者损害的，应当由医疗机构承担赔偿责任，这与本法第1219条的规定是一致的。

相关规定

《中华人民共和国执业医师法》第22条

第一千二百二十二条 **患者在诊疗活动中受到损害，有下列情形之一的，推定医疗机构有过错：**

（一）违反法律、行政法规、规章以及其他有关诊疗规范的规定；

（二）隐匿或者拒绝提供与纠纷有关的病历资料；

（三）遗失、伪造、篡改或者违法销毁病历资料。

条文主旨

本条是关于推定医疗机构有过错的情形的规定。

立法背景

本法第1218条规定，患者在诊疗活动中受到损害，医疗机构或者其医务人员有过错的，由医疗机构承担赔偿责任。这表明医疗损害一般适用过错责任归责原则。本条即规定了例外情形：在本条规定情况下，推定医疗机构有过错。

本条与侵权责任法相比，有三处变化：

一是《侵权责任法》第58条规定的帽子是“患者有损害，因下列情形之一的，推定医疗机构有过错”。考虑到《侵权责任法》第54条和本法第1218条均规定“患者在诊疗活动中受到损害”，为了明确本条的适用情形，经研究将《侵权责任法》第58条帽子的相关表述修改为“患者在诊疗活动中受到损害”，使得条文之间避免矛盾、衔接紧密。

二是《侵权责任法》第58条规定的是“因下列情形之一的……”侵权责任编编纂过程中，有的建议提出，不是“因”本条列举的三种情形，推定医疗机构有过错，应当是医疗机构“有”这三种情形之一的，推定其有过错。经研究，我们采纳这一建议，将“因”修改为“有”。

三是《侵权责任法》第58条第3项规定了“伪造、篡改或者销毁”病历资料三种行为。考虑到原卫生计生委、国家中医药管理局2013年颁布的《医疗机构病历管理规定》第29条规定，门（急）诊病历由医疗机构保管的，保存时间自患者最后一次就诊之日起不少于15年；住院病历保存时间自患者最后一次住院出院之日起不少于30年。也就是说，病例的保管有明确的时间要求。实践中医疗机构不按照规定保管病例，或者谎称病例已经遗失而拒不提供的，应当推定为医疗机构有过错。因此，本条第3款将“销毁病历资料”修改为“违法销毁病例资料”，并增加了“遗失”的情形。

条文解读

本条规定，患者在诊疗活动中受到损害，有下列情形之一的，推定医疗机构有过错，并非当然认定医疗机构有过错。也就是说，医疗机构可以提出反证，证明自己没有过错。本条第1项规定的违反法律、行政法规、规章以及其他有关诊疗规范的规定，是医疗机构存在过错的表面证据，并且是一种很强的表面证据，因此，本条规定这种情形下推定存在过错。但医务人员有过错与违反法律、行政法规、规章以及诊疗规范的规定毕竟不是等同的概念。例如，遇有抢救危急患者等特殊情况，医务人员可能采取不太合规范的行为，但如果证明在当时情况下该行为是合理的，也达到了抢救的目的，就可以认定医疗机构没有过错。

本条第2项和第3项规定的情形，一方面反映了医疗机构的恶意，另一方面是患者难以取得与医疗纠纷有关的证据资料，这时再让患者举证已不合理。因此，推定医疗机构有过错。

相关规定

《中华人民共和国执业医师法》第23条、第37条

第一千二百二十三条 因药品、消毒产品、医疗器械的缺陷，或者输入不合格的血液造成患者损害的，患者可以向药品上市许可持有人、生产者、血液提供机构请求赔偿，也可以向医疗机构请求赔偿。患者向医疗机构请求赔偿的，医疗机构赔偿后，有权向负有责任的药品上市许可持有人、生产者、血液提供机构追偿。

条文主旨

本条是关于因药品、消毒产品、医疗器械的缺陷输入不合格的血液造成患者损害的损害赔偿请求权的规定。

立法背景

对药品、消毒产品、医疗器械等概念，法律法规中均有定义。《药品管理法》第 2 条第 2 款规定，本法所称药品，是指用于预防、治疗、诊断人的疾病，有目的地调节人的生理机能并规定有适应症或者功能主治、用法和用量的物质，包括中药、化学药和生物制品等。原国家卫生计生委《消毒管理办法》第 45 条规定，消毒产品：包括消毒剂、消毒器械（含生物指示物、化学指示物和（灭菌物品包装物）、卫生用品和一次性使用医疗用品。国务院《医疗器械监督管理条例》第 76 条规定，本条例下列用语的含义：医疗器械，是指直接或者间接用于人体的仪器、设备、器具、体外诊断试剂及校准物、材料以及其他类似或者相关的物品，包括所需要的计算机软件；其效用主要通过物理等方式获得，不是通过药理学、免疫学或者代谢的方式获得，或者虽然有这些方式参与但是只起辅助作用；其目的是：（1）疾病的诊断、预防、监护、治疗或者缓解；

(2) 损伤的诊断、监护、治疗、缓解或者功能补偿；(3) 生理结构或者生理过程的检验、替代、调节或者支持；(4) 生命的支持或者维持；(5) 妊娠控制；(6) 通过对来自人体的样本进行检查，为医疗或者诊断目的提供信息。

2014 年，国务院办公厅关于印发药品上市许可持有人制度试点方案的通知。2015 年，第十二届全国人民代表大会常务委员会第十七次会议审议通过关于授权国务院在部分地方开展药品上市许可持有人制度试点和有关问题的决定，授权国务院开展药品上市许可持有人制度试点，允许药品研发机构和科研人员取得药品批准文号，对药品质量承担相应责任。2019 年修订的药品管理法正式规定了这一制度。《药品管理法》第 6 条规定，国家对药品管理实行药品上市许可持有人制度。药品上市许可持有人依法对药品研制、生产、经营、使用全过程中药品的安全性、有效性和质量可控性负责。第 30 条规定，药品上市许可持有人是指取得药品注册证书的企业或者药品研制机构等。药品上市许可持有人应当依照本法规定，对药品的非临床研究、临床试验、生产经营、上市后研究、不良反应监测及报告与处理等承担责任。其他从事药品研制、生产、经营、储存、运输、使用等活动的单位和个人依法承担相应责任。药品上市许可持有人的法定代表人、主要负责人对药品质量全面负责。

对药品上市许可持有人的责任，《药品管理法》第 144 条第 1 款明确规定，药品上市许可持有人、药品生产企业、药品经营企业或者医疗机构违反本法规定，给用药者造成损害的，依法承担赔偿责任。第 2 款规定，因药品质量问题受到损害的，受害人可以向药品上市许可持有人、药品生产企业请求赔偿损失，也可以向药品经营企业、医疗机构请求赔偿损失。接到受害人赔偿请求的，应当实行首负责任制，先行赔付；先行赔付后，可以依法追偿。因此，本法为了与药品管理法的最新规定相衔接，在侵权责任法的基础上增加了药品上市许可持有人责任的规定。

条文解读

药品、消毒产品、医疗器械、输入的血液都属于本法规定的产品。因产品存在缺陷造成损害的，可以依照“产品责任”一章的规定，向药品上市许可持有人，药品、消毒产品、医疗器械的生产者，血液提供机构请求赔偿。之所以规定医疗机构，系在侵权责任法立法过程中了解到，许多患者因药品、消毒产品、医疗器械的缺陷，或者输入不合格的血液受到损害后，都有被相互推诿，求偿困难的经历。当时由于法律缺乏明确的规定，患者在这方面寻求司法保护的效果也不理想。侵权责任法考虑到当时的医疗管理体系情况，患者使用药品、消毒产品、医疗器械或者输入的血液绝大多数都是在医院进行的。对输入不合格的血液，医疗机构因过错致使患者受到输血损害的，应当承担侵权责任；无过错输血造成患者损害的，因医疗机构与其他销售者相比，更具专业性，对于血液和血液制品，医疗机构都应负有最终的把关责任，这种责任关系着患者的生死存亡，作为专业机构和专业人员，医院和医生有能力与责任对血液和血液制品进行鉴别，而患者相较于一般消费者而言，在专业性方面更处于劣势，医疗机构的责任不应当比一般销售者的责任更低。因此，也应当承担赔偿责任。所以，为了更好地维护患者的权益，便利患者受到损害后主张权利，《侵权责任法》第59条明确规定，患者可以向生产者或者血液提供机构请求赔偿，也可以向医疗机构请求赔偿。同时规定，如果患者向医疗机构请求赔偿，医疗机构赔偿后，有权向负有责任的生产者或者血液提供机构追偿。也可以这么说，本条规定是产品责任在医疗损害责任领域的重申。本法继承了侵权责任法的规定，结合药品管理法对药品上市许可持有人的规定，作了必要的补充完善。

侵权责任编编纂过程中，有的意见提出，随着我国医药卫生体制改革，医疗机构仅是医疗用品的使用单位，而不应视为经营者。建议在“生产者”后增加“经营者”。有的建议将“患者可以向药品上市许可持有人、生产者、血液提供机构请求赔偿，也可以向医疗机构请求赔偿”修改为“患者可以向药品上市许可持有人、生产者、血液提供机构、医疗机构请求共同赔偿”，即列为共同被告，理由是实践中医疗机构承担的赔偿费用太高，追偿时有的生产者、经营者已经破产，只能自己承担相关费用。经反复研究后我们认为，第一，本条是产品责任在医疗损害责任领域的细化与强调，是为在患者遭受损失时给予明确的、直接的法律指引。医疗机构使用了缺陷医疗产品或者不合格血液制品，患者面对的是医疗机构，产品上写明的是生产者，并不能知道谁是经营者。因此，本条并没有规定经营者。当然，对经营者并不是不能追责。依照本法第1203条的规定，缺陷医疗产品或者不合格血液制品也属于产品，当然可以依据这一条的规定追究经营者的责任。第二，本条的法理基础是给予患者两种选择权，是给患者多一条救济的渠道，同时也赋予医疗机构的追偿权，向真正的责任人进行追偿。即使将药品上市许可持有人、生产者、血液提供机构和医疗机构作为共同被告进行审理，法院仍然可以判决由共同被告之一的医疗机构承担连带责任，并不能解决“有的医疗机构败诉后承担的赔偿金额过高”的问题。因此，对这两种建议，本法均没有采纳。

相关规定

《中华人民共和国药品管理法》第 2 条、第 144 条；《医疗器械监督管理条例》第 76 条；《消毒管理办法》第 45 条

第一千二百二十四条 **患者在诊疗活动中受到损害，有下列情形之一的，医疗机构不承担赔偿责任：**

（一）患者或者其近亲属不配合医疗机构进行符合诊疗规范的诊疗；

（二）医务人员在抢救生命垂危的患者等紧急情况下已经尽到合理诊疗义务；

（三）限于当时的医疗水平难以诊疗。

前款第一项情形中，医疗机构或者其医务人员也有过错的，应当承担相应的赔偿责任。

条文主旨

本条是关于医疗机构不承担赔偿责任的情形的规定。

立法背景

本条与侵权责任法相比，有三处变化：

一是《侵权责任法》第 60 条规定的帽子是“患者有损害，因下列情形之一的，医疗机构不承担赔偿责任”。考虑到《侵

权责任法》第 54 条和本法第 1218 条、第 1222 条均规定“患者在诊疗活动中受到损害”，为了明确本条的适用情形，经研究将《侵权责任法》第 60 条的帽子的相关表述修改为“患者在诊疗活动中受到损害”，以使得条文之间避免矛盾、衔接紧密。

二是《侵权责任法》第 58 条规定的是“因下列情形之一的……”侵权责任编编纂过程中，有的意见提出，不是“因”本条列举的三种情形，医疗机构才不承担赔偿责任，应当是医疗机构“有”这三种情形之一的，不承担赔偿责任。经研究，我们采纳这一建议，将“因”修改为“有”。

三是与本法第 1218 条的表述保持一致，将“医疗机构及其医务人员”修改为“医疗机构或者其医务人员”。

条文解读

侵权责任编第一章规定了一般情况下免责和减责的情形。例如，第 1174 条规定，损害是因受害人故意造成的，行为人不承担责任。第 1175 条规定，损害是因第三人造成的，第三人应当承担侵权责任。这些规定对于医疗损害责任也是适用的。除了上述规定，鉴于医疗损害责任的特殊性，本条规定了三种医疗机构不承担责任的情形。现就这三种情形分述如下：

一、患者或者其近亲属不配合医疗机构进行符合诊疗规范的诊疗

正确理解本项规定，需要同本条第 2 款的规定结合起来。本条第 2 款规定“前款第一项情形中，医疗机构或者其医务人员也有过错的，应当承担相应的赔偿责任”。立法过程中，有意见认为，如果规定患者或者其近亲属不配合医疗机构进行符合诊疗规范的诊疗，医疗机构就可完全免除责任，太过绝对。

患者或者其近亲属不配合诊疗的情况比较复杂，有的仅仅是患者一方存在过错，如在医务人员尽到合理的说明告知义务和诊疗义务的前提下，患方仍拒不配合诊疗的情况；有的可能是混合过错，如既有患者一方不配合诊疗的行为，也有医务人员未尽相应诊疗义务的情况。因此，笼统地规定只要是因为患者或者其近亲属不配合医疗机构进行符合诊疗规范的诊疗，医疗机构就一概不承担赔偿责任的规定是不妥当的。在该种情况下，如果医疗机构或者其医务人员也有过错的，医疗机构还应当承担相应的赔偿责任。

具体而言，实践中患者一方不配合诊疗的行为可以分为两类：第一类比较常见，是患者囿于其医疗知识水平的局限而对医疗机构采取的诊疗措施难以建立正确的理解，从而导致其不遵医嘱、错误用药等与诊疗措施不相配合的现象。对于因患者上述行为导致损害后果的发生，并不能一概认为患者一方“不配合”而具有主观过错，从而医疗机构可以免除责任。判断患者一方是否存在过错，要看医务人员是否向患者一方履行了合理的说明告知义务，使一般的、理性的患者一方对于医疗机构采取的诊疗措施及其风险和后果具有合理的认识、理解与判断；告知义务的履行是否合理适当时，还要考虑医疗行业的特殊性、专业性，结合个案进行分析。第二类是患者一方主观上具有过错，该过错又可分为故意和过失。故意的情形一般比较少见，患者就医为了治疗疾病、康复身体，而非追求身体损害的结果。但现实情况是复杂的，也不能完全排除患者主观追求损害结果的可能。如医务人员再三嘱咐某糖尿病患者不可饮酒，否则易引发低血糖昏迷，重则有生命危险，但该患者或者出于得到高额保险的目的或者基于其他原因，在明知该行为后果的情况下，拒不遵医嘱，数次饮酒，结果导致低血糖昏迷。过失的情况比较常见，例如近视眼激光手术后，医务人员再三明确叮嘱患者应按时滴用眼药水，否则会产生眼部炎症等不良反应，但患者疏忽大意，不遵医嘱，在医务人员复查并告知其遵行医嘱后，仍未遵行，结果感染炎症。以上两种情况，医务人员已经合理尽到说明告知义务，且采取的诊疗措施并无不当，患者的行为即属于本条第1项规定的“不配合医疗机构进行符合诊疗规范的诊疗”，对此，医疗机构不承担赔偿责任。

综上可以看出，因患者一方不配合医疗机构进行符合诊疗规范的诊疗而导致患者损害的，是否可以完全免除医疗机构的赔偿责任，不能一概而论。医疗损害责任的归责原则是过错责任，医务人员是否合理地履行了说明义务及相应的诊疗义务，这是医疗机构最终是否承担责任的基础。因此，尽管有患者或者其近亲属不配合医疗机构进行符合诊疗规范的诊疗行为，如果医疗机构或者其医务人员也有过错的，医疗机构仍应对患者的损害承担相应的责任。反之，若医务人员已经尽到相应义务，患者的损害是因患者或者其近亲属不配合的行为所致，则医疗机构对此不应当承担赔偿责任。

二、医务人员在抢救生命垂危的患者等紧急情况下已经尽到合理诊疗义务

本项内容规定了两个要件，在两要件均符合的情况下，医疗机构对患者的损害不承担赔偿责任。这两个要件分别为：

（一）抢救生命垂危的患者等紧急情况

对患者的紧急救治是医疗机构及其医务人员的职责之一。“紧急情况”的界定是，患者因疾病发作、突然外伤受害及异物侵入体内，身体处于危险状态或非常痛苦的状态，在临床上表现为急性外伤、脑挫伤、意识消失、大出血、心绞痛、急性严重中毒、呼吸困难、各种原因所致的休克等。一般来讲，上述情况中的紧急性可以概括为两类：(1) 时间上的紧急性，它是指医师的诊疗时间非常短暂，在技术上不可能作出十分全面的考虑及安排；(2) 事项上的紧急性，它是指采取何种治疗措施直接关系到患者的生死存亡需要医师作出紧急性的决断。需要说明的是，判断是否构成紧急情况，除了依据法律、法规和规章的规定外，还需要考虑以下两个方面：(1) 患者的生命健康受到伤病急剧恶化的威胁，这种威胁应当限定为对患者生命的威胁，而不能是对患者一般健康状况的威胁；(2) 患者生命受到的威胁是正在发生和实际存在的，患者伤病的急剧恶化对其生命安全的威胁不能是假想的，而应当是正在发生和实际存在的，不立即采取紧急救治措施必然导致患者死亡的后果。如果医师主观想象或虚幻地认为存在需要采取紧急救治的危险，而实际上这种危险并不存在，由于假想危险认识错误所采取的救治措施导致了不必要损害后果的，医疗机构还是应当承担责任。

（二）已经尽到合理诊疗义务

在理解本条第 2 项的内容时，必须同医疗事故处理条例的规定区别开来。2002 年国务院颁布的《医疗事故处理条例》第 33 条第 1 项规定，在紧急情况下为抢救垂危患者生命而采取紧急医学措施造成不良后果的，不属于医疗事故，医疗机构不承担责任。立法过程中，有意见认为，只要是在紧急情况下为抢救危急患者而采取紧急医学措施导致的不良后果，医疗机构一概不负责任，太过绝对。医疗机构是否承担责任，还要看医务人员是否已经尽到了合理的诊疗义务。考虑在紧急情况下，患者生命危在旦夕，抢救时间紧迫，医务人员对患者的病情及病状无法作详细的检查、观察、诊断，难以要求医生具有与平常时一样的思考时间、判断能力和预见能力。对于这种情况，法律对医生在注意程度上的要求相对低于一般医疗时的情形。但是，由于医疗行为直接关系患者的生命健康权，在紧急情况下实施的紧急救治措施，医务人员仍应尽到合理诊疗的注意义务。具体而言，根据现行的诊疗规范，紧急情况下合理的诊疗义务包括如下四个方面：（1）对患者伤病的准确诊断。对患者伤病的准确诊断是正确实施治疗措施的前提。如情况紧急，应当采取控制患者伤病恶化的紧急措施后，再作进一步诊断和治疗。（2）治疗措施的合理、适当，包括治疗措施和治疗用药的适当、合理。（3）谨慎履行说明告知义务。紧急情况下，如果事前告知不可行，那么采取紧急救治措施后仍应履行该项义务。（4）将紧急救治措施对患者造成的损害控制在合理限度之内。结合上述情况，如果医务人员已经尽到在紧急救治情况下医务人员通常应尽到的诊疗义务，即合理诊疗义务的，医疗机构不承担赔偿责任。否则，即便是为抢救生命垂危的患者，但医务人员未尽到紧急救治情况下医务人员应尽到的合理诊疗义务，医疗机构仍难以完全免除其赔偿责任。因此，《医疗事故处理条例》第33条第1项解决是否构成医疗事故的问题；本项解决是否承担赔偿责任的问题。

三、限于当时的医疗水平难以诊疗的

医疗行为具有高技术性、高风险性、复杂性以及不可控因素，还有很多未知领域需要探索。有时，医疗结果具有不确定性和不可预见性。现代医学技术水平的发展具有局限性，目前还不能达到100%的治愈率。据统计，即使在发达国家，临床医疗确诊率也仅有70%左右。医学作为发展中的科学，人们至今还在实践中不断探索并寻找解除疾病的办法。此外，由于病人个体的差异性，就算是治疗常见病或者治疗同一种疾病，即便医生采取相同的诊疗措施，所达到的效果也未必一样。因此，法律对医务人员采取的诊疗行为是否存在过错的判断，只能基于当时的医学科学本身的发展，即是否尽到与当时的医疗水平相应的诊疗义务，尽到该项义务的，就视为医疗机构及其医务人员没有过错，对于患者的损害不承担赔偿责任。本法对于医疗损害责任的认定，坚持的标准是统一的，如本法第1221条规定，医务人员在诊疗活动中未尽到与当时的医疗水平相应的诊疗义务，造成患者损害的，医疗机构应当承担赔偿责任。该条也是以“当时”的医疗水平为判断标准。

四、需要特别说明的问题

第一，医疗机构及其医务人员对患者进行诊疗，并不负有保证治愈的义务。对于某些复杂的疾病，如果医疗机构及其医务人员已经尽到与当时的医疗水平相应的诊疗义务，但限于当时的医疗水平，对患者采取的医疗措施不仅未取得治愈的效果，反而带来新的损害，对此，医疗机构不承担赔偿责任。这一免责事由的规定也是出于鼓励和促进医学科学发展的需要。医学科学的发展必须以医务人员积极探索、大胆创新为前提，同时，由于医疗行业高技术性、高风险性和未知性的特点，医务人员在诊疗措施上的探索和创新可能会成功，例如，攻克顽疾为患者带来生的希望。但也可能失败，例如，不仅未治愈疾病反而对患者肌体带来新的侵害后果。对此，并不能以是否治愈的结果来判断医疗机构及其医务人员在诊疗活动中是否具有过错，如果医务人员已经尽到与当时医疗水平相应的诊疗义务，而该疾病限于当时的医疗水平难以诊疗的，医疗机构对于患者的损害不承担赔偿责任。

第二，本条规定的几项免责事由，并不是单纯向医方利益倾斜的表现，而是考虑到广大患者利益以及整个医疗行业健康发展的需要而在法律制度上所作的平衡。对医疗机构的责任，如果法律规定得过于严格，可能会导致医务人员在诊疗活动中大量采取保守性甚至防御性治疗措施，对于存在风险的治疗方案畏首畏尾，最终牺牲的还是广大患者的利益。法律在制度上为医务人员在医学科学技术的探索和创新上提供保障，也是出自最终为广大患者利益服务的需要。

第一千二百二十五条　医疗机构及其医务人员应当按照规定填写并妥善保管住院志、医嘱单、检验报告、手术及麻醉记录、病理资料、护理记录等病历资料。

患者要求查阅、复制前款规定的病历资料的，医疗机构应当及时提供。

条文主旨

本条是关于医疗机构对病历的义务及患者对病历的权利的规定。

立法背景

医疗服务具有不公开的特点，无论是基于医学科学的考虑，还是从保护患者隐私的角度看，除医患双方外，与医疗行为无关者不得进入医疗现场。并且，即便对于患者本人，在采取手术等治疗措施时，通常被采取麻醉措施，对于整个手术过程也无从见证和记录。鉴于医疗行业的这一特点，由医务人员填写、制作的病历、住院志、检验报告、手术及麻醉记录、病理资料、护理资料等病历资料，在发生医患纠纷时，就成了医疗侵权诉讼中极为关键的证据。这类资料作为证据，往往直接导致医疗诉讼的成败。同时，考虑到这类资料的制作、保管均由医疗机构一方完成，从证据角度讲，医疗机构一方对于证据的掌握和控制是强势的，因此，必须在合理的限度内赋予患者查阅和复制这类资料的权利，以平衡双方在举证责任能力上的悬殊。因此，《侵权责任法》第 61 条从两方面作了规定：一是医务人员应当按照规定填写并妥善保管住院志、医嘱单、检验报告、手术及麻醉记录、病理资料、护理记录、医疗费用等病历资料；二是在患者要求查阅、复制前款规定的病历资料的情况下，医疗机构有义务向患者提供。

在民法典侵权责任编编纂过程中，有的意见提出，实践中有些医疗机构以种种借口拖延向患者提供病例资料的时间，一是激化了医患双方的矛盾，二是导致患者提供证据不能，建议对医院向患者提供病历资料作时限方面的要求。我们研究认为，强调医疗机构履行提供病例资料义务的时限是必要的，但是究竟规定多长时间合适，还要考虑病例资料数量的多少、形成时间、病情等情况，以及相关诊疗规范、不同医疗机构习惯做法的差别。因此，民法典中较难作统一规定，可原则性提出要求和上位法依据，由有关行政法规规章、诊疗规范详细规定。因此，本条将《侵权责任法》第 61 条第 2 款“医疗机构应当提供”的规定修改为“医疗机构应当及时提供”。

条文解读

一、"病历资料"的含义和范围

《医疗机构病历管理规定》第19条规定，医疗机构可以为申请人复制门（急）诊病历和住院病历中的体温单、医嘱单、住院志（入院记录）、手术同意书、麻醉同意书、麻醉记录、手术记录、病重（病危）患者护理记录、出院记录、输血治疗知情同意书、特殊检查（特殊治疗）同意书、病理报告、检验报告等辅助检查报告单、医学影像检查资料等病历资料。这一版本的医疗机构病历管理规定将"医疗费用"从病历资料中删除，因此本条在侵权责任法的基础上相应删除了"医疗费用"。

二、患者查阅、复制权利的保障和行使

（一）查阅、复制权利的保障

对诊疗活动进行记录的病历资料，是认定医疗机构或者其医务人员是否存在医疗过错的重要依据。实践中，很多医疗诉讼的成败往往取决于相关病历资料的证明效力。而医疗行业的高度专业性和闭锁性特点，决定了这类重要的证据资料从产生时起至争议发生时止，都处于医疗机构一方的控制之中，从证据学角度讲，患者的举证能力处于劣势。同时，本法所规定的医疗损害责任归责原则，其核心是过错责任。因此，对于在证据资料的掌握上地位相差悬殊的医患双方，如何公平合理地分配二者的举证责任，尤其是如何提升患者一方掌握相关证据资料的能力，这是法律必须要考虑的问题。

具体而言，对于诊疗活动中产生的病历资料，必须在公平、合理的限度内保障患者一方的查阅和复制权利。从境外立法例看，美国1974年就颁布了《联邦立法》，规定医疗机构必

须向患者出示病历、化验结果等各种与病情有关的资料。1985年又颁布了《统一医疗信息法》，赋予了患者及其家属请求医疗机构出示与病情有关的各种资料的请求权。如今美国已有半数以上的州在立法上规定了患者有请求医疗机构出示与病情有关各种资料的权利。我国关于患者该项权利的保障，相关行政法规也有明确规定。《医疗纠纷预防和处理条例》第16条第2款规定，患者要求复制病历资料的，医疗机构应当提供复制服务，并在复制的病历资料上加盖证明印记。复制病历资料时，应当有患者或者其近亲属在场。医疗机构应患者的要求为其复制病历资料，可以收取工本费，收费标准应当公开。可以看出，患者对相关病历资料的查阅和复制权利，我国现行法规中已经有承接性的具体规定。

（二）查阅、复制权利的行使主体

患者本人当然是行使这一权利的主体，这一点不存在争议。除患者本人外，《医疗纠纷预防和处理条例》第16条第3款规定，患者死亡的，其近亲属可以依照本条例的规定，查阅、复制病历资料。第17条规定，医疗机构应当受理下列人员和机构复制或者查阅病历资料的申请，并依规定提供病历复制或者查阅服务：(1) 患者本人或者其委托代理人；(2) 死亡患者法定继承人或者其代理人。可以看出，除患者本人外，委托代理人、死亡患者法定继承人或者其代理人均可依法对有关病历资料进行查阅和复制。对于患者本人未死亡的情况下，即使是患者的近亲属，如果未经患者本人的授权同意，也无权查阅、复制该患者的相关病历资料，在该类情况下，医疗机构可以拒绝提供，这涉及法律对患者隐私和个人信息的保护问题。

（三）医疗机构向患者提供查阅、复制病历资料的范围

2013 年原国家卫生计生委、国家中医药管理局印发的《医疗机构病历管理规定》第 10 条规定，门（急）诊病历原则上由患者负责保管。医疗机构建有门（急）诊病历档案室或者已建立门（急）诊电子病历的，经患者或者其法定代理人同意，其门（急）诊病历可以由医疗机构负责保管。住院病历由医疗机构负责保管。第 11 条规定，门（急）诊病历由患者保管的，医疗机构应当将检查检验结果及时交由患者保管。第 12 条规定，门（急）诊病历由医疗机构保管的，医疗机构应当在收到检查检验结果后 24 小时内，将检查检验结果归入或者录入门（急）诊病历，并在每次诊疗活动结束后首个工作日内将门（急）诊病历归档。第 13 条规定，患者住院期间，住院病历由所在病区统一保管。因医疗活动或者工作需要，须将住院病历带离病区时，应当由病区指定的专门人员负责携带和保管。医疗机构应当在收到住院患者检查检验结果和相关资料后 24 小时内归入或者录入住院病历。患者出院后，住院病历由病案管理部门或者专（兼）职人员统一保存、管理。由此可见，要求医疗机构提供查阅、复制的，主要是建有门（急）诊病历档案室或者已建立门（急）诊电子病历，以及由医疗机构保管的住院病历。

关于查阅、复制的病例资料的范围，《医疗机构病历管理规定》第 19 条作了明确和具体的规定，患者依照本条第 2 款的规定要求查阅、复制病历资料的，医疗机构应当在上述范围内及时提供。

（四）拒绝提供相关病历资料的法律后果

依照《医疗事故处理条例》第 56 条第 2 项的规定，没有

正当理由，拒绝为患者提供复印或者复制病历资料服务的，由卫生行政部门责令改正；情节严重的，对负有责任的主管人员和其他直接责任人员依法给予行政处分或者纪律处分。这是对拒绝提供相关病历资料的行政责任的规定。在民事责任上，依照本法第1222条第2项的规定，患者在诊疗活动中受到损害，医疗机构隐匿或者拒绝提供与纠纷有关的病历资料的，推定医疗机构有过错。在推定过错的情况下，如果医疗机构没有相反证明，则“推定”的过错将被“认定”为过错，医疗机构将承担不利的法律后果。

第一千二百二十六条　医疗机构及其医务人员应当对患者的隐私和个人信息保密。泄露患者的隐私和个人信息，或者未经患者同意公开其病历资料的，应当承担侵权责任。

条文主旨

本条是关于患者隐私和个人信息保护的规定。

立法背景

民法典总则编第五章民事权利规定了隐私权和个人信息，人格权编第六章详细规定了隐私权和个人信息的保护的内容。基于医患关系的特殊性以及医患纠纷中的现实矛盾，本条对医疗领域的隐私和个人信息保护作了专门规定。

条文解读

正确理解本条的规定，需要从以下几个问题把握：

一、医疗机构及其医务人员侵害患者隐私和个人信息的表现形式

患者到医院就医，医务人员首先要知晓患者的病情与既往病史，要根据患者的陈述制作门诊或住院病历。在必要的情况下，还需对患者的身体进行接触和观察，以便对疾病进行正确的治疗。正是基于诊疗活动本身的特点，医务人员在其执业活动中极易掌握患者的隐私和个人信息。因此，对于其基于患者的信赖而在执业活动中知悉的患者的隐私和个人信息，医疗机构及其医务人员应负有保密的义务。实践中，医疗机构及其医务人员侵犯患者隐私权和个人信息的情况可大体分为如下两种。

（一）泄露患者的隐私和个人信息

泄露患者隐私，既包括医疗机构及其医务人员将其在诊疗活动中掌握的患者的隐私和个人信息对外公布、披露的行为，如对外散布患者患有性病、艾滋病的事实，导致患者隐私暴露，精神遭受巨大痛苦，也包括未经患者同意而将患者的身体暴露给与诊疗活动无关人员的行为。在医患关系中，医疗机构及其医务人员不得向无关人员泄露患者隐私和个人信息的权利。这里需要说明两点：第一，患者到医疗机构就医，相对于施治的医务人员来说，患者实际上放弃了自己的隐私权及部分个人信息。同时，根据生命健康权高于隐私权和个人信息这一基本的权利价值判断，在生命权健康权与隐私权和个人信息发生冲突时，后者应当让位于前者。因此，施治人员接触患者隐私无疑是合法的，但也应以其必要的治疗活动所应接触的范围为限。第二，医学院学生教学观摩问题，尽管医疗行政机关确定某些医院负有教学实习的义务，但有的专家认为，该义务仅

及于教学医院一方，对患者来说，不具有法律约束力，即患者并不负有放弃自己的隐私和个人信息来满足教学医院进行教学的义务。教学医院与见习学生之间、教学医院与患者之间是两个不同的法律关系，受不同法律规范的约束。医疗机构即使是出于教学目的，侵犯患者隐私和个人信息，仍应承担相应的法律责任。

（二）未经患者同意公开其医学文书及有关资料

患者在就诊过程中，一般均会配合医务人员的问询，披露自己的病情、病史、症状等一系列个人信息，以配合医务人员的诊疗。同时，医务人员会根据患者的陈述，将该部分信息形成患者的病历资料等医学文书。在很多情况下，为了医学发展，还需要将患者信息汇集、整理，提供给医药研究机构或者企业。这部分记载有患者隐私内容的医学文书及相关资料一旦被披露，不但引起患者内心的精神痛苦，还往往会导致患者社会评价的降低，比如患者的某种身体缺陷、曾患有伤风化的疾病等。实践中，医疗机构及其医务人员未经患者同意公开其医学文书及有关资料的情况，也分为两种：第一，出于医学会诊、医学教学或者传染性疾病防治、医药研发等目的，公开或者提供患者的医学文书及有关资料；第二，医疗机构本身对医学文书及有关资料的管理不善，向未取得患者授权的人公开，造成患者损害的行为。对于第一种情况，在考虑患者隐私保护的同时，还要兼顾医学本身的特点以及医疗行业公益性的需要。在该种情况下，判断侵权责任是否成立的一个关键，就是看是否造成患者的损害。一般来说，如果医疗机构及其医务人员在为医学会诊、医学教学而公开或者提供患者医学文书及有关资料的过程中，如果能做到匿名化处理，防止定向识别出具体的患者，一般情况下对患者不至于造成损害，也不导致侵权责任的产生。对于第二种情况，则应当加强医疗机构对患者医学文书及有关资料的管理。

二、关于承担侵权责任的条件

《侵权责任法》第62条规定，无论是泄露患者隐私和个人信息，还是未经患者同意公开医学文书及有关资料，只有在造成患者损害的情况下，医疗机构才承担侵权责任。在民法典侵权责任编编纂过程中，有的提出，医疗机构及其医务人员泄露患者的隐私和个人信息，或者未经患者同意公开其病历资料是一种较为严重的侵权行为，有可能对患者的生活、工作和学习造成重大影响。为遏制这种行为，加强对诊疗活动中自然人隐私和个人信息的保护，法律应当明确规定，无论该行为对患者是否造成损害，医疗机构及其医务人员都应当承担侵权责任。经研究，我们采纳了该意见，删去《侵权责任法》第62条的"造成患者损害"才承担侵权责任的规定。

第一千二百二十七条　医疗机构及其医务人员不得违反诊疗规范实施不必要的检查。

条文主旨

本条是关于医疗机构及其医务人员不得违反诊疗规范实施不必要检查的规定。

立法背景

本条所针对的"不必要的检查行为"是社会上比较关注的"过度检查"问题。"过度检查"首次在规范性文件中出现，是卫生部和国家中医药管理局2006年联合制定的关于建立健全防控医药购销领域商业贿赂长效机制的工作方案。该方案提出，要实行院长问责制，“若发现医院存在乱收费、私设‘小金库’、严重的过度检查、过度医疗行为等严重违纪违法问题，将首先追究医院院长责任”。2009年中共中央国务院关于深化医药卫生体制改革的意见和国务院医药卫生体制改革近期重点实施方案（2009－2011年）中，并未直接对“过度检查”作出规范，而是从正面角度提倡使用“基本药物”“适宜技术”和“适宜检查”。

侵权责任法起草过程中，曾经使用了“过度检查”的表述。但是，有意见认为，“过度检查”非法律用语，并且何为“过度检查”，含义不明确，难以判断，建议删除。但也有意见认为，“过度检查”的现象当前确实存在，不仅给患者造成不必要的经济负担，有的过度检查甚至对患者身体带来不良影响。因此，为了维护患者的合法权益，对该问题作出禁止性规范是必要的。还有意见认为，不仅应当对“过度检查”作出禁止性规范，还应当规定其法律后果，如医疗机构应当退回不必要诊疗的费用，造成患者损害的，还应当承担赔偿责任。也有不同意见认为，在何为“过度检查”不明确的情况下，退费问题难以操作，同时，建议以“不必要的检查”代替“过度检查”的表述，并进一步明确“不必要的检查”的判断标准。在对各方意见进行综合考量的基础上，《侵权责任法》第63条规定，医疗机构及其医务人员不得违反诊疗规范实施不必要的检查。民法典侵权责任编继承了侵权责任法的规定，判断“检查”是否为“不必要”，标准是是否符合诊疗规范即诊疗需求。

条文解读

要正确理解本条的规定，需要从如下几个问题进行把握：

一、过度检查的特点和表现形式

过度检查一般是指由医疗机构提供的超出患者个体和社会保健实践需求的医疗检查服务，医学伦理学界把它称为“过度检查”。过度检查具有以下特征：(1) 为诊疗疾病所采取的检查手段超出疾病诊疗的基本需求，不符合疾病的规律与特点。(2) 采用非“金标准”的诊疗手段，所谓“金标准”，是指当前临床医学界公认的诊断疾病的最可靠方法。较为常用的“金标准”有活检、手术发现、微生物培养、特殊检查和影像诊断，以及长期随访的结果等。(3) 费用超出与疾病对基本诊疗需求无关的过度消费。有的意见提出，近年来，公立医院公益性质淡化，有过分追求经济利益倾向。由于政府投入不足，不少公立医院运行主要靠向患者收费，出现过分依赖市场的导向。有人错误地认为医疗改革就是赚钱，把医疗引入商业化道路。与医院服务相关的药品和医疗器材生产流通秩序混乱，价格虚高，这些都成为诱发过度检查问题的社会因素。对于患者来说，过度检查导致医疗费用激增。过度检查不仅给患者造成过重经济负担，对其身体也带来不必要的风险和损害。

二、过度检查形成的原因

过度检查不仅仅是涉及医疗机构及其医务人员诊疗活动的问题，还是一个复杂的社会问题，它的成因主要有如下几个方面：一是现行医疗体制不健全。一方面是患者的医疗负担越来越重，看病贵的现象普遍存在；另一方面是医院的生存和发展依赖市场，强化了医院的求利倾向，催生了“以药养医”“以检养医”现象的出现，使医患关系进一步恶化。二是受司法实践中医疗举证责任倒置的影响。为应对司法实践中举证责任倒置而导致的举证压力，医疗机构采取了“防御性医疗”的对策，而过度检查就是“防御性医疗”的一种表现形式。有些医生为了在可能发生的医疗诉讼中能够举证和免责，而对患者进行了超出所患疾病本身的检查和治疗。由于人体生命科学的复杂性，决定了医疗行业具有极高的风险性，目前尚缺乏化解此类高风险的有效机制。

从宏观来看，过度检查最根本的成因在于制度层面，应从建立国家基本药物制度、推进公立医院试点改革方面解决这一问题，实现公立医院良性运行，避免医药体制改革过程中药品价格下降检查费用上升的情况。不必要检查不仅仅是医疗机构及其医务人员违反诊疗规范的问题，它更是一个复杂的社会问题，最终的解决要依靠改革我国的医药卫生体制以及建立健全医疗保障体系为基础。对于是过度检查还是适度检查，由于信息不对称等原因，医患常难以达成共识，因此加强沟通、解疑释惑、增进了解十分必要。

第一千二百二十八条　医疗机构及其医务人员的合法权益受法律保护。

干扰医疗秩序，妨碍医务人员工作、生活，侵害医务人员合法权益的，应当依法承担法律责任。

条文主旨

本条是关于维护医疗机构及其医务人员合法权益的规定。

立法背景

医患矛盾属于当前社会关注的焦点问题之一，近年来，医疗纠纷明显增多，有的认为主要有以下几方面的原因：(1) 由于医保制度的普及，老百姓就医看病呈明显上升趋势，门诊及住院量大幅度上升，而医疗机构由于多年来投入不足，条件有限，一时难以满足患者的就医需求，出现各种医患矛盾和纠纷。(2) 部分患者对医学科学期望值过高，认为进了医院如同进了保险箱，个别患者对有些疾病无法治愈不理解，将矛盾转嫁给医院和医务人员，以至于产生医疗纠纷，甚至发生伤害医务人员的恶性事件，严重损害医务人员生命健康，引起社会公愤。(3) 长期以来医疗卫生事业投入不足，导致医院偏重经济效益，患者对看病难、看病贵意见很大，对医疗机构产生积怨，借以释放。(4) 一些医院管理不到位，制度执行不严，一些医务人员医疗技术不高，业务素质及修养缺失，对患者人文关怀不够，医患沟通不足。

实践中解决医疗纠纷的难点主要表现为以下几个方面：(1) 医患双方信息不对称，导致患者对医务人员不信任。医疗服务专业性很强，普通患者及其家属对出现医疗事故的原因无从分辨，不懂得如何取得对自己有利的证据，导致患方一开始就与医方处在完全不对等的位置，其举证和维权处于相对被动的地位。而部分医疗机构也存在为了维护自身利益，利用自身的强势地位，最大限度地减轻医疗责任，隐瞒部分医疗信息，使患方权利难以得到保证，引起患方对医疗机构的不信任，常常导致矛盾激化。(2) 医疗纠纷取证难，导致责任认定难。由于医疗行为具有高度的技术性、专业性和复杂性，医疗行为未知数多，具有不可控因素，又因为患者个体差异等因素，除少数事实可以由双方当事人自行认定外，大多数需要经医学鉴定作出。然而，对医疗事故鉴定的公正性一直受到患者的质疑，认为是“老子为儿子鉴定”，导致患者宁肯“医闹”也不信任医疗鉴定的现象。(3) 患者对公正解决纠纷缺乏信心，一些患者和家属不愿按法律程序解决问题。医疗事故处理有协商、调解和诉讼三种途径，但在实际操作中却遇到种种困难。由于医患双方缺乏信任，往往难以通过协商达成协议。由于患方认为卫生行政部门和医疗机构是“父子”关系，对卫生行政调解的公正性也存在顾虑，所以不愿去调解。由于诉讼时间长、诉讼代理和申请鉴定成本高等原因，无论是患者还是医疗机构，都不倾向用诉讼方式处理纠纷。纠纷发生后，一些患者和家属不愿按法律程序解决问题，而是采取动员亲属形成群体一味“闹医”“闹访”的办法，甚至存在威胁医疗机构和侮辱、殴打医护人员等过激行为。社会上还存在一种“职业医闹”，哪里出了患者死亡、伤残的事情，他们就去找家属谈，揽生意，然后纠集一些人找医院闹，闹来赔偿后与家属分成。

可以看出，当前医患双方的极度不信任导致医患关系的紧张，这种紧张状态又促使医疗纠纷不断升级。法律介入医疗活动的目的是实现医患双方权利的平衡和利益的协调，并非去解释或者解决本属于医学理论和医疗科学方面的问题。因此，在法律制度设计上，既要考虑患者作为医疗活动中弱势一方的利益保护，也应兼顾到医学行业本身的特点，如医学科学的局限性、医疗行业的高风险性。法律不仅仅为遭受医疗过错损害的患者提供保护，同样，对于医疗机构及其医务人员的合法权益，法律也要保护，医疗行业的健康、有序发展是整个社会公益的需要。因此，本法对医疗机构及其医务人员的合法权益的保护作了规范。立法过程中，不断有意见提出，本条规定属于行政法上的内容，与侵权责任法无关，建议本法不作规定。但是，也有意见认为，考虑到当前医患矛盾较为突出的现状，尤其是“医闹”“伤医”事件屡有发生，已经严重干扰了正常的医疗秩序，对医务人员的生命财产安全、工作和生活安宁造成很大影响。在这种情况下，民法典侵权责任编不仅要对正在发生的权利义务关系作出调整和平衡，还应对将来可能发生的冲突作出法律上的指引，这也符合侵权责任法“预防和制裁侵权行为”的立法目的。

条文解读

本条在《侵权责任法》第 64 条的基础上，将“干扰医疗秩序，妨碍医务人员工作、生活，侵害医务人员合法权益的，应当依法承担法律责任”单做一款进行规定，以突出民法对医务人员人身财产安全的保护和重视。需要说明的是，干扰医疗秩序，妨碍医务人员工作、生活，侵害医务人员合法权益的，除了承担民事赔偿责任，还涉及行政责任和刑事责任。2015 年，刑法修正案（九）已正式将“医闹”入刑；2016 年，原国家卫生计生委、中央综治办、公安部和司法部印发了关于进一步做好维护医疗秩序工作的通知；2019 年年底，基本医疗卫生与健康促进法经全国人大常委会表决通过。暴力伤医是文明之耻，社会之伤，法律法规不断为医生撑起保护伞，但问题的关键在于，一是要采取必要措施防患于未然，例如，加强医生工作环境的安全防范系统建设，加强医院及周边巡逻防控，健全警医联动机制。二是要有法必依、执法必严，对各类伤医、闹医等行为依法果断处置，严厉打击伤害医务人员的违法犯罪行为。

第七章　环境污染和生态破坏责任

本章专章规定了环境污染和生态破坏责任。此次制定侵权责任编过程中，对本章进行了修改、补充和完善。本章共七条，主要包括两方面内容：一是私益损害，行为人因污染环境、破坏生态造成他人合法权益损害的，应当承担侵权责任。二是生态环境损害，行为人违反国家规定造成生态环境损害的，应当依法承担修复责任。

第一千二百二十九条　**因污染环境、破坏生态造成他人损害的，侵权人应当承担侵权责任。**

条文主旨

本条是关于环境污染和生态破坏侵权责任的一般规定。

立法背景

当前，我国面临环境污染严重、生态系统退化的严峻形势，对此，人民群众反映强烈，党中央高度关注。党的十八大以来，以习近平同志为核心的党中央高度重视生态文明建设，把生态文明建设作为统筹推进“五位一体”总体布局和协调推进“四个全面”战略布局的重要内容，加快推进生态文明顶层设计和制度体系建设，十八届三中、四中全会和十九大、十九届四中全会通过的决定，均强调“用严格的法律制度保护生态环境”，相继出台关于加快推进生态文明建设的意见、生态文明体制改革总体方案，制定了40多项涉及生态文明建设的改革方案，从总体目标、基本理念、主要原则、重点任务、制度保障等方面对生态文明建设进行全面系统部署安排。

2009年通过的《侵权责任法》第65条规定：“因污染环境造成损害的，污染者应当承担侵权责任。”在侵权责任编草案征求意见过程中，一些单位和学者建议增加破坏生态侵权责任的内容。对此曾有不同意见，一种意见认为，《侵权责任法》第65条中的“环境”是广义上的环境，既包含狭义上的生活环境，也包括生态环境，没有必要作出修改。另一种意见认为，2013年党的十八届三中全会通过的中共中央关于全面深化改革若干重大问题的决定提出“完善环境治理和生态修复制度”，2014年修订的《环境保护法》第64条规定：“因污染环境和破坏生态造成损害的，应当依照《中华人民共和国侵权责任法》的有关规定承担侵权责任。”2017年年底中央正式发布生态环境损害赔偿制度改革方案也作同样的表述。这几个文件都将“环境”与“生态”两个词并列使用，为保持法律规定以及与中央文件表述的一致性，作出修改为宜。经反复研究讨论，采纳后一种意见，将原“污染环境”修改为“污染环境、破坏生态”。污染环境，主要指向环境排放物质或能量超过了环境的自净能力，从而导致环境质量降低；生态破坏，大多是对自然资源的不合理开发利用行为，导致环境要素的数量减少或质量降低，破坏环境效能和生态平衡。

条文解读

根据本条规定，因污染环境、破坏生态造成他人损害的，侵权人应当承担侵权责任。“污染环境”指对生活环境的污染，“破坏生态”指对生态环境的破坏。既包括对大气、水体、海洋、土地等生活环境的污染，也包括对生物多样性的破坏、破坏生态环境和自然资源造成水土流失等生态环境的破坏；既包括水污染、大气污染、噪声污染等传统的污染，也包括光污染、辐射污染等新型污染。总而言之，侵权人因污染环境、破坏生态造成他人损害的，应当承担侵权责任。

根据本条规定，环境侵权责任继续作为一种特殊类型的侵权责任，适用无过错责任归责原则。根据无过错责任原则，在侵权人有损害、污染的行为与损害有因果关系的情形下，不考虑侵权人是否存在过错，都应当对其污染行为造成的损害承担侵权责任。在起草侵权责任编过程中，对这一问题基本没有争议，学术界和实务界等各方面意见基本一致。主要考虑到，在环境侵权中，造成损害的污染物主要来源于现代工业生产排放的废水、废气、固体废物等污染物，受害人并不具有专业知识，很难证明加害人具有过错，只有实行无过错责任原则，才能有效保护受害人的合法权益。需要注意的是，本条主要规范因工业生产或者其他人为活动造成环境污染、生态破坏而对他人的人身、财产造成损害的行为，相邻关系人之间的生活污染行为不包括在内，相邻关系人的环境污染发生在相邻不动产所有人或者占有人之间，由物权法调整，造成损失主张赔偿的，适用侵权责任一般过错原则。

此外，对企业排污符合规定的标准但造成损害的情况是否应当承担侵权责任的问题，在2009年制定侵权责任法时有不同意见，这次编纂民法典侵权责任编过程中也有意见提出这个问题。有的意见认为，企业排污符合规定的标准时应减轻或者免除企业的侵权责任，如果符合规定的标准也应承担侵权责任，会削弱企业的环保意识，加重企业的负担，就有经营困难甚至破产的可能，如果符合排放标准仍造成损害，应由国家出台更高的标准，否则应由国家承担相应的责任。有的意见认为，即使排污符合规定的标准，造成损害也应当承担侵权责任。环境侵权责任采用无过错责任原则，侵权人承担责任的理由在于其从事的活动所具有的危险性，并不要求污染行为本身具有违法性；国家或者地方规定的污染物排放标准，是环境保护主管部门决定排污单位是否需要缴纳排污费和进行环境管理的依据，并不是确定排污者是否承担赔偿责任的界限；即使排污符合标准，给他人造成损害的，也应当根据有损害就要赔偿的原则，承担侵权责任。2015年最高人民法院关于审理环境侵权责任纠纷案件适用法律若干问题的解释也坚持这一立场，其中第1条规定，污染者以排污符合国家或者地方污染物排放标准为由主张不承担责任的，人民法院不予支持。从侵权责任法到侵权责任编，对这一问题的看法是一致的，没有将违反国家排污规定作为侵权人承担侵权责任的构成要件，也就是说，合规排放造成他人损害的，仍然应当承担侵权责任。

相关规定

《中华人民共和国环境保护法》第2条、第64条；《中华人民共和国海洋环境保护法》第89条；《中华人民共和国水污染防治法》第96条；《中华人民共和国大气污染防治法》第

125 条；《中华人民共和国固体废物污染环境防治法》第 84 条；《中华人民共和国环境噪声污染防治法》第 61 条；《中华人民共和国放射性污染防治法》第 59 条；《最高人民法院关于审理环境侵权责任纠纷案件适用法律若干问题的解释》第 1 条

第一千二百三十条 **因污染环境、破坏生态发生纠纷，行为人应当就法律规定的不承担责任或者减轻责任的情形及其行为与损害之间不存在因果关系承担举证责任。**

条文主旨

本条是关于环境污染和生态破坏侵权举证责任的规定。

立法背景

我国对环境侵权实行因果关系的举证责任倒置。所谓举证责任倒置，是指在法律规定的一些特殊情形下，将通常应由提出事实主张的当事人所负担的举证责任分配给对方，由对方对否定该事实承担举证责任，如果该方当事人不能就此举证证明，则推定事实主张成立的一种举证责任分配制度。它是举证责任分配的一种特殊表现形式，是相对于一般举证责任分配规则的正常分配结果而言的。其实质便是免除本应由原告承担的举证责任，而就待证事实的反面事实，由被告承担举证责任。将污染行为与损害之间的因果关系的举证义务加于污染者，有利于保护受害人的合法权益。

条文解读

根据本条规定，行为人应当就两种情形承担举证责任：一是法律规定的不承担责任或者减轻责任的情形；二是其行为与损害之间不存在因果关系。

一、行为人应当就法律规定的不承担责任或者减轻责任的情形承担举证责任

在侵权责任编起草过程中，有的意见提出，根据民事诉讼举证责任的分配规则，“法律规定的不承担或者减轻责任的情形”的举证责任本来就在污染者一方，建议删除这句话。实际上，这句话是有其内在意义的，一般而言，不承担或者减轻责任的情形当然由被告方承担举证责任，这不需要法律特别强调，但是环境侵权广义上属于高度危险作业，适用无过错责任归责原则，每种高度危险作业的免责事由是不一样的，多数情形不可抗力可以免责，有的则不可以，如根据本法第1237条规定，民用核设施造成他人损害的，除战争、武装冲突、暴乱、受害人故意可以免责，因地震等不可抗力造成损害的，仍然应当承担侵权责任。所以，这句话实际上是明确了侵权人的免责事由。

二、行为人应当就其行为与损害之间不存在因果关系承担举证责任

侵权责任构成中的因果关系，是指违法行为作为原因，损害事实作为结果，在它们之间存在的前者引起后者，后者被前者所引起的客观联系。环境侵权适用无过错责任原则，过错不是构成环境侵权责任的要件，所以，因果关系是确定环境侵权能否成立的最重要的要件。

在一般侵权关系中，加害行为与损害结果之间是否存在法律上的因果关系，学界通说主张采用相当因果关系说，其关键在于，作为原因被考察的事件是否通常会增加损害后果出现的客观可能性。法官依据一般社会见解，按照当时社会所达到的知识和经验，只要一般人认为在同样情形有发生同样结果之可能性即可，存在这种因果关系的举证责任由受害人承担。但是，在环境侵权责任中，由受害人对行为人的行为与其损害之间存在因果关系进行举证非常困难，如果仍然按照民事诉讼中“谁主张，谁举证”原则，由受害人承担因果关系的举证义务，则受害人很难获得救济，这是由环境污染侵权的特殊性决定的。

第一，环境污染损害一般具有长期性、潜伏性、持续性、广泛性的特点，有的环境污染损害地域广泛，污染源与损害结果地距离很远，有的损害结果往往不是即时完成的，而是日积月累慢慢形成的，所以即使产生损害，往往时过境迁，证据灭失，很难判断损害事实是否由某侵权行为造成，使因果关系的证明非常困难。比如日本的哮喘病事件，从1955年开始排出废气，到1961年开始出现哮喘病人发作，1964年才开始出现死亡病例，从开始排放到污染损害，历时近十年。

第二，环境污染造成损害的过程具有复杂性，损害并非总是由污染物直接作用人身和财产造成的，往往是污染物与各环境要素或者其他要素相互之间发生物理、化学、生物的反应，经过迁移、扩散、转化、代谢等一系列中间环节后才起作用。甚至有的时候，污染物本身是不会致害的，但和其他因素一起作用就产生了损害，使因果关系表现得十分隐蔽和不紧密，认定十分困难。

第三，有的环境污染侵权涉及一系列的物理、化学、生物、地理、医学等专业知识甚至一些高科技知识，要证明行为与损害事实之间的因果关系，必须具备相关的专门科学技术知识和仪器设备，这些知识、技术和仪器并非平常人所能具备。甚至在一些时候，在现在的科学技术条件下，一些环境污染损害的因果关系还无法认定。

第四，在确定因果关系时，多因一果的现象经常出现，如数家工厂向同一河流排污，河水被污染致使饮用该河水的居民感染疾病，在这种情况下，受害人很难或根本无法证明谁是致害人，证明因果关系更困难。

正因为环境污染侵权的这些特殊性，导致环境污染的因果关系链条十分复杂，所以要证明这些因果关系链条就更为复杂，由受害人承担因果关系的举证责任有非常大的难度。为了减轻环境侵权受害人的举证负担，更迅速地救济受害人，举证责任转移或倒置制度便应运而生。

需要注意的是，在环境侵权责任中适用因果关系举证责任倒置，并不意味着受害人就不用负担任何举证义务，在诉讼中，受害人应当首先证明污染行为与损害结果之间存在联系，即存在因果关系的可能性和初步证据，只是这种可能性并不需要如相当因果关系理论要求的那样达到高度盖然性。

相关规定

《中华人民共和国水污染防治法》第96条、第98条；《中华人民共和国固体废物污染环境防治法》第86条；《最高人民法院关于审理环境侵权责任纠纷案件适用法律若干问题的解释》第1条、第6条、第7条

第一千二百三十一条 两个以上侵权人污染环境、破坏生态的，承担责任的大小，根据污染物的种类、浓度、排放量，破坏生态的方式、范围、程度，以及行为对损害后果所起的作用等因素确定。

条文主旨

本条是关于两个以上侵权人造成损害的责任的规定。

立法背景

实践中，很多环境侵权往往不是由某一个企业排污造成的，而是多个企业排放污染共同造成的，这就是环境共同侵权行为。关于两个以上行为人污染环境、破坏生态造成损害，行为人对外是承担连带责任还是按份责任有不同意见。一种意见认为，应当规定污染者对外承担连带责任，再根据污染物排放量等因素确定排污者的内部责任，这样有利于救济受害人。另一种意见认为，应当规定污染者承担按份责任。经研究认为，环境共同侵权较为复杂，不能一概而论，本条主要规范两个以上侵权人造成他人损害时的内部责任划分，多个侵权人对外如何承担责任，应当根据侵权责任编一般规定确定。民法典侵权责任编一般规定对多人侵权分别不同情形作了规定，第1168条规定了共同侵权，第1171条规定了分别实施侵权行为承担连带责任的情形，第1172条规定了分别侵权。

条文解读

适用本条环境共同侵权需要满足以下要件：（1）多个侵权主体，有两个或者两个以上的行为人实施了污染环境、破坏生态行为。(2) 行为人实施了污染环境、破坏生态的行为，因环境侵权采用无过错责任，不需要考虑行为人的主观过错，行为人之间是否存在意思联络，都不影响适用本条。当然，如果受害人能够证明多个行为人之间存在“故意”的意思联络，根据本法第1168条规定：“二人以上共同实施侵权行为，造成他人损害的，应当承担连带责任。”毫无疑问构成共同侵权，但实践中，“共同故意”的情形极为罕见。(3) 数个侵权行为与损害有总体上的因果关系，并不是单个侵权行为与损害之间有因果关系。(4) 造成了同一损害。多个侵权人分别排放污染，造成不同种类的损害，如一个企业排放污水，另一个企业排放有毒气体，造成的损害存在明显区别，不构成环境共同侵权，而是根据各自行为造成的损害后果承担侵权责任。

环境共同侵权不仅要解决多个侵权人的外部责任，也要解决多个侵权人内部如何划分责任。从理论上讲，每个侵权人承担责任大小的依据是侵权人的污染行为在导致损害的结果中所占的原因力的比例。但是，环境污染中原因力的确定比较复杂，要综合根据污染物的种类、浓度、排放量，破坏生态的方式、范围、程度，以及行为对损害后果所起的作用等因素确定。排放污染物的种类是指导致损害结果的污染物的种类，如一家企业既排放A有害物质又排放B有害物质，在确定致害污染物只是A有害物质的情况下，只考虑A有害物质的排放来确定。污染物浓度是指单位体积内所含污染物的量，排放量是排放污染物总量乘以排放浓度，如一家企业排放污水十吨，浓度是百分之零点一，另一家企业排放污水五吨，浓度是百分之零点二，排放量的计算是排放污水总量乘以排放浓度，并非单指排放污水总量。破坏生态的方式包括但不限于乱捕滥猎、乱砍滥伐、毁林造田，范围指受到损害的生态环境因素，如动物种群、植物种群、植物覆盖等，程度指与物种种群数量、密度、结构等与生态环境基线的差异。

当然，除了本条列举的外，排放物质的致害性、排放地与损害发生地的距离、排放时间、排放频率等多种因素也会对判断行为人的责任大小产生影响。《最高人民法院关于审理环境侵权责任纠纷案件适用法律若干问题的解释》第4条规定："两个以上污染者污染环境，对污染者承担责任的大小，人民法院应当根据污染物的种类、排放量、危害性以及有无排污许可证、是否超过污染物排放标准、是否超过重点污染物排放总量控制指标等因素确定。"

相关规定

《最高人民法院关于审理环境侵权责任纠纷案件适用法律若干问题的解释》第2-4条

第一千二百三十二条　侵权人违反法律规定故意污染环境、破坏生态造成严重后果的，被侵权人有权请求相应的惩罚性赔偿。

条文主旨

本条是关于侵权人承担惩罚性赔偿的规定。

立法背景

现代社会工业化快速发展，在创造大量社会财富的同时，也带来了巨大社会风险，环境污染和生态破坏就是这种发展带来的重大风险之一。从总体上看，当前我国环境污染形势严峻，雾霾天气多发、城市河道水体黑臭、垃圾围城、土壤污染、危废处置污染等问题突出，给社会公众的人身和财产权利造成了巨大损失，环境和生态也受到重创。如何充分保护环境侵权受害者，是摆在民法面前的一道课题。

填平原则，又称补偿性赔偿原则，一直是民法特别是侵权损害赔偿坚持的基本原则，是指在确定损害赔偿时应以受害人的实际损失为准，损失多少赔多少，受害人不能从中获取超过损失的利益。环境侵权同样遵从这一原则，但在司法实践中，受害人多处于弱势地位，经济实力不足；由于环境侵权诉讼专业性较强，即便实行因果关系举证责任倒置，受害人只需证明污染行为与损害后果之间存在关联性，由于信息不对称，也是困难重重；损害鉴定评估周期长、费用高，有些案件中鉴定费用甚至超过赔偿金额。所以，总体而言，环境损害赔偿数额较低，往往不足以弥补实际损害，更难以震慑企业排污行为。在这种背景下，有必要在环境侵权中探索和逐步建立惩罚性赔偿制度，有利于充分救济受害人，有利于惩罚恶意侵权人，有利于警示他人不得实施类似行为。

条文解读

根据本条规定，环境侵权惩罚性赔偿的构成要件主要有：

1. 侵权人实施了不法行为。根据本条规定，侵权人的环境污染和破坏生态行为应当违反了法律规定。在起草过程中，有的学者认为将“违反法律规定”作为惩罚性赔偿的构成要件不合理，加重了受害人的举证负担，不利于对受害人的全面救济。有的学者认为，只有行为人的行为违反了国家环境行政法律法规的规定，才有可能构成惩罚性赔偿，如果民法惩罚合法排污行为，则与环境行政法律发生冲突，法律对企业行为的指引功能会发生错乱，企业将无所适从。

经研究认为，惩罚性赔偿不同于普通环境侵权，其赔偿数额更高，具有普通环境侵权不具备的惩罚功能，构成要件应当更为严格。企业的排污行为只要符合国家环境行政法律法规的要求，从行政法的角度看，那就是合法的，企业的正常生产经营活动不仅是社会正常发展所必需的，也应当为法律所保护和鼓励，对企业的排污行为施以惩罚，必须以企业违反法律规定为前提，否则不具有正当性。

2. 侵权人主观具有故意。根据本条规定，侵权人的主观状态应当是故意。这是惩罚性赔偿与普通环境侵权的又一点显著不同，在本法的起草过程中，大家一致认为，惩罚性赔偿制度的设计初衷就是针对恶意侵权人，但对如何定义恶意，也有不同看法。有的建议规定为故意或者重大过失，若仅规定故意，不恰当地缩小了惩罚性赔偿的适用范围，降低受害人主张的积极性。

经研究认为，在环境侵权引入惩罚性赔偿制度之初，不宜将范围扩得过大。“故意”作为一种主观状态，难以直接证明，实践中一般通过侵权人的行为来认定，如侵权人多次非法排污并受到行政机关处罚，侵权人将未经处理的废水、废气、废渣直接排放或者倾倒，侵权人关闭环境在线监测系统或者故意干扰监测系统，侵权人在正常排污设施外留有偷排孔等，这些都能证明侵权人对其排污行为所可能造成的后果，绝对不是因为疏忽大意，而是故意为之，放任严重后果的发生。

3. 造成严重后果。根据本条，侵权人的行为造成严重后果的，才可能构成惩罚性赔偿。惩罚性赔偿具有惩罚功能，在适用上应当遵循谦抑原则，不能对侵权人动辄就处以惩罚性赔偿。惩罚性赔偿制度应当聚焦于损害后果严重的侵权行为，不仅对受害人的人身、财产造成严重损害，还可能对生态环境造成严重损害甚至不可逆转的损害。2009 年《侵权责任法》第 47 条规定：“明知产品存在缺陷仍然生产、销售，造成他人死亡或者健康严重损害的，被侵权人有权请求相应的惩罚性赔偿。”第一次明确在民法中引入惩罚性赔偿概念，同样要求具备“严重损害”的后果。

第一千二百三十三条　因第三人的过错污染环境、破坏生态的，被侵权人可以向侵权人请求赔偿，也可以向第三人请求赔偿。侵权人赔偿后，有权向第三人追偿。

条文主旨

本条是关于因第三人的过错污染环境和破坏生态责任的规定。

立法背景

本条规定的是如果污染环境造成损害是由于第三人的过错引起的，责任如何承担的问题。多数意见认为属于不真正连带责任，不真正连带责任，是指多数行为人违反法定义务，对一个受害人实施加害行为，或者不同行为人基于不同的行为而致使受害人的权利受到损害，各个行为人对产生的同一内容的侵权责任，各负全部赔偿责任，并因行为人之一的履行而使全体责任人的责任归于消灭的侵权共同责任形态。

条文解读

本条规定的第三人，是指除污染者与被侵权人之外的第三人，对被侵权人损害的发生具有过错，包括故意和过失。符合本条规定的第三人需具备两个条件：首先，第三人是指被侵权人和污染者之外的第三人，即第三人不属于被侵权人和污染者一方，第三人与受害者和污染者之间不存在法律上的隶属关系，如雇佣关系等。其次，第三人和污染者之间不存在意思联络。如果第三人与污染者有意思联络，则第三人与污染者构成共同侵权，不属于本条规范。

一、被侵权人可以向侵权人请求赔偿

根据本编规定，环境侵权责任适用无过错责任归责原则，只要符合本法第 1229 条的构成要件，侵权人就要承担侵权责任，不考虑其主观是否存在过错。根据本法第 1175 条规定，损害是因第三人造成的，第三人应当承担侵权责任。一般而言，第三人就是真正的侵权人，被请求承担侵权责任的人可以因此而免责。但是，在环境侵权责任中，侵权人的环境侵权行为即便是因第三人行为介入引起的，如有人偷偷关闭污水、废气净化设施，企业采购的排污净化设备质量不合格等，导致排污严重超标，侵权人无法据此主张免责。此前，单行法对侵权人是否因第三人过错行为而免责，有着不同的规定，如《水污染防治法》第 96 条第 4 款规定："水污染损害是由第三人造成的，排污方承担赔偿责任后，有权向第三人追偿。"1999 年《海洋环境保护法》第 90 条第 1 款规定："造成海洋环境污染损害的责任者，应当排除危害，并赔偿损失；完全由于第三者的故意或者过失，造成海洋环境污染损害的，由第三者排除危害，并承担赔偿责任。”但在2009年制定侵权责任法时，对此进行了研究，认为第三人过错行为不应当是侵权人的免责事由。《最高人民法院关于审理环境侵权责任纠纷案件适用法律若干问题的解释》第5条第3款也作出类似规定：“污染者以第三人的过错污染环境造成损害为由主张不承担责任或者减轻责任的，人民法院不予支持。”

二、被侵权人也可以向第三人请求赔偿

侵权人承担环境侵权责任的同时，因第三人的过错行为与损害后果之间存在法律上的因果关系，被侵权人也可以直接请求第三人承担侵权责任。但需要注意的是，第三人承担责任与侵权人承担责任存在明显区别，侵权人承担的是无过错责任，被侵权人无需证明侵权人的主观过错，不存在因果关系的举证责任由侵权人承担；而请求第三人承担责任，适用过错责任，需要符合一般侵权的构成要件，即不法行为、主观过错、损害后果、不法行为与损害后果之间存在因果关系，都需要由被侵权人承担举证责任，不适用举证责任倒置的规定。

三、被侵权人可以选择请求对象

根据本条规定，被侵权人既可以向侵权人请求赔偿，也可以向第三人请求赔偿，还可以同时向侵权人和第三人请求赔偿。赋予被侵权人选择权，方便被侵权人主张权利，及时获得赔偿，有利于加强对被侵权人的保护，避免侵权人或者第三人其中一方没有赔偿能力而无法得到充分救济。但是，被侵权人对侵权人和第三人的赔偿请求权，只能择一行使，因其只有一个“损害后果”，向被侵权人主张权利或者向第三人主张权利，选择的一个请求权实现之后，另一个请求权消灭，不能分别行使两个请求权，获得双份赔偿。《最高人民法院关于审理环境侵权责任纠纷案件适用法律若干问题的解释》第5条第1款对此也有规定："被侵权人根据侵权责任法第六十八条规定分别或者同时起诉污染者、第三人的，人民法院应予受理。"

四、侵权人有权向第三人追偿

根据本条规定，侵权人赔偿后，有权向第三人追偿。因第三人行为的介入发生环境侵权行为，第三人的行为与损害后果之间存在因果关系，基于"自己行为自己负责"的朴素道理，第三人应当对其不法行为承担相应的责任。通常情况下，被侵权人会首先向侵权人请求赔偿，侵权人赔偿后，有权请求第三人承担责任。但第三人行为介入的情形比较复杂，损害后果可能完全由第三人的故意或者过失行为引起，也可能是由第三人的故意或者过失行为与侵权人的过失行为共同引起，第三人行为对损害后果的原因力可能很大也可能很小。具体到个案，第三人最终应当承担多少份额的责任，需要结合具体案情具体分析，侵权人有权向第三人追偿。《最高人民法院关于审理环境侵权责任纠纷案件适用法律若干问题的解释》第5条第2款规定："被侵权人请求第三人承担赔偿责任的，人民法院应当根据第三人的过错程度确定其相应赔偿责任。"

相关规定

《中华人民共和国水污染防治法》第96条；《最高人民法院关于审理环境侵权责任纠纷案件适用法律若干问题的解释》第5条

第一千二百三十四条 违反国家规定造成生态环境损害，生态环境能够修复的，国家规定的机关或者法律规定的组织有权请求侵权人在合理期限内承担修复责任。侵权人在期限内未修复的，国家规定的机关或者法律规定的组织可以自行或者委托他人进行修复，所需费用由侵权人负担。

条文主旨

本条是关于生态环境损害赔偿制度和民事生态环境修复制度的规定。

立法背景

生态环境损害赔偿制度是生态文明制度体系的重要组成部分。2015 年年底，作为生态文明体制改革六大配套方案之一的生态环境损害赔偿制度改革试点方案出台，经过两年试点，2017 年年底中央正式发布生态环境损害赔偿制度改革方案，在全国试行生态环境损害赔偿制度，提出到 2020 年，力争在全国范围内初步构建责任明确、途径畅通、技术规范、保障有力、赔偿到位、修复有效的生态环境损害赔偿制度。

条文解读

本条建立了生态环境损害赔偿制度，可以从以下两个方面解读：

一、本条构成要件

（一）违反国家规定

根据本条规定，违反国家规定是承担生态环境损害赔偿的要件之一。在起草过程中，对于是否将此作为构成要件，存在不同意见。有的意见认为，生态环境损害赔偿应当与环境侵权一样，只要有损害，就应当赔偿，不论其行为是否违反国家规定。有的意见认为，改革方案中规定，违反法律法规，造成生态环境损害的单位或个人，应当承担生态环境损害赔偿责任。

对此，经认真研究认为，生态环境损害赔偿与一般环境侵权不能等量齐观，两种制度的价值取向有所不同，一般环境侵权注重于私人权益的保护，国家规定的排污标准有可能滞后于社会经济发展，不能放任私人权益遭受侵害。而在生态环境侵权中，《环境保护法》第45条规定："国家依照法律规定实行排污许可管理制度。实行排污许可管理的企业事业单位和其他生产经营者应当按照排污许可证的要求排放污染物；未取得排污许可证的，不得排放污染物。"根据这一规定，只要经营者依法申请排污许可证并实现达标排放，便不应当承担行政法上的责任，生态环境损害赔偿的权利主体主要是国家机关，国家机关不能一方面发放排污许可证，另一方面对排污行为主张损害赔偿，行政机关可以通过排污许可证制度实现污染物排放总量和生态环境标准控制，所以，不宜令其承担生态损害赔偿责任。从这个意义上讲，主流观点认为，生态环境侵权实行过错责任。

（二）生态环境损害

有损害才有赔偿，生态环境侵权依然要遵守民法的基本原则，但生态环境损害与一般环境侵权中的损害多有不同。长期以来，环境侵权主要关注个体权益的损害，生态环境因其具有公共属性而被忽视。生态环境损害与个人权益损害既有关联也存在区别，关联主要表现在，个体权益受到损害很多是以生态环境受到损害为前提的，侵权人污染环境、破坏生态的行为，首当其冲受到损害的就是生态环境，如污染了空气、地下水、土壤，破坏了植物或动物种群等，以这些被污染的空气、水、土壤和被破坏的生态系统为媒介，侵害了个体权益，具体表现为人畜生病、种植物减产等。两者的区别主要表现在，个体权益有明确的权利人，有动力主张损害赔偿，可以用金钱来计算，而生态环境具有明显的公共属性，是人们赖以生存的基础，但在民法中，公共产品缺乏明确的权利主体，难以主张损害赔偿，而且，生态环境损害的计算也并非易事，难以用金钱来补偿。

（三）因果关系

因果关系是构成侵权责任的必要条件，问题的关键在于由谁承担因果关系举证责任。有的意见提出，生态环境侵权本质上与环境侵权一样，因果关系举证责任应当由侵权人承担。对这一问题，改革方案没有明确规定，也没有现成的方案可循。主流意见认为由权利人承担更为合适，在环境侵权中，将因果关系举证责任分配给侵权人，主要是考虑到受害人在经济上和专业知识上的不足，侵权人更有举证能力，据此推论，在生态环境损害赔偿诉讼中，国家机关和有关组织作为原告，其实力与环境侵权人相比，显然更为强大，不仅有公共财政作为支撑，人员、技术能力也更为专业，完全有能力对因果关系进行举证。

二、民事生态环境修复制度

根据本条规定，生态环境能够修复的，应当予以修复。这里为何不用已有的“恢复原状”，而选择“生态环境修复”这个词？生态环境修复，是指将被污染或破坏的生态环境予以修复，恢复其内在功能。与恢复原状在理论上是相通的，都是通过修理等手段将受损害的客体予以复原。但恢复原状的内涵较窄，指恢复到利益受损害前的状态，不影响正常使用，而生态环境具有特殊性，一旦遭到污染或者破坏，不可能完全恢复到受损害前的状态，只能通过技术措施，尽可能地恢复其原有的生态功能、文化功能等，所以，生态环境修复概念的内涵更为宽泛，更有弹性。从这个意义上讲，生态环境修复实际上是传统恢复原状责任在生态环境侵权领域的具体表达。

根据本条规定，生态环境修复责任承担主要有两种方式：

一是请求侵权人在合理期限内承担修复责任。环境修复并不是简单修补了事，具有很强的专业性、技术性和复杂性，修复的目的是使受损的生态环境复原至基线水平，是一种技术目标，一般企业或者个人难以完成，多数侵权人不具备修复生态环境的能力。侵权人作为始作俑者，是修复责任的当然承担者，权利人有权请求侵权人在合理期限内承担修复责任。这句话的意思并不是说侵权人必须独立完成修复工程，如果侵权人有能力有资质，可以凭一己之力完成；如果侵权人没有修复能力，可以出资请他人完成修复工程。

二是自行或者委托他人进行修复。考虑到生态环境保护有及时性、有效性等特点，不能无限期等待侵权人履行修复责任，据此，本条规定，侵权人在期限内未修复的，权利人可以自行或者委托他人履行修复义务，所需费用由侵权人负担。这实际上借鉴了执行程序中代履行制度，从形式上看，完成生态环境修复工程的是权利人或者其委托的第三人，但修复责任仍然由侵权人承担。

相关规定

《生态环境损害赔偿制度改革方案》；《最高人民法院关于审理环境民事公益诉讼案件适用法律若干问题的解释》第 20 条

第一千二百三十五条　违反国家规定造成生态环境损害的，国家规定的机关或者法律规定的组织有权请求侵权人赔偿下列损失和费用：

（一）生态环境受到损害至修复完成期间服务功能丧失导致的损失；

（二）生态环境功能永久性损害造成的损失；

（三）生态环境损害调查、鉴定评估等费用；

（四）清除污染、修复生态环境费用；

（五）防止损害的发生和扩大所支出的合理费用。

条文主旨

本条是关于生态环境损害赔偿范围的规定。

立法背景

根据中办国办生态环境损害赔偿制度改革方案，生态环境损害赔偿范围包括清除污染费用、生态环境修复费用、生态环境修复期间服务功能的损失、生态环境功能永久性损害造成的损失以及生态环境损害赔偿调查、鉴定评估等合理费用。赔偿义务人自行修复或委托修复的，赔偿权利人前期开展生态环境损害调查、鉴定评估、修复效果后评估等费用由赔偿义务人承担。赔偿义务人造成的生态环境损害无法修复的，其赔偿资金作为政府非税收入，全额上缴同级国库，纳入预算管理。赔偿权利人及其指定的部门或机构根据磋商或判决要求，结合本区域生态环境损害情况开展替代修复。

条文解读

根据本条规定，国家规定的机关或者法律规定的组织有权请求侵权人赔偿下列损失和费用。

一、生态环境受到损害至修复完成期间服务功能丧失导致的损失

生态系统服务功能是指生态系统通过自身的作用循环提供给人类的效益或者对生态环境的效益，生态系统服务功能包括生态物质提供功能、生态控制功能、生命维持功能与文化欣赏功能等。生态环境修复需要经历较长一段时间，在此期间生态环境服务功能是不完整的，根据环境损害鉴定评估推荐方法(第II版)，期间损害界定为“生态环境损害发生至生态环境恢复到基线状态期间，生态环境因其物理、化学或生物特性改变而导致向公众或其他生态系统提供服务的丧失或减少，即受损生态环境从损害发生到其恢复至基线状态期间提供生态系统服务的损失量”。生态系统服务功能作为一项独立的价值也应当得到赔偿。

二、生态环境功能永久性损害造成的损失

并不是所有生态环境损害都是可以修复的，比如滥捕滥杀导致某些物种灭绝，这是不可逆转的，有些生态环境损害虽然可以修复，但无法修复到原来的状态。根据环境损害鉴定评估推荐方法（第II版)，永久性损害指受损生态环境及其服务难以恢复，其向公众或其他生态系统提供服务能力的完全丧失。

生态环境损害赔偿制度改革方案也规定，生态环境损害无法修复的，其赔偿资金作为政府非税收入，全额上缴同级国库，纳入预算管理，权利人结合本区域生态环境损害情况开展替代修复。生态系统功能的永久性损害只能通过价值估算予以赔偿。

三、生态环境损害调查、鉴定评估等费用

生态环境损害调查是指生态环境损害发生后，权利人为了评估生态环境损害情况进行信息收集的过程。生态环境损害鉴定评估是指鉴定评估机构通过技术方法对生态环境损害情况、赔偿费用、修复行为、修复效果等进行分析评价的行为。调查、鉴定评估等费用也是由生态环境侵权行为而衍生的费用，应由侵权人赔偿。

四、清除污染、修复生态环境费用

污染行为发生后，清除污染是当务之急，一般来说，清除污染费用包括清污方案制定费用、清除污染操作费用。修复生态环境费用则复杂得多，包括修复方案制定费用、修复实施费用，司法实践对如何计算或确定作了大量探索，主要有环境违法利益计算法、以排污费一定比例计算法、危险消除计算法、鉴定机构确定法等，由于生态环境修复工作专业性强，有的时间跨度也比较长，法官很难作出精确计算，较为依赖司法鉴定，以鉴定机构评估的费用为基础，综合考虑若干因素计算而成。《最高人民法院关于审理环境民事公益诉讼案件适用法律若干问题的解释》第20条第3款规定：“生态环境修复费用包括制定、实施修复方案的费用和监测、监管等费用。”第23条规定：“生态环境修复费用难以确定或者确定具体数额所需鉴定费用明显过高的，人民法院可以结合污染环境、破坏生态的范围和程度、生态环境的稀缺性、生态环境恢复的难易程度、防治污染设备的运行成本、被告因侵害行为所获得的利益以及过错程度等因素，并可以参考负有环境保护监督管理职责的部门的意见、专家意见等，予以合理确定。”

五、防止损害的发生和扩大所支出的合理费用

生态环境损害发生后，必须及时采取合理预防、防止损害扩大的措施，将损害控制在最小范围内，也有利于后续治理与修复工作的开展。《最高人民法院关于审理环境民事公益诉讼案件适用法律若干问题的解释》第 19 条中也有这一规定：“原告为停止侵害、排除妨碍、消除危险采取合理预防、处置措施而发生的费用，请求被告承担的，人民法院可以依法予以支持。”

相关规定

《生态环境损害赔偿制度改革方案》；《最高人民法院关于审理环境民事公益诉讼案件适用法律若干问题的解释》第 19 - 24 条

第八章　高度危险责任

本章共九条，主要对高度危险责任的一般规定和几种典型的高度危险作业致害责任作出规定。其中，第 1236 条是关于高度危险责任的一般规定。第 1237 条至第 1240 条大致按照危险程度的高低，区分不同的高度危险作业类型，分别对民用核设施、民用航空器、高度危险物和从事高空、高压、地下挖掘活动、高速轨道运输工具的致害责任及其不承担或者减轻责任的情形作了规定。第 1241 条规定了对遗失、抛弃危险物致害责任。第 1242 条规定了非法占有高度危险物的致害责任。第 1243 条规定了未经许可进入高度危险作业区域受到损害作业人的责任减免情形。第 1244 条对赔偿限额作了规定。

第一千二百三十六条　从事高度危险作业造成他人损害的，应当承担侵权责任。

条文主旨

本条是关于高度危险责任的一般规定。

立法背景

19 世纪以来，随着工业革命带来的社会化大生产的迅速发展和科学技术的不断进步，铁路、机械、炸药等广泛应用于生产、生活中，但因此造成他人人身、财产损害的事件时有发生。一方面，人们为了提高社会生产力以发展经济和提高物质生活水平，追求高效、快捷，必然借助这些具有高度危险性的作业；另一方面，由于高度危险作业本身具有对人身和财产的巨大潜在危险性，即使作业者尽最大的注意和谨慎，也不能完全避免侵害的发生。通常认为普鲁士在1838年通过的《普鲁士铁路企业法》首次确立了高度危险作业的无过错赔偿责任原则。

对如何通过法律规定高度危险责任，各国和地区做法不一。有些国家和地区通过单行法或者民法典个别条款对某些特定高度危险行为进行规范，有些国家和地区则在其民法典中对危险责任作了一般性规定。

我国在制定侵权责任法之前，关于高度危险责任法律体系主要是由民法通则作一般规定，其后由铁路法、民用航空法、电力法等对相关的高度危险行为的民事责任作出规定。《民法通则》第123条规定，从事高空、高压、易燃、易爆、剧毒、放射性、高速运输工具等对周围环境有高度危险的作业造成他人损害的，应当承担民事责任；如果能够证明损害是由受害人故意造成的，不承担民事责任。这条规定，一是通过列举“高空、高压、易燃、易爆、剧毒、放射性、高速运输工具”这七种常见的高度危险作业形式，同时也在其后加上“等对周围环境有高度危险的作业”来界定高度危险作业的范围。二是规定了高度危险作业实行的是无过错原则，并规定损害是由受害人故意造成的，高度危险作业人可以不承担责任。《民法通则》第123条作为高度危险责任的一般规定，为其后制定有关涉及高度危险责任的单行法和司法实践发挥了积极的指导作用。本法继承了《侵权责任法》第69条的规定。

在起草本章时，首先考虑的一个问题是，需不需要规定高度危险责任的一般条款。对此，有的意见认为，我国目前已经有了一些关于高度危险作业的单行法，今后可以通过修改现行法律和制定新的法律，对具体的高度危险责任加以规定，对一时难以通过单行法规范的高度危险行为，可以在本章分别作出有针对性的规定，因此，不需要规定高度危险责任的一般规定。而有些人则认为，高度危险作业的范围和其本身的危险性，是随着科学技术的发展变化而不断发展变化的，通过单行法和侵权责任法对具体高度危险行为的侵权责任进行规定，难以适应社会的发展，因此，应当参考《民法通则》第123条的做法，对高度危险责任作一般性规定。我们研究认为，应当规定高度危险责任的一般条款。这样做的好处是，对目前已有法律规范的高度危险行为侵权责任的共性问题作出规定，可以为司法实践处理尚未有法律明确规范的高度危险行为提供一个指导性原则。因此，本条规定：从事高度危险作业造成他人损害的，应当承担侵权责任。这就明确了高度危险责任为无过错责任。

条文解读

一、关于调整的范围

这里讲的“高度危险作业”，既包括使用民用核设施、高速轨道运输工具和从事高压、高空、地下采掘等高度危险活动，也包括占有、使用易燃、易爆、剧毒和放射性等高度危险物的行为。“高度危险作业”的表述是个开放性的概念，包括一切对周围环境产生高度危险的作业形式。一般认为，具体行为构成高度危险作业应具备以下三个条件：

1. 作业本身具有高度的危险性。也就是说，危险性变为现实损害的概率很大，超过了一般人正常的防范意识，或者说超过了在一般条件下人们可以避免或者躲避的危险。

2. 高度危险作业即使采取安全措施并尽到了相当的注意也无法避免损害。日常生活中，任何一种活动都可能对周围人们的财产或人身产生一定的危险性，但高度危险作业则具有不完全受人控制或者难以控制的危害性。

3. 不考虑高度危险作业人对造成损害是否有过错。

二、关于归责原则

高度危险作业造成他人损害的，应当承担无过错责任，这也是大部分国家的普遍做法。

三、关于减免责任事由

作为高度危险责任的一般规定，本条没有写明哪些情形可以不承担责任或者减轻责任。这不是说高度危险责任没有任何的不承担责任或者减轻责任情形。如果针对具体的高度危险责任，法律规定不承担责任或者减轻责任的，应当依照其规定。如《铁路法》第58条规定，因铁路行车事故及其他铁路运营事故造成人员伤亡的，铁路运输企业应当承担赔偿责任；如果人身伤亡是因不可抗力或者受害人自身原因造成的，铁路运输企业不承担赔偿责任。违章通过平交道口或者人行过道，或者在铁路线路上行走、坐卧造成的人身伤亡，属于受害人自身的原因造成的人身伤亡。又如，《电力法》第60条规定，电力运行事故由下列原因之一造成的，电力企业不承担赔偿责任：(1) 不可抗力；(2) 用户自身的过错。《民用航空法》第124

条规定，因发生在民用航空器上或者在旅客上、下民用航空器过程中的事件，造成旅客人身伤亡的，承运人应当承担责任；但是，旅客的人身伤亡完全是由于旅客本人的健康状况造成的，承运人不承担责任。

还有一点需要注意，侵权责任编第一章规定了一些不承担责任和减轻责任的情形，这些规定是否也适用于本章规定呢？我们认为，如果单行法、本章具体规定了不承担责任和减轻责任的情形，侵权责任编第一章的规定原则上不适用。如根据本法第 1237 条规定，民用核设施发生核事故造成他人损害的，民用核设施的经营者能够证明损害是因战争、武装冲突、暴乱等情形或者受害人故意造成的，不承担责任。根据这条规定，因自然灾害引起的核事故，民用核设施的经营者也不能免责。受害人有重大过失的，也不能减轻责任。如果单行法和本章对某个高度危险行为没有作出具体规定，侵权责任编第一章的规定原则上可以适用，如损害是因受害人故意造成的，行为人不承担责任。

四、关于责任方式

本条规定，从事高度危险作业造成他人损害的，应当承担侵权责任。这里的“侵权责任”不仅仅是损害赔偿责任。由于高度危险作业一旦造成损害，可能对周围环境带来很大的危害，因此，作业人不仅在事后应向受害人进行损害赔偿，而且在事发时就应当积极采取停止侵害、消除危险等措施并积极救助受害人，因此，我们在这里强调的是“侵权责任”而不是仅要求高度危险作业人承担赔偿责任。

第一千二百三十七条　民用核设施或者运入运出核设施的核材料发生核事故造成他人损害的，民用核设施的营运单位应当承担侵权责任；但是，能够证明损害是因战争、武装冲突、暴乱等情形或者受害人故意造成的，不承担责任。

条文主旨

本条是关于民用核设施致害责任的规定。

立法背景

核科学技术的发展和核能的和平利用是20世纪人类最伟大的成就之一。总的来说，核能是一种安全、经济、清洁的能源。然而，任何事物总有其两面性。我国一直十分重视核安全管理，不仅制定了放射性污染防治法、民用核设施安全监督管理条例、核电厂核事故应急管理条例等一系列法律、法规，还加入了《核安全公约》，全面履行公约所要求的核安全义务。总的说来，我国已经建立起一套比较完善的核安全管理法律体系，《侵权责任法》第70条对民用核设施的致害责任作出明确规定。我国核安全法于2017年9月进行了修改，自2018年1月1日起施行。本条在继承了《侵权责任法》第70条规定的基础上，结合核安全法的规定，作了必要的修改。

条文解读

一、调整主体

本条调整的主体是民用核设施或者运入运出核设施的核材料。依照《核安全法》第2条的规定，核设施是指：1. 核电厂、核热电厂、核供汽供热厂等核动力厂及装置；2. 核动力厂以外的研究堆、实验堆、临界装置等其他反应堆；3. 核燃料生产、加工、贮存和后处理设施等核燃料循环设施；4. 放射性废物的处理、贮存、处置设施。

核材料是指：1. 铀-235 材料及其制品；2. 铀-233 材料及其制品；3. 钚-239 材料及其制品；4. 法律、行政法规规定的其他需要管制的核材料。放射性废物是指核设施运行、退役产生的，含有放射性核素或者被放射性核素污染，其浓度或者比活度大于国家确定的清洁解控水平，预期不再使用的废弃物。

二、调整内容

本条针对的是民用核设施或者运入运出核设施的核材料发生核事故造成的损害。依照《核安全法》第 93 条的规定，核事故是指核设施内的核燃料、放射性产物、放射性废物或者运入运出核设施的核材料所发生的放射性、毒害性、爆炸性或者其他危害性事故，或者一系列事故。

三、承担责任主体

承担责任的主体是民用核设施的营运单位。《核安全法》第93 条规定，核设施营运单位是指在中华人民共和国境内，申请或者持有核设施安全许可证，可以经营和运行核设施的单位。第 5 条规定，核设施营运单位对核安全负全面责任。第 90 条第 1 款规定，因核事故造成他人人身伤亡、财产损失或者环境损害的，核设施营运单位应当按照国家核损害责任制度承担赔偿责任，但能够证明损害是因战争、武装冲突、暴乱等情形造成的除外。第 2 款规定，为核设施营运单位提供设备、工程以及服务等的单位不承担核损害赔偿责任。核设施营运单位与其有约定的，在承担赔偿责任后，可以按照约定追偿。

四、免责事由

民用核设施或者运入运出核设施的核材料发生核事故的致害责任，实行无过错原则，按照本条和《核安全法》第 90 条第 1 款的规定，只有在能够证明损害是因战争、武装冲突、暴乱等情形或者受害人故意造成的，才可以不承担责任。关于不可抗力是否免责的问题，在侵权责任法起草和本法编纂过程中有不同意见。我们研究认为，为了更好地保护受害人，本条将受害人故意之外的不承担责任情形限制在“战争、武装冲突、暴乱等情形”，而没有一般规定为“不可抗力”，这与国际上的通行做法也是一致的。

五、关于责任方式

本条规定，民用核设施的营运单位应当承担侵权责任，这里的“侵权责任”不仅仅是损害赔偿责任。由于发生核事故，可能对周围环境带来很大的危害，因此，民用核设施的经营者不仅应在事后向受害人进行损害赔偿，而且在事发时就应当积极采取停止侵害、消除危险等措施并积极救助受害人。在损害赔偿责任上，由于核事故造成的危害面比较广，为了兼顾核工业的正常发展和保护受害人的权益，国际通行做法是通过立法规定民用核设施的赔偿限额。本法也在第 1244 条对赔偿限额作了规定。

相关规定

《中华人民共和国核安全法》第 2 条、第 93 条

第一千二百三十八条　民用航空器造成他人损害的，民用航空器的经营者应当承担侵权责任；但是，能够证明损害是因受害人故意造成的，不承担责任。

条文主旨

本条是关于民用航空器致害责任的规定。

立法背景

随着航空运输的迅速发展，客货航班不断增加，造成人员伤亡的空难也时有发生。由于航空运输具有特殊性，飞机一旦发生事故常常会造成较大规模的人员伤亡和巨大的财产损失，并造成很大的社会影响甚至政治影响，因此，如何处理民用航空器造成他人损害的民事责任是法律面临的重要问题。

我国最早处理民用航空器致害责任的法律依据是 1986 年《民法通则》第 123 条，其中规定使用高速运输工具造成他人损害的，应当承担民事责任，如果能够证明损害是由受害人故意造成的，则不承担民事责任。根据该规定，民用航空器作为一种高速运输工具，如果造成他人损害的，除能够证明损害是受害人故意造成的外，民用航空器的经营者应当承担无过错责任。1995 年我国颁布了民用航空法，该法根据民法通则、国际公约，结合我国的实际情况和国际通行做法，对民用航空器造成乘客人身、财产损害和对地面第三人损害的民事责任作了具体规定。考虑到民用航空器高速、高空带来的高风险，《侵权责任法》第 71 条在民法通则和民用航空法的基础上，对民用航空器致害责任作出了规定，本条继承了侵权责任法的规定。

条文解读

一、本条调整范围限定在民用航空器

民用航空器是指除用于执行军事、海关、警察等飞行任务外的航空器。民用航空器主要用途有两个方面：一是专门从事运送旅客、行李、邮件或者货物的运输飞行。二是通用航空，包括从事工业、农业、林业、渔业和建筑业的作业飞行，以及医疗卫生、抢险救灾、气象探测、海洋监测、科学实验、教育训练、文化教育等方面的飞行活动。

二、责任主体是民用航空器的经营者

这里的“经营者”主要包括从事运输旅客、货物运输的承运人和从事通用航空的民用航空器使用人。从事旅客、货物运输的承运人主要是公共航空运输企业。公共运输企业运送旅客的，应当出具客票，客票是航空旅客运输合同订立和运输合同条件的初步证据。公共运输企业运送货物的，应当与托运人订立合同，接受托运人出具的航空货运单，航空货运单是航空货物运输合同订立和运输条件以及承运人接收货物的初步证据。公共运输企业应当按照约定将旅客、货物及时送到目的地。从事通用航空的民用航空器的使用人，在组织实施作业飞行时，应当采取有效措施，保证飞行安全，保护环境和生态平衡，防止对环境、居民、作物或者牲畜等造成损害。

三、承担责任前提是民用航空器在使用中造成他人损害

民用航空器造成他人损害的，包括两种情形：一种情形是民用航空器在从事旅客、货物运输过程中，对所载运的旅客、货物造成的损害。按照民用航空法的规定，在从事公共运输航空中，因发生在民用航空器上或者在旅客上、下民用航空器过

程中的事件，造成的旅客人身伤亡和其随身携带物品毁灭、遗失或者损坏的，承运人应当依法承担侵权责任。对托运的行李、货物而言，因发生在航空运输期间的事件，造成货物毁灭、遗失或者损坏的，承运人应当依法承担侵权责任。这里的"航空运输期间"，是指在机场内、民用航空器上或者机场外降落的任何地点，托运行李、货物处于承运人掌管之下的全部期间。另一种情形是，民用航空器对地面第三人的人身、财产造成的损害。具体说来，就是飞行中的民用航空器或者从飞行中的民用航空器上落下的人或者物，造成地面（包括水面）上的人身伤亡和财产损害。这里的"飞行中"，是指自民用航空器为实际起飞而使用动力时起至着陆冲程终了时止；就轻于空气的民用航空器而言，"飞行中"是指自其离开地面时起至其重新着地时止。

需要特别说明的是，在侵权责任法适用及民法典侵权责任编编纂过程中，对本条一直有错误的认识。在这里必须申明本条的立法原意：本条既适用于民用航空器在航空运输期间造成的损害，又适用于民用航空器在飞行中对地面、水面的损害。既适用于民用航空器机上的损害，也适用于民用航空器对机外的损害。

四、民用航空器的经营者承担无过错责任

民用航空器作为一种高速运输工具，民法通则和民用航空法都规定了民用航空器的经营者应当承担无过错责任，这与国际公约和世界上通行做法是一致的。本条也坚持这个原则：民用航空器造成他人损害的，民用航空器的经营者应当承担侵权责任。关于不承担责任的情形，根据本条规定，能够证明损害是因受害人故意造成的，民用航空器经营者不承担责任；

即使是因为自然原因引起的不可抗力事件，造成他人损害的，民用航空器的经营者也要承担责任，这也与民法通则的规定是一致的。当然，民用航空法针对不同情况，规定了较为详细的不承担责任和减轻责任情形：如旅客的人身伤亡完全是由于其本人的健康状况造成的，承运人不承担责任。因货物本身的自然属性、质量或者缺陷造成的货物毁损，承运人不承担责任。在旅客、行李运输中，承运人能够证明损失是由旅客过错造成的，可以相应免除或者减轻承运人的赔偿责任。因武装冲突直接造成的飞行中民用航空器对地面第三人损害的，民用航空器经营者不承担责任。本条虽然没有如民用航空法，把所有的不承担责任情形一一写出来，是因为侵权责任法作为处理侵权纠纷的基本法，对民用航空器致害责任的基本原则作出规定，对民用航空法中关于不承担责任情形的具体规定，仍然适用。

相关规定

《中华人民共和国民用航空法》第 124 条、第 125 条、第 157 – 172 条

第一千二百三十九条 **占有或者使用易燃、易爆、剧毒、高放射性、强腐蚀性、高致病性等高度危险物造成他人损害的，占有人或者使用人应当承担侵权责任；但是，能够证明损害是因受害人故意或者不可抗力造成的，不承担责任。被侵权人对损害的发生有重大过失的，可以减轻占有人或者使用人的责任。**

条文主旨

本条是关于高度危险物致害责任的规定。

立法背景

民法通则把高空、高压、高速运输工具与易燃、易爆、剧毒、放射性等高度危险物都作为典型的高度危险作业形式规定了高度危险责任的一般原则。实际上，不同的高度危险作业其危险程度是不同的，在具体不承担责任和减轻责任的情形上是有区别的。《侵权责任法》第72条在民法通则规定的基础上，结合实践经验，规定因易燃、易爆、剧毒、放射性等高度危险物造成他人损害责任应当承担无过错责任，并根据其危险性特点，明确限定了其不承担责任和减轻责任情形。本法在侵权责任法的基础上，加强高度危险物和生物安全管理，完善高度危险责任，将“放射性”修改为“高放射性”，并增加“强腐蚀性”“高致病性”的列举。

条文解读

一、调整范围

本条调整的范围涉及的是易燃、易爆、剧毒、高放射性、强腐蚀性、高致病性等高度危险物。对易燃、易爆、剧毒、放射性物品的认定，一般根据国家颁布的三个标准：GB6944—2005《危险货物分类和品名编号》、GB12268—90《危险货物品名表》和GB13690—92《常用危险化学品分类及标志》。如《危险货物分类和品名编号》规定，危险货物是指具有爆炸、易燃、毒害、感染、腐蚀、放射性等危险特性，在运输、储存、生产、经营、使用和处置中，容易造成人身伤亡、财产损毁或环境污染而需要特别防护的物质和物品。

当然，本条调整的高度危险物，不仅仅涉及易燃、易爆、剧毒、高放射性、强腐蚀性、高致病性等这几类，其他因其自然属性极易危及人身、财产的物品也适用本条的规定。

二、规范行为和承担责任主体

本条规范的行为是对高度危险物的占有或者使用，承担责任的主体是占有人和使用人。在高度危险责任中，由于其归责的基础在于危险的存在，因此，责任的承担者原则上是控制或者应当控制该危险的人。高度危险物本身具有危及他人人身、财产的自然属性，但往往是因为在占有和使用当中造成他人损害。这里的“占有”和“使用”包括生产、储存、运输高度危险品以及将高度危险品作为原料或者工具进行生产等行为。因此，高度危险物的占有人和使用人必须采取可靠的安全措施，避免高度危险物造成他人损害。如放射性污染防治法明确规定，放射性同位素应当单独存放，不得与易燃、易爆、腐蚀性、致病性物品等一起存放，其贮存场所应当采取有效的防火、防盗、防射线泄漏的安全防护措施。化学危险品安全管理条例也明确要求，生产、储存、使用危险化学品的，应当根据危险化学品的种类、特性，在车间、库房等作业场所设置相应的监测、通风、防晒、调温、防火、灭火、防爆、泄压、防毒、消毒、中和、防潮、防雷、防静电、防腐、防渗漏、防护围堤或者隔离操作等安全设施、设备，并按照国家标准和国家有关规定进行维护、保养，保证符合安全运行要求。

三、占有人或者使用人承担无过错责任

这与民法通则的规定和实践做法是一致的。只要是易燃、易爆、剧毒、高放射性、强腐蚀性、高致病性等高度危险物造成他人人身、财产损害的，占有人或者使用人就应当承担侵权责任。这里的“侵权责任”并不限于赔偿损失，而且包括在事故发生后，占有人或者使用人应当迅速采取有效措施，如组织抢救、防止事故扩大、减少人员伤亡和财产损失等。

四、不承担责任和减轻责任情形

本条规定，能够证明损害是因受害人故意或者不可抗力造成的，占有人或者使用人不承担责任。本条规定这一免责事由主要考虑两点：(1) 高度危险物虽然本身具有危险属性，但危险程度不及民用核设施和民用航空器，因此，在不承担和减轻责任上，应有所区别。(2) 本条规定不可抗力作为不承担责任情形，符合实践中的实际情况。需要指出的是，不承担责任情形的举证责任在于占有人或者使用人，由其来证明损害是因为受害人故意或者不可抗力引起的，才能依法不承担责任。

此外，本条还明确规定了减轻责任的情形：被侵权人对损害的发生有重大过失的，可以减轻占有人或者使用人的责任。该规定也体现了高度危险物致害责任与民用核设施发生核事故致害责任的不同，民用核设施如果发生核事故损害，波及的范围广，损害后果非常严重，因此责任更为严格，不论受害人有无过失，过失程度如何，民用核设施的经营者都不能减轻责任。相比之下，高度危险物发生损害的危险程度一般逊于民用核设施，因此，在高度危险物占有人或者使用人已经尽到注意义务的前提下，在受害人有重大过失的情况下，可以减轻占有人或者使用人的赔偿责任，也是合理的。毕竟高度危险物的危险性很高，一旦造成损害，对其周围的环境和人民群众人身、财产安全影响也很大。因此，本条将减轻责任的情形，严格限定在受害人的“重大过失”，受害人有一般过失的，不能减轻占有人或者使用人的赔偿责任。至于什么是“重大过失”，可以在实践中根据占有人或者使用人是否已经尽到注意义务、受害人行为方式、因果关系等因素作具体判断。

第一千二百四十条　从事高空、高压、地下挖掘活动或者使用高速轨道运输工具造成他人损害的，经营者应当承担侵权责任；但是，能够证明损害是因受害人故意或者不可抗力造成的，不承担责任。被侵权人对损害的发生有重大过失的，可以减轻经营者的责任。

条文主旨

本条是关于从事高空、高压、地下挖掘活动或者使用高速轨道运输工具致害责任的规定。

立法背景

由于高空、高压活动的危险程度比高度危险物的危险程度低一些，因此，在本条中对高空、高压作业致人损害责任作出单独规定。同时，考虑到侵权责任编分别对机动车交通事故责任和民用航空器致害责任作出规定，因此，本条将运输工具限定在“高速轨道运输工具”。另外，针对现实中时常发生的因煤矿挖掘和地下施工建设造成地表坍塌造成他人伤害事故，有的意见提出，地下采矿、挖掘活动也是属于高度危险作业，应当在侵权责任编中作出明确规定，因此，在本条的调整范围中明确规定了“地下挖掘活动”。侵权责任法立法时，认为由于从事高空、高压、地下挖掘活动、使用高速轨道运输工具，同使用民用核设施、民用航空器和占有、使用易燃、易爆、剧毒、放射性等高度危险物相比，危险性稍低，因此，在不承担责任尤其是减轻责任的情形上，应当与本章规定的其他高度危险作业有所区别。因此规定，被侵权人对损害的发生有“过失”而不是“重大过失”的情况下，可以减轻责任人的赔偿责任。

在民法典侵权责任编编纂过程中，有的意见提出，本法第1239条规定的是高度危险物造成他人损害，本条规定的是高度危险活动造成他人损害，两者的危险程度应当差不多，建议两条在因被侵权过失免责上，规定一致。经研究，我们在本条将《侵权责任法》第73条规定的“被侵权人对损害的发生有过失的”修改为“被侵权人对损害的发生有重大过失的”。

条文解读

本条调整的高度危险作业是从事高空、高压、地下挖掘活动和使用高速轨道运输工具。

一、高空作业及责任承担

高空作业又称为高处作业，根据高处作业分级规定，凡距坠落高度基准面2米及其以上，有可能坠落的在高处进行的作业，称为高处作业。坠落基准面是指从作业位置到最低坠落着落点的水平面，坠落高度（又称作业高度）是指从作业位置到坠落基准面的垂直距离。高处作业分为一级、二级、三级和特级高处作业。作业高度在2米以上低于5米时，为一级高处作业；作业高度在5米以上低于15米时，为二级高处作业；作业高度在15米以上低于30米时，为三级高处作业；作业高度在30米以上时，为特级高处作业。高空作业在实践中很常见，包括高层建筑施工、在建筑物顶部安装广告牌、对高层建筑物表面进行清洁工作等，都属于高空作业。根据这里的解释，民用航空运输不属于高空作业，在民用航空器飞行中因坠落物体造成地面人员损害的，应当适用民用航空法和本法关于民用航空器致人损害责任。如果是高空缆车造成他人损害的，则应属于高空作业，适用本条规定。

根据本条规定，从事高空活动造成他人损害的，应当承担无过错责任。如果能够证明损害是因受害人故意或者不可抗力造成的，作业人不承担责任。如果从事高空活动的经营者能够证明被侵权人对损害的发生有重大过失的，可以减轻经营者的责任。

二、高压作业及责任承担

“高压”指较高的压强，在工业、医学和地理上都有高压的概念，在本条里的“高压”则属于工业生产意义上的高压，包括高压电、高压容器等。在不同行业里认定高压的标准不同。例如，在压力容器中，高压容器的设计压力为 10 MPa 以上低于100 MPa；100 MPa 以上为超高压容器。在电力行业，何谓高压，也有不同标准。根据有关技术标准的规定，设备对地高压高于 250 伏为高电压；输送电力线路 10 千伏以上为高压线路。在日常生活中，一般居民用电的电压单相是 220 伏，三相是 380 伏。对人体而言，无论是 380 伏，还是 220 伏，都不是安全电压，都可以致人伤亡。但是人体接触 220 伏或者 380 伏的电，都有自救的可能，而 1 千伏及其以上的电压等级的电，对人体会有严重的伤害，人体没有自救的可能。因此，目前在司法实践中，一般认定高压电的标准是 1 千伏以上的电压。

根据本条规定，从事高压活动造成他人损害的，经营者应当承担侵权责任。如果是高压电造成损害的，作为责任主体的经营者则依具体情况而定。因为电必须有一定的载体才能存在，高电压对周围环境的危害是以电的载体来衡量的。高电压的载体应当包括高电压变压器、高电压电力线路、高电压电力设备等。从过程上看，发电、输电、配电、用电等环节必须以一个网络联系起来，并且同时进行，而发电、输电、配电和用电一般情况下分属不同主体。如果是在发电企业内的高压设备造成损害的，作为责任主体的“经营者”就是发电企业。如果是高压输电线路造成损害的，责任主体就是输电企业，在我国主要是电网公司。如果是在工厂内高压电力生产设备造成损害的，责任主体就是该工厂的经营者。民法典侵权责任编编纂过程中，有的意见提出，本条“经营者”内涵不清，既然民法典合同编已经明确供电设施产权的概念，为保持前后内容一致，建议将“经营者”修改为“产权人”。我们研究认为，产权人的范围比经营者窄。有些设施不属于产权人，但在经营人管理之下的，仍然属于本条规定的承担责任的主体，因此没有对此进行修改。

在责任免除方面，从事高压作业的经营者能够证明损害是由受害人故意或者不可抗力造成的，不承担责任。受害人对损害的发生有重大过失的，可以减轻经营者的责任。

三、地下挖掘及责任承担

地下挖掘就是在地表下一定深度进行挖掘的行为。近年来，因地下采矿、地下施工造成的损害日益增多。特别是城市隧道（主要是地铁工程及各类市政地下工程）施工往往处于建筑物、道路和地下管线等设施的密集区，从而导致城市隧道建设中经常出现塌陷事件，造成他人伤害。因此，在本条中明确规定，地下挖掘活动造成他人损害的，由经营者承担侵权责任。这里的“经营者”就是从事挖掘活动的作业单位。如果能够证明损害是因受害人故意或者不可抗力造成的，经营者不承担责任；能够证明被侵权人对损害的发生有重大过失的，可以减轻经营者的责任。需要指出的是，现实中，因地下挖掘如采矿而造成人员伤亡的，受害人多属于作业企业的职工。对受害职工的赔偿，应当依据工伤保险有关规定处理。

四、高速轨道运输工具及责任承担

高速轨道运输工具就是沿着固定轨道行驶的车辆。通常包括铁路、地铁、轻轨、磁悬浮、有轨电车等。高速轨道运输工具的另一个主要特点就是不可避让性。因为高速轨道运输工具只能在固定的轨道上运行，如果在前方轨道上出现人员或者其他物体，列车无法避让，即使紧急制动，也会因为高速和本身的重量大，由于惯性向前滑行一段距离。正因为这种高速性和不可避让性，使用高速轨道运输工具便会产生高度危险性。

根据本条规定，责任主体是经营者，具体到高速轨道运输工具而言，经营者就是从事高速轨道运输的运输企业。如在铁路运输中，责任主体就是铁路运输企业。

根据本条规定，只有能够证明损害是因受害人故意或者不可抗力造成的，经营者才不承担责任。被侵权人对损害的发生有重大过失的，可以减轻经营者的责任。

第一千二百四十一条　遗失、抛弃高度危险物造成他人损害的，由所有人承担侵权责任。所有人将高度危险物交由他人管理的，由管理人承担侵权责任；所有人有过错的，与管理人承担连带责任。

条文主旨

本条是关于遗失、抛弃高度危险物造成他人损害的侵权责任的规定。

立法背景

高度危险物包括易燃、易爆、剧毒、放射性等危险物品，这些物品因为本身即具有对人身、财产极易造成损害的高度危险性，因此，国家对高度危险物品的生产和储存实行统一规划、合理布局和严格控制，并对高度危险物生产、储存和处理制定了严格的规范。高度危险物的所有人或者管理人应当严格按照有关安全生产规范，对其占有、使用的高度危险物进行储存或者处理：（1）生产、储存、使用高度危险物的，应当根据高度危险物的种类、特性，在车间、库房等作业场所设置相应的监测、通风、防晒、调温、防火、灭火、防爆、泄压、防毒、消毒、中和、防潮、防雷、防静电、防腐、防渗漏、防护围堤或者隔离操作等安全设施、设备，并按照国家标准和国家有关规定进行维护、保养，保证符合安全运行要求。（2）高度危险物必须储存在专用仓库、专用场地或者专用储存室内，储存方式、方法与储存数量必须符合国家标准，并由专人管理。高度危险物出入库，必须进行核查登记。库存高度危险物应当定期检查。剧毒化学品以及储存数量构成重大危险源的其他高度危险物必须在专用仓库内单独存放，实行双人收发、双人保管制度。(3) 剧毒化学品的生产、储存和使用单位，应当对剧毒化学品的产量、流向、储存量和用途如实记录，并采取必要的保安措施，防止剧毒化学品被盗、丢失或者误售、误用。(4) 生产、储存、使用剧毒化学品的单位，应当对本单位的生产、储存装置作定期的安全评价。但在现实中，有些储存、使用高度危险物的单位的安全措施不到位，随意处置高度危险物，对周围的人民群众的生命健康和财产产生巨大威胁，并造成人员伤亡事故。因此，应当对遗失、抛弃高度危险物造成损害的侵权责任作出明确规定，并加重责任人的责任。考虑到现实中，高度危险物有些情况下是由所有人占有的，有些是由所有人交由他人管理的，所以，本条区分不同情况，规定了所有人、管理人的责任承担。

条文解读

1. 遗失、抛弃高度危险物造成他人损害的，由所有人承担侵权责任。按照有关高度危险物的生产、储存和处置的安全规范，所有人应当采取必要的安全措施保管或者处置其所有的高度危险物。如果违反有关规定抛弃或者遗失高度危险物造成他人损害的，就应当承担侵权责任。这里的“侵权责任”不仅包括对受害人的赔偿，也包括应当积极采取补救措施，立即将抛弃的高度危险物妥善回收，防止损害扩大。如果遗失高度危险物的，应当立即组织力量追查寻找遗失的高度危险物，采取一切可能的警示措施，同时还要立即报告公安、环保等有关主管部门并配合采取应急措施。由于高度危险物本身的危险特性，这里的“侵权责任”是无过错责任。同时，考虑到遗失、抛弃高度危险物，其所有人往往是违反有关安全规范，本身有过错，因此，这里的责任应当更严格。

2. 所有人将高度危险物交由他人管理的，由管理人承担侵权责任。现实中，所有人根据生产、经营需要，将其所有的高度危险物交由他人管理。如所有人可能不具备大量储存高度危险物的条件，将生产所需的高度危险物交由符合条件的储存单位保管。有的因生产、经营需要将高度危险物通过运输交由他人占有、使用。管理人在这里就是指根据所有人的委托，对高度危险物进行占有并进行管理的单位，如专业的危险化学品仓储公司、危险化学品运输公司等。高度危险物的管理人应当具有相应的资质，并应当按照国家有关安全规范，妥善管理他人所交付的高度危险物。如果因为管理不善，遗失、抛弃高度危险物的，管理人应当承担侵权责任。

3. 所有人有过错的，与管理人承担连带责任。所有人将高度危险物交由他人管理的，应当选择有相应资质的管理单位，并如实说明高度危险物的名称、性质、数量、危害、应急措施等情况。如果所有人未选择符合资质的管理人，或者未如实说明有关情况，所有人即有过错。如果管理人抛弃、遗失高度危险物造成他人损害的，所有人与管理人承担连带责任。被侵权人可以要求所有人承担侵权责任，或者要求管理人承担侵权责任，也可以要求所有人和管理人共同承担侵权责任。在对内关系上，所有人和管理人根据各自的责任大小确定各自的赔偿数额；难以确定的，平均承担赔偿责任。支付超出自己赔偿数额的连带责任人，有权向其他连带责任人追偿。

第一千二百四十二条 **非法占有高度危险物造成他人损害的，由非法占有人承担侵权责任。所有人、管理人不能证明对防止非法占有尽到高度注意义务的，与非法占有人承担连带责任。**

条文主旨

本条是关于非法占有高度危险物造成他人损害的侵权责任的规定。

立法背景

高度危险物包括易燃、易爆、剧毒、放射性危险化学品，这些物品因为本身即具有对人身、财产极易造成损害的高度危险性，因此，高度危险物品的所有人和管理人应当严格按照有关安全生产规范，对其占有 、使用的高度危险物进行保管，将高度危险物储存在专用仓库、专用场地或者专用储存室内，并由专人管理。高度危险物出入库，必须进行核查登记并对库存高度危险物作定期检查。剧毒化学品以及储存数量构成重大危险源的其他高度危险物必须在专用仓库内单独存放，实行双人收发、双人保管制度，并采取必要的保安措施，防止高度危险物被盗、丢失。但在现实中，有些储存、使用高度危险物的所有人或者管理人的安全措施不到位，导致高度危险物被盗，对周围的人民群众的生命健康和财产产生巨大威胁，并造成人员伤亡事故。因此，本条对被非法占有的高度危险物造成损害的侵权责任作出明确规定，并区分非法占有人、所有人、管理人的责任，明确侵权责任的承担。

条文解读

1. 非法占有高度危险物造成他人损害的，由非法占有人承担侵权责任。所谓非法占有，是指明知自己无权占有，而通过非法手段将他人的物品占为己有。现实中，盗窃、抢劫、抢夺都是非法占有的主要形式。按照高度危险物致害责任原理，一般由实际控制人承担侵权责任。在高度危险物被非法占有的情况下，高度危险物已经脱离所有人或者管理人的实际占有，由非法占有人实际控制。因此，应当由非法占有人承担侵权责任。为了加重非法占有人的责任，非法占有高度危险物造成他人损害的，非法占有人承担无过错责任。

2. 所有人、管理人与非法占有人的连带责任。按照有关高度危险物安全规范，所有人或者管理人对其占有的高度危险物要尽到高度注意义务，采取严格的安全措施，妥善保管高度危险物，将高度危险物放置在特定的区域，并由专人看管，防止高度危险物被盗或者非法流失。如果所有人或者管理人未尽到高度注意义务，一旦导致高度危险物被非法占有，将对社会产生巨大危害，严重威胁周围人民群众的人身财产和公共安全。因此，应当加重所有人、管理人的责任，使其对自己的过失行为负责。此外，考虑到非法占有人可能没有赔偿能力，如果仅让其承担侵权责任，受害人得不到合理的赔偿，对受害人保护不力，也不利于促使高度危险物的所有人或者管理人加强管理，采取有效的安全措施。所以，所有人、管理人不能证明对防止非法占有尽到高度注意义务的，与非法占有人承担连带责任。如果是所有人自己的原因导致他人非法占有高度危险物的，由所有人与非法占有人承担连带责任。如果所有人将高度危险物交由他人管理，管理人的原因造成他人非法占有高度危险物的，由管理人与非法占有人承担连带责任。如果所有人和管理人都有过错的，所有人、管理人和非法占有人一起承担连带责任。需要指出的是，是否尽到高度注意义务的举证责任在所有人、管理人，如果他们不能证明已尽到高度注意义务，就推定其有过错，应当与非法占有人承担连带责任，受害人可以要求所有人、管理人、非法占有人中任何人，部分或者全部承担侵权责任。

第一千二百四十三条　未经许可进入高度危险活动区域或者高度危险物存放区域受到损害，管理人能够证明已经采取足够安全措施并尽到充分警示义务的，可以减轻或者不承担责任。

条文主旨

本条是关于未经许可进入高度危险活动区域或者高度危险物存放区域致害责任承担的规定。

立法背景

高度危险责任是伴随现代化工业的发展而产生的，由于它对周围环境具有高度危险性，且常人即使对它给予合理的注意，有时也难以避免损害的发生。相对于高度危险源的控制者，例如高度危险物的所有人或者管理人，高度危险作业人或者高度危险活动区域的管理人等，受害人往往处于弱势地位。世界多数国家的法律为保护这些处于弱势地位的受害人的利益，通过不同的形式确立了高度危险致人损害适用无过错责任或者严格责任的原则。

条文解读

要正确理解本条的规定，需要看到高度危险责任的类型非常复杂，一般来说，对于高度危险作业活动，即高度危险作业人积极、主动地对周围环境实施具有高度危险的活动，作业人应当承担无过错责任。无过错责任非常重要的一个特点，就是它的免责或者减责事由仅限于法律规定，即只有在法律明文规定不承担责任或者减轻责任的情况下，作业人才可以提出抗辩。否则，即使存在本法规定的对于其他侵权责任一般适用的不承担责任或者减轻责任的情形，高度危险作业人仍然无法减轻或者免除责任。但是，高度危险责任中除了这一类对周围环境实施积极、主动危险活动的高度危险作业外，还包括另一类，它并非积极、主动实施对周围环境造成高度危险的活动，而是因其管理控制的场所、区域具有高度危险性，如果未经许可擅自进入该区域，则易导致损害的发生，即高度危险活动区域或者高度危险物存放区域责任。如果将对高度危险场所、区域的控制和管理也视为高度危险活动，这一类高度危险活动是静态的，不像高度危险作业活动一样对周围环境实施了积极、主动的危险。虽然二者都属于高度危险责任，但在免责和减责事由上，二者应有所区别。因此，本条规定，未经许可进入高度危险活动区域或者高度危险物存放区域受到损害，管理人能够证明已经采取足够安全措施并尽到充分警示义务的，可以减轻或者不承担责任。

本条是在《侵权责任法》第 76 条的基础上修改完善而来。有的意见提出，侵权责任法“管理人已经采取安全措施并尽到警示义务的”表述看不出举证责任是否应当由管理人负担。因此，本法将“管理人已经采取”修改为“管理人能够证明已经采取”，以明确举证责任，这并没有改变《侵权责任法》第76条的规定，只是更明确而已。有的意见提出，本章的高度危险责任，针对的是高度危险行为。应当提高高度危险活动区域或者高度危险物存放区域的管理人的义务。经研究，将《侵权责任法》第76条中“采取安全措施”修改为“采取足够安全措施”，将“尽到警示义务”修改为“尽到充分警示义务”。这一修改意在突出行为的高度危险性，也系采纳学界和司法实践各方意见。

一般来说，高度危险活动区域或者高度危险物存放区域都同社会大众的活动场所相隔绝。如果在管理人已经采取足够安全措施并且尽到充分警示义务的情况下，受害人未经许可进入该高度危险区域这一行为本身就说明受害人对于损害的发生具有过错。例如，出于自杀的故意积极追求损害的发生，或者出于过失，虽然看到警示标识但轻信自己能够避免。上述两种情况下，高度危险活动区域或者高度危险物存放区域的管理人可以减轻或者不承担责任。

第一千二百四十四条　承担高度危险责任，法律规定赔偿限额的，依照其规定，但是行为人有故意或者重大过失的除外。

条文主旨

本条是关于高度危险责任赔偿限额的规定。

立法背景

高度危险责任属于无过错责任，其重要特点之一就是不论行为人对损害的发生是否具有过错，高度危险责任人都必须对损害承担责任，除非法律另有规定。因此，法律对于高度危险责任人的要求非常严格。但是，从行业的发展和权利义务平衡的角度来看，法律必须考虑在这种严格责任的前提下，有相应责任限额的规定，这也是许多国家在高度危险责任立法上的一致态度。我国现行法律对于高度危险责任赔偿限额问题也有比较明确的规定，对此，如果法律对不同类型的高度危险责任有赔偿限额规定的，要依照其规定。目前，我国主要在航空、铁路和核事故中规定了高度危险责任赔偿限额。虽然海上运输损害赔偿有港口间海上旅客运输赔偿责任限额规定，但海上运输方式是否为高度危险作业，尚有争议。

条文解读

一、关于民用航空器致人损害的赔偿限额

《民用航空法》第 128 条第 1 款规定，国内航空运输承运人的赔偿责任限额由国务院民用航空主管部门制定，报国务院批准后公布执行。第 2 款规定，旅客或者托运人在交运托运行李或者货物时，特别声明在目的地点交付时的利益，并在必要时支付附加费的，除承运人证明旅客或者托运人声明的金额高于托运行李或者货物在目的地点交付时的实际利益外，承运人应当在声明金额范围内承担责任；本法第 129 条的其他规定，除赔偿责任限额外，适用于国内航空运输。第 129 条规定，国际航空运输承运人的赔偿责任限额按照下列规定执行：（1）对

每名旅客的赔偿责任限额为16600计算单位；但是，旅客可以同承运人书面约定高于本项规定的赔偿责任限额。（2）对托运行李或者货物的赔偿责任限额，每公斤为17计算单位。旅客或者托运人在交运托运行李或者货物时，特别声明在目的地点交付时的利益，并在必要时支付附加费的，除承运人证明旅客或者托运人声明的金额高于托运行李或者货物在目的地点交付时的实际利益外，承运人应当在声明金额范围内承担责任。托运行李或者货物的一部分或者托运行李、货物中的任何物件毁灭、遗失、损坏或者延误的，用以确定承运人赔偿责任限额的重量，仅为该一包件或者数包件的总重量；但是，因托运行李或者货物的一部分或者托运行李、货物中的任何物件的毁灭、遗失、损坏或者延误，影响同一份行李票或者同一份航空货运单所列其他包件的价值的，确定承运人的赔偿责任限额时，此种包件的总重量也应当考虑在内。（3）对每名旅客随身携带的物品的赔偿责任限额为332计算单位。第130条规定，任何旨在免除本法规定的承运人责任或者降低本法规定的赔偿责任限额的条款，均属无效；但是，此种条款的无效，不影响整个航空运输合同的效力。第132条规定，经证明，航空运输中的损失是由于承运人或者其受雇人、代理人的故意或者明知可能造成损失而轻率地作为或者不作为造成的，承运人无权援用本法第128条、第129条有关赔偿责任限制的规定；证明承运人的受雇人、代理人有此种作为或者不作为的，还应当证明该受雇人、代理人是在受雇、代理范围内行事。

关于民用航空器致人损害赔偿责任限额，相关的规范性文件还有《国内航空运输承运人赔偿责任限额规定》。该规定第3条明确规定了相关限额与例外情形，第4条明确，本规定第3

条所确定的赔偿责任限额的调整，由国务院民用航空主管部门制定，报国务院批准后公布执行。第5条规定，旅客自行向保险公司投保航空旅客人身意外保险的，此项保险金额的给付，不免除或者减少承运人应当承担的赔偿责任。

二、关于民用核设施发生核事故致人损害的赔偿限额

《国务院关于核事故损害赔偿责任问题的批复》第7项规定，核电站的营运者和乏燃料贮存、运输、后处理的营运者，对一次核事故所造成的核事故损害的最高赔偿额为3亿元人民币；其他营运者对一次核事故所造成的核事故损害的最高赔偿额为1亿元人民币。核事故损害的应赔总额超过规定的最高赔偿额的，国家提供最高限额为8亿元人民币的财政补偿。对非常核事故造成的核事故损害赔偿，需要国家增加财政补偿金额的由国务院评估后决定。该批复第8项规定，营运者应当做出适当的财务保证安排，以确保发生核事故损害时能够及时、有效地履行核事故损害赔偿责任。在核电站运行之前或者乏燃料贮存、运输、后处理之前，营运者必须购买足以履行其责任限额的保险。

三、高度危险责任赔偿限额的例外

《侵权责任法》第79条并未规定高度危险责任赔偿限额的例外。侵权责任编编纂过程中，有的意见提出，高度危险责任是的无过错责任，承担这种责任无需考虑侵权人的过错。但是，如果受害人举证证明侵权人存在过错，那么在受害人损失明显大于赔偿标准时，仍然适用限额标准存在不公平。我们对此研究认为，《民用航空法》第132条规定："经证明，航空运输中的损失是由于承运人或者其受雇人、代理人的故意或者明知可能造成损失而轻率地作为或者不作为造成的，承运人无权援用本法第一百二十八条、第一百二十九条有关赔偿责任限制的规定；证明承运人的受雇人、代理人有此种作为或者不作为的，还应当证明该受雇人、代理人是在受雇、代理范围内行事。”该条已经以立法的形式明确了，承担高度危险责任的人有过错时，不适用责任限额的规定。可以认为，此时受害人主张的是一般侵权责任，当适用无过错责任的责任限额会导致明显不公平时，应当允许对责任限额制度作出例外规定，即无过错责任与过错责任相互之间变通适用。如果被侵权人能够举证证明侵权人有过错，可以适用过错责任；而在被侵权人不能或者难以举证证明侵权人有过错时，可以适用严格责任要求依照赔偿限额标准获得赔偿。这种有限度的突破限额赔偿制度，使受害人权益之保护愈加完善，同时也能有效督促危险责任保有人尽安全注意义务，努力避免损害之发生。因此，本条在《侵权责任法》第 76 条的基础上增加了但书规定。

第九章　饲养动物损害责任

本章共七条，主要规定了饲养的动物致人损害的一般规定，未对动物采取安全措施的责任承担，禁止饲养的危险动物致害的责任，动物园的责任，遗弃、逃逸动物造成损害后的责任主体，第三人过错致使动物造成他人损害责任等问题。

第一千二百四十五条　饲养的动物造成他人损害的，动物饲养人或者管理人应当承担侵权责任；但是，能够证明损害是因被侵权人故意或者重大过失造成的，可以不承担或者减轻责任。

条文主旨

本条是关于饲养的动物致人损害的一般规定。

立法背景

在各类侵权行为中，饲养动物致人损害是一种特殊的形式，是一种间接侵权引发的直接责任，加害行为是人的行为与动物的行为的复合。人的行为是指人对动物的所有、占有、饲养或者管理。动物的行为是直接的加害行为。这两种行为相结合，才能构成侵权行为。

条文解读

一、饲养的动物致人损害的归责原则

动物致人损害的构成要件是：饲养的动物；动物的加害行为；造成他人损害的事实；动物加害行为与损害之间的因果关系。

《法国民法典》规定，动物的所有人或者使用人在使用期间，对动物所造成的损害，不问该动物是否在其管束下，或者在走失或者逃脱时所造成的损害，均应负赔偿责任。在具体适用上，法国民法对动物致害责任最初倾向于采取过错责任原则，后期才逐渐改为无过错责任原则。在英美法系国家，法律将动物致害责任作为无过错责任对待，即无论动物的占有人有无过失，只要其产生了损害后果，那么，动物的占有人或者管理人必须要承担责任。

我国民法通则实施以前，司法实践中是按照过错责任原则处理的。1984 年 8 月 30 日《最高人民法院关于贯彻执行民事政策法律若干问题的意见》（已失效）第 74 条明确动物致害责任的过错责任性质："动物因饲养人或管理人管理不善，而致他人人身或财物损害的，应由饲养人或管理人承担赔偿责任。"1986 年《民法通则》第 127 条规定："饲养的动物造成他人损害的，动物饲养人或者管理人应当承担民事责任；由于受害人的过错造成损害的，动物饲养人或者管理人不承担民事责任；由于第三人的过错造成损害的，第三人应当承担民事责任。"2001 年的《最高人民法院关于民事诉讼证据的若干规定》（已修改）第 4 条第 5 项规定，饲养动物致人损害的侵权诉讼，由动物饲养人或者管理人就受害人有过错或者第三人有过错承担举证责任。

《侵权责任法》第78条规定，饲养的动物造成他人损害的，动物饲养人或者管理人应当承担侵权责任，这一规定的目的就是要促使动物饲养人或者管理人能够认真、负责地担负起全面的注意、防范义务，以保护公众的安全。任何动物，其本性决定了都不同程度地存在致人损害的危险。由于动物的饲养人或者管理人对动物负有管束的义务，因而也就必须对动物所具有的危险性负责，保证其动物不至于造成他人损害。而一旦这种危险性造成损害，动物的饲养人或者管理人就应承担民事责任，除具有法定的抗辩事由外，不能免责。《侵权责任法》第78条同时规定法定抗辩事由，即能够证明损害是因被侵权人故意或者重大过失造成的，可以不承担或者减轻责任。本条继承了《侵权责任法》第78条的规定。

二、“饲养的动物”范围

有人认为，不管是什么性质的动物，只要是人工饲养的动物都包括在内。例如，饲养的家畜家禽、饲养的野生动物，公园里饲养的猴子、老虎、豹子、毒蛇，等等。有人认为，饲养的动物既应包括以食用、牟利为目的的，也应包括以观赏为目的的。有人认为，只要属于在人的控制下，主要依靠人为供给食物生存的动物，都应包括在这个范围内。各国对此的规定也不尽一致，大陆法系的德国、法国、意大利、日本等国对“动物”的范围是宽泛的理解，而美国不仅包括“放牧牲畜”，也包括“家养动物”和野兽。

普遍认为，“饲养的动物”应同时具备：为特定的人所有或者占有；饲养人或者管理人对动物具有适当程度的控制力；依动物自身的特性，有可能对他人或者财产造成损害；该动物为家畜、家禽、宠物或者驯养的野兽、爬行类动物等。因此，饲养的动物必须是能够为人所占有或者控制的动物。那么，对于自然保护区或者野生动物保护区的野兽，虽然可能为人们在一定程度上所饲养或者管理，如定期投放食物，甚至为其生存和繁殖提供了适宜的条件和环境，但人们对它的控制力较低。因此，野生动物不能列入本法所说“饲养的动物”。

三、动物致害责任的赔偿主体

动物的饲养人或者管理人都是责任主体。动物的饲养人是指动物的所有人，即对动物享有占有、使用、收益、处分权的人。动物的管理人是指实际控制和管束动物的人，管理人对动物不享有所有权，而只是根据某种法律关系直接占有和控制动物。在实际生活中，动物的饲养人与管理人有时为同一人，有时则为不同人。动物的饲养人与管理人为同一人时，也就是由动物的所有人自己占有和管束动物，在这种情况下，赔偿主体是很清楚的。当动物的饲养人与管理人为不同人时，管束动物的义务由饲养人转移给管理人，这时的赔偿主体应为管理人。至于管理人是有偿管理还是无偿管理，是长期管理还是临时管理，在所不问。

有的意见提出，“动物的饲养人或者管理人”说明不了物权关系，建议修改为“所有人”“管理人”“占有人”或者“保有人”。有人认为，还是沿用民法通则“动物的饲养人或者管理人”为好。对于责任主体，德国是占有人或者管理人；法国是所有人或者使用人；意大利是所有人或者管理人；瑞士是动物的管理人。侵权责任法沿袭了民法通则的表述，本法沿袭了侵权责任法的表述，仍用“动物的饲养人或者管理人”。本条的目的是规定承担责任的主体，而不是规范物的归属关系。

四、抗辩事由

饲养动物致人损害的民事责任的抗辩事由，是指动物的饲养人或者管理人依法用以减轻或者免除其承担民事责任的事由或者理由。也就是说并非动物的饲养人或者管理人需要对其饲养或者管理的动物造成的一切损害都要承担赔偿责任。本条规定，因被侵权人自己故意或者重大过失造成损害的，动物的饲养人或者管理人可以不承担或者减轻责任。

在动物致害中，有时被侵权人故意或者重大过失应该是诱发动物致害的直接原因，是引起损害的全部或者主要原因。也就是说，被侵权人致害，是因自己挑逗、刺激等诱发动物的行为直接造成的，如果被侵权人的行为不足以诱发动物，其过失只是引起损害的部分原因或者次要原因，则不能认为被侵权人在该损害中存在故意或者重大过失。例如，甲明知乙有一条性情暴躁的狗且经常咬人，但甲必须从乙的家门路过，当甲路过乙的门口时，乙的狗突然蹿出来把甲咬伤。此案中就不得认定甲明知乙的狗有咬人的恶习、有危险的存在、疏于防范，因此而认为甲是有重大过失的。因为甲的行为本身不能直接诱发动物损害，与动物损害没有必然的因果关系，因此，动物饲养人或者管理人就不能认为被侵权人有重大过失而减轻或者不承担责任。

被侵权人是否存在故意或者重大过失，具体行为在不同的案件中是不相同的。在动物侵权案件中，对于被侵权人有故意或者重大过失的认定都是非常严格的，否则，任何主动接近动物的行为如果被认定为是故意或者重大过失的行为，那就会造成对动物饲养人或者管理人的偏袒，失去社会的公平。同时，被侵权人有故意或者重大过失的，动物饲养人或者管理人可以不承担或者减轻责任，这对饲养人或者管理人也是公平的。

五、举证责任倒置

本条规定，饲养的动物造成他人损害的，动物饲养人或者管理人应当承担侵权责任，但能够证明损害是因被侵权人故意或者重大过失造成的，动物饲养人或者管理人可以不承担或者减轻责任，表明了本条适用举证责任倒置。动物饲养人或者管理人如果想要减轻或者不承担责任，就必须证明被侵权人的损害是因为他自己行为的故意或者重大过失造成的。如果举证不足或者举证不能，动物饲养人或者管理人就应承担动物致害的赔偿责任。

六、动物饲养人或者管理人的义务

动物饲养人或者管理人既然占有或者控制着动物，就应该谨慎管束，肩负起对自己、对社会、对公众负责任的义务，而不能只图自己的喜好，只享受宠物带来的快乐，而疏于对动物的管理。否则，动物致他人损害的，就要承担无过错责任予以的赔偿。本条这样规定有利于切实保障广大人民群众的人身和财产安全，维护社会的稳定和正常秩序。

第一千二百四十六条　违反管理规定，未对动物采取安全措施造成他人损害的，动物饲养人或者管理人应当承担侵权责任；但是，能够证明损害是因被侵权人故意造成的，可以减轻责任。

条文主旨

本条是关于未对动物采取安全措施造成他人损害的责任承担的规定。

立法背景

随着饲养宠物人群的不断增多，社会上无序养宠物、违规养宠物的情况日益突出，动物伤人的事件逐年呈上升趋势。基于此问题的严重性，为维护百姓的人身和财产安全，《侵权责任法》第 79 条对动物致人损害的侵权责任作了严格的规定。未对动物采取安全措施造成他人损害的，动物饲养人或者管理人应当承担侵权责任。这一条并未规定免责事由，即使被侵权人对损害的发生有过失，动物饲养人或者管理人也不能减轻或者不承担责任。例如，狗的主人携狗乘电梯，没有给狗戴嘴套，一个小孩子拿出香肠去喂小狗，被狗咬伤。这时就不得以小孩子的监护人没有尽到监护职责而认定监护人有过错，全部责任应由狗的主人承担，因为狗的主人没有采取安全措施，即没有给狗戴嘴套。侵权责任编编纂过程中，有的意见提出，违反管理规定饲养动物，造成损害的，动物饲养人或者管理人承担的是无过错责任；但如果损害确系被侵权人的原因造成的，这种情况下动物饲养人或者管理人不能减免责任，会出现被侵权人因为没有责任，会主动挑逗、触摸动物，从而引发更多的损害情形发生。为了督促被侵权人正确认识自己的行为及可能产生的后果，应当规定责任减免条款。我们研究认为，在违反管理规定的情况下免除动物饲养人或者管理的责任显然是不合适的，但是可以适当减轻其责任。所以，在继承《侵权责任法》第 79 条的基础上，本条增加规定，但是，能够证明损害是因被侵权人故意造成的，可以减轻责任。该规定同样是举证责任倒置。

条文解读

一、国内的相关规定

动物饲养人或者管理人不仅要对动物本身负责，还要对社会负责，履行相关法律规定的义务。我们以养犬规定为例，全国不少有立法权的地方颁布了养犬管理的地方性法规和规章，对人们普遍关注的养犬收费、携犬乘梯、养犬遛犬范围、管理处罚等问题作了规定，最主要的对于饲养人的行为进行了规范，例如：（1）携犬出户时，应当对犬束犬链，由成年人牵领，并应当避让老年人、残疾人、孕妇和儿童；携犬乘坐电梯的，应当避开乘坐电梯的高峰时间，并为犬戴嘴套，或者将犬装入犬袋、犬笼。（2）在重点管理区内，禁止饲养烈性犬及成年体高超过35~48厘米的大型犬种，如獒犬、猎狐犬、澳洲牧羊犬、松狮犬、斑点狗等。（3）主要区域和道路禁止遛犬。饲养人不得携犬进入市场、商店、商业街区、饭店、公园、公共绿地、学校、医院、展览馆、影剧院、体育场馆、社区公共健身场所、游乐场、候车室等公共场所；不得携犬乘坐除小型出租汽车以外的公共交通工具；携犬乘坐小型出租汽车时，应征得驾驶员的同意，并为犬戴嘴套，或将犬装入犬袋、犬笼或者怀抱。

除此之外，养犬规定还对犬伤人后的救济措施作了规定：（1）犬伤害他人的，养犬人应当立即将被伤者送到医疗机构诊治，并先行垫付医疗费用。因养犬人或者第三人过错，致使犬伤害他人的，养犬人或者第三人应当负担被伤害人的全部医疗费用，并依法赔偿被伤害人其他损失。（2）对在禁养区内养犬的或者在重点管理区内饲养烈性犬、大型犬的，由公安机关没收其犬，并可对单位处1万元罚款，对个人处5000元罚款。对在禁遛区遛犬、携犬进入公共场所或者携犬乘坐交通工具的；违反规定携犬出户或者乘坐小型出租汽车、电梯等上述行为之一的，由公安机关予以警告，并可对单位处2000元以下罚款，对个人处500元以下罚款；情节严重的，没收其犬，吊销养犬登记证。

二、国外饲养动物管理情况介绍

（一）养狗必须办理证件上“户口”

美国、德国、日本和新加坡等国的大部分地区都要求狗主人为他们的宠物狗办理许可证，许可证章（狗牌）必须牢固地缚在狗的颈圈上。许可证主要有两方面的作用：第一，表示狗是健康的，已经注射过狂犬病疫苗，不会对周围的人造成健康上的威胁；第二，记录了主人的情况，当狗走失的时候，相关人员可以通过它顺利找到狗的主人。

（二）对狗进行培训及管理

在德国养狗是让狗主人提心吊胆的事。为了让狗有良好的行为，绝大多数的养狗人都把狗送进狗学校培训，然后才带狗到公共场合。狗在狗校里要学会与人礼貌相处，尤其不能对儿童有攻击行为。狗校还教狗有良好的卫生习惯，遵守交通规则。而且各州还对养狗人在公共场合的行为作了规定，狗不得破坏公共卫生，狗主人必须随时能控制狗。柏林市规定，在人多的公共场所，必须用不长于2米的绳子牵着狗。在室内、公共场合牵狗绳不得长于1米。狗不准进入儿童游戏场所，不能进入供人休闲、躺着的草坪，不能进入游泳场地和其他标明狗不得进入的场所。各州法律都对养危险性狗有特别限制，明确规定危险狗的范围。18岁以下的人禁养此类狗，不得将其交给没有这方面资格的人看管。有独立住宅的人才能养危险性狗，房周围要有保护措施，并悬挂警示标志。在多家居住的住宅房、楼房里严禁养这种狗。饲养危险狗必须有资格证明，对狗主人的身体、品行、精神状态、狗知识及具备控制这种狗的能力，都有规定。这种狗出门时必须佩戴审批标志、戴口套，用不超过 2 米的绳子牵着，狗主人要携带相关证明，以备查验。

美国的法律规定，不管是什么狗，只要长着嘴巴还有 4 条腿，就必须给它在脖子上套一个链子。美国人常说，买一只狗，就是买了很多责任。

新加坡规定，在公共场所，狗主人必须给宠物犬系上皮带，巨型犬除系上皮带外还要戴上口套。

（三）责任保险

德国很多城市和州都规定，养狗人必须为狗上类似于机动车的强制保险，用于赔付因狗造成的损失。一旦狗肇事，小至咬坏衣服，大到引发交通事故，甚至造成他人伤亡，保险公司应先行赔付。鉴于德国养狗人的责任越来越大，德国养狗人协会建议养狗人为狗上更高的保险，不低于 500 万欧元赔偿额。通常养狗人每年为狗缴 75 欧元至 270 欧元保险费。如柏林规定，养狗人要为狗上不低于 100 万欧元赔偿额的保险。具有危险性的狗还要多付 30% 以上的保费。另外，除了警用、导盲犬等服务功能的狗，养狗人要交狗税，在柏林养第一只狗每年交税为 120 欧元，第二只狗则要再交 180 欧元，不许再养更多的狗。

新加坡还对饲养巨型犬作了特别规定。巨型犬的主人除了必须为犬投保 10 万新元（约合 50 万元人民币）的第三方责任险外，还必须提供 5000 新元的保证金。在犬死亡或者离开新加坡后，保证金将会如数退还，但如果犬主人违反了相关规定，保证金就会被收缴。

美国每年发生约500万起狗咬人的事件，致使80万人到医疗机构治疗，其中又有6000人需要住院治疗。由此引发的损失每年约10亿美元，其中保险公司赔付3亿多美元，其余主要是由狗主人们承担。狗主人们每年赔出7个亿。美国很多州的法律规定，在没有过错、没有故意招惹狗的情况下被狗咬伤，狗的主人承担全部的责任。伊利诺伊州的法律还明确规定，受害者可以得到：第一时间紧急治疗的费用；未来消除或减少伤疤产生的医疗费用；心理治疗、误工补偿等一系列费用。

（四）处罚措施

在德国，违反“狗规”者可能被判罚数万欧元。勃兰登堡州规定，如上街不采取安全措施最高可判罚5万欧元；未经允许就饲养、训练、繁殖、出售危险狗的也可判罚5万欧元；在公共场所对狗看管不力的，可判罚1万欧元；养狗不及时申报的判罚1万欧元。

在新加坡，如果违反规定，农粮与兽医局有权扣押犬只，并对狗主人处以最高500新元的罚款或者吊销养狗许可证。此外，如果狗过度吠叫造成滋扰，或者导致他人受伤，或者狗主人唆使狗攻击他人，或者狗弄污了环境，狗主人都会依法受到罚款、吊销或者无法更新养狗许可证的惩处。此外，如果狗主人有遗弃狗等行为，狗主人也要依法受到惩处。

第一千二百四十七条　**禁止饲养的烈性犬等危险动物造成他人损害的，动物饲养人或者管理人应当承担侵权责任。**

条文主旨

本条是关于对禁止饲养的烈性犬等危险动物致人损害的责任规定。

立法背景

饲养烈性动物有较大的危害性。饲养动物对于周围人的人身和财产具有的危险性不仅存在，有时甚至是巨大的。首先，许多动物在野性发作时或者发情时具有难以控制的破坏力，从而具有伤害人和损害财产的危险性。其次，动物的流动性可能形成难以控制的破坏力。动物的危险性不仅在于具有攻击性和难以预见性的行为，即使是温顺的奶牛或者绵羊卧倒在道路、轨道上也会引发交通事故，其动物饲养人也应当承担侵权责任。

条文解读

我国很多的地方性法规对禁止饲养的烈性犬和大型犬作了明确的规定。各地对禁止饲养的烈性犬或者大型犬的品种规定不等，在18种至40种，如阿富汗猎犬、阿根廷杜高犬、阿根廷犬、比利时牧羊犬、藏獒犬、德国牧羊犬、俄罗斯高加索犬、雪达猎犬。除对烈性犬的品种有禁止饲养的规定外，对大型犬的体高也作了限制性规定。例如，北京市养犬条例规定，禁止饲养成年体高超过35厘米的大型犬种；苏州市养犬管理条例规定，大型犬的标准是成年犬肩高61厘米。还有地方规定限高48厘米。

为确保群众人身安全，本条对动物伤人的侵权行为作出了非常严格的规定，只要违反管理规定饲养了烈性犬等危险动物，并造成他人损害的，动物饲养人或者管理人就应当承担侵权责任，没有任何的免责事由可以援引。在烈性犬等危险动物潜伏种种危险的情况下，让它的饲养人或者管理人承担更加严格的责任是对社会、对公众负责的态度。本条规定了如此严格的责任就是引导饲养危险动物的人认识到自己的社会责任和法律责任，为动物、为自己、为他人着想，不要违反规定饲养危险动物。

另外，需要说明一下属于大型犬的导盲犬的问题。导盲犬作为一种特殊的工作犬，必须要具备非常严格的条件，不仅要性情温和，喜欢与人在一起，不具有攻击性，不会对他人安全产生威胁，更为重要的是对狗的品种和血统的要求极为苛刻，只有“黄金猎犬”和“拉布拉多犬”等少数犬种才适合作为选材来源，而且培训的成功率只有30%。导盲犬的训练费用非常高，国际上一只好的导盲犬其价值是6万美元。国外驯养导盲犬的经费一般是政府、企业和个人捐助各占1/3。在我国，训练一只导盲犬要花费10万至20万元人民币，一般使用期限为8年左右。

在许多国家和地区，免费使用导盲犬是盲人享有的一项社会福利。对盲人使用导盲犬的权利，至少有三十多个国家通过立法予以保障。盲人可以携带导盲犬出入所有公共场所和乘坐各种公共交通工具。拒绝盲人携带导盲犬出入者，要承担法律责任。

我国残疾人保障法强调对残疾人各项“自立生活”权利的保护。如第10条第1款规定：“国家鼓励残疾人自尊、自信、自强、自立，为社会主义建设贡献力量。”第58条专门规定：“盲人携带导盲犬出入公共场所，应当遵守国家有关规定。”北京市养犬条例规定“对盲人养导盲犬和肢体重残人养扶助犬的，免收管理服务费”。有的省市也作了规定，如济南市养犬管理条例规定，重点管理区内禁止个人饲养大型犬、烈性犬，但盲人饲养导盲犬、肢体重残的残疾人饲养扶助犬的除外。

第一千二百四十八条　动物园的动物造成他人损害的，动物园应当承担侵权责任；但是，能够证明尽到管理职责的，不承担侵权责任。

条文主旨

本条是关于动物园的动物致人损害责任承担的规定。

立法背景

本条继承了《侵权责任法》第81条的规定。在侵权责任法起草过程中，对动物园的动物造成他人损害，动物园应当承担什么责任，就有较大争论。有的意见认为，作为一个公共场所，动物园应承担比较严格的责任，其原因在于，既然动物园收取了门票，就有义务承担更重的责任。无论在建设规模上，还是在人力、物力的投入上，都应该比一般动物饲养人的要求高。有的认为，法律不能对动物园的要求太低。一般动物园年游客接待量五百余万人次，学龄前儿童占15%～20%，因此，从保护儿童的角度考虑，应当加重动物园的责任。有人提出，被侵权人的伤害，有些时候是因为自己不遵守动物园的规定，无视警示牌、不听工作人员的劝阻，擅自挑逗动物造成的，如果动物园已尽到管理责任的，应减轻或者不承担责任。有人提出，可以通过保险机制解决赔偿问题。据了解，有的动物园的门票已经包含了保险费，有的可以另行购买保额较高的保险，这完全是游客的自愿购买行为。

民法典侵权责任编编纂过程中，有建议提出，将本条修改为：“动物园的动物造成他人损害的，动物园应当承担侵权责任。动物园能够证明尽到管理职责的，可以减轻其侵权责任。”理由是：现有表述应该理解为过错推定责任，但会造成动物园的动物致害责任与普通人饲养动物致害责任之间的评价矛盾。第一，动物园饲养的动物比普通人饲养的动物，可能更危险，能够证明尽到管理职责的，不承担侵权责任，根据本法第1245条的规定，普通动物饲养人能够证明损害是因被侵权人故意或者重大过失造成的，可以不承担或者减轻责任，这样不够合理。第二，动物园拥有专业的设施和人员，相对于普通动物饲养人来说，风险防范能力更强。

条文解读

本条规定，动物园的动物造成他人损害的，动物园应当承担侵权责任，但能够证明尽到管理职责的，不承担责任。也就是说，本条适用过错推定责任，动物园负有高度注意义务，只有能够证明已经采取足够的安全措施，并尽到充分的警示义务，才能认定为没有过错。如果动物园能够证明设施、设备没有瑕疵、有明显的警示牌，管理人员对游客挑逗、投打动物或者擅自翻越栏杆靠近动物等行为进行了劝阻，该尽的管理职责已经做到了，那么动物园就可以不承担侵权责任。

还有一个问题需要说明，关于野生动物致人损害的问题。《野生动物保护法》第14条规定，各级野生动物保护主管部门应当监视、监测环境对野生动物的影响。由于环境影响对野生动物造成危害时，野生动物保护主管部门应当会同有关部门进行调查处理。第19条规定，因保护本法规定保护的野生动物，造成人员伤亡、农作物或者其他财产损失的，由当地人民政府给予补偿。具体办法由省、自治区、直辖市人民政府制定。有关地方人民政府可以推动保险机构开展野生动物致害赔偿保险业务。有关地方人民政府采取预防、控制国家重点保护野生动物造成危害的措施以及实行补偿所需经费，由中央财政按照国家有关规定予以补助。从上述规定可以看出，实践中对受到损害的单位和个人已经有了相关的救济措施。因此，民法典侵权责任编对野生动物致害问题就没有再作专门规定。

第一千二百四十九条 **遗弃、逃逸的动物在遗弃、逃逸期间造成他人损害的，由动物原饲养人或者管理人承担侵权责任。**

条文主旨

本条是关于遗弃、逃逸的动物在遗弃、逃逸期间造成他人损害的责任规定。

立法背景

一、动物流落街头的主要原因

随着饲养动物的人越来越多，一些饲养的动物或者被抛弃，或者不慎走失。流浪动物不断增多，对人民的生活、健康也产生了严重危害。导致饲养的动物流落街头的主要原因，一是因动物患病被饲养人抛弃；二是饲养人不愿承担办证费等费用或者不愿意饲养动物所生育的幼仔；三是饲养人的家庭生育了小孩，不再饲养动物；四是城乡拆迁、搬家流动等原因抛弃所饲养的动物；五是饲养的动物走失；六是流浪动物生育的大量幼仔。

二、流浪动物的危害

流浪动物多在垃圾桶周围觅食，在城乡的大街小巷里到处乱窜；身上携带各种病毒和寄生虫，成了流动的“生物武器”，遇上适当的时机很可能成为威胁市民健康的祸端；排泄物、呕吐物以及尸体可能带有病毒，很容易形成疾病的传染源，还可能污染水源，对公共卫生安全构成威胁。同时，流浪动物比较野性，容易对人产生仇视的情绪，攻击性强，危及人们的安全。

据有关部门统计，流浪动物伤人事件中，流浪狗占 82%，流浪猫约占 12%。在北京，每月到“狂犬病免疫预防门诊”就诊的人数就有近万人，其中大多是被流浪猫、狗抓伤、咬伤。至今，已知的人与猫、狗共患的疾病有 60 多种，其中危害较大的常见疾病有十多种，如狂犬病、弓形虫病、钩端螺旋体病、结核病、皮霉菌病等。在我国，狂犬病的发病率和致死率多年居各类传染病之首，狂犬病的死亡率几乎是 100%。

条文解读

对流浪动物的问题作出规定，明确饲养人和管理人的管理责任，有助于从源头遏制遗弃饲养的动物，看管好自己饲养的动物以防丢失的情况发生。鉴于流浪动物问题的严重性，《侵权责任法》第 83 条规定了遗弃、逃逸的动物在遗弃、逃逸期间造成他人损害的，由原动物饲养人或者管理人承担侵权责任。本条继承了《侵权责任法》第 83 条的规定。

动物的遗弃是指动物饲养人抛弃了动物。逃逸的动物是指饲养人暂时地丧失了对该动物的占有和控制。

对动物在失去饲养人或者管理人控制下造成他人损害的，法国、意大利等国民法典明确规定，动物的所有人或者使用人在使用期间，对走失或者逃脱的动物所造成的损害，应负赔偿责任。《智利民法典》规定，动物即使在逃逸或者迷失后造成损害，其所有权人亦负责任。《阿根廷民法典》规定，造成损害的动物非因看管者的过失而逃逸或迷失的，其所有权人的责任停止。动物的主人不得提出抛弃该动物的所有权而规避其损害的赔偿义务。英国判例对于丧失占有的动物造成损害的，如果尚能认为丧失占有的动物为被告之物，虽然该动物已恢复其天然状态，被告仍应负责。

无论动物饲养人或者管理人遗弃动物，还是未尽到管理责任致使动物逃逸，其行为都是加剧了动物对人和社会的危险性，而损害的事实正是由于动物在失去人为的管理和控制下任意流动的危险性所导致。因此，为了社会公众利益，为了充分保护被侵权人利益，遗弃、逃逸动物的原饲养人或者管理人就应当对自己遗弃动物的行为，以及疏于管理没有尽到管理义务的行为承担责任。

第一千二百五十条 **因第三人的过错致使动物造成他人损害的，被侵权人可以向动物饲养人或者管理人请求赔偿，也可以向第三人请求赔偿。动物饲养人或者管理人赔偿后，有权向第三人追偿。**

条文主旨

本条是关于因第三人的过错致使动物造成他人损害责任承担的规定。

立法背景

现实中经常发生的动物伤人事件，并非被侵权人自己有过错，也非动物独立行为致人伤害，很多情形是由于第三人的原因致使动物伤及他人。如某甲故意在马身边按车喇叭，致使拴在木桩上的马受惊挣脱绳子，冲出去撞伤了行人。众所周知，很难要求动物具有识别行为后果的能力，像这种在人的强制或者驱使下损害他人权益的行为，表面看似乎是动物致人伤害，其实动物已成为人的工具。本条就是要解决因第三人的原因造成动物伤害他人的赔偿问题。

条文解读

一、第三人的过错

第三人的过错是指被侵权人和动物饲养人或者管理人以外的人对动物造成损害有过错。第三人的过错在大多数场合表现为：有意挑逗、投打、投喂、诱使动物，其后果致使他人受到人身或者财产的损害，其实质是实施了诱发动物致害的行为。对此问题，日本专家认为，某人唆使动物给他人造成损害只能解释为将动物当作道具，其行为本质仍是使用的人自身的加害行为，应适用《日本民法典》第709条“由于故意或者过失，侵害了他人权利或者法律上受保护的利益者，对由此产生的损害负有赔偿责任”的规定。鉴于第718条规定“动物占有人负赔偿其动物造成他人损害的责任。但是，按动物种类及性质，以相当注意进行保管者，不在此限”，在第三人唆使动物给他人造成损害的情形下，动物原占有人是否承担责任，还是需要根据其是否尽到了第718条规定的注意义务来判断。

二、对被侵权人救济的选择权

本条赋予了被侵权人的选择权。因第三人的过错致使动物造成被侵权人损害的，被侵权人既可以请求第三人承担赔偿责任，也可以请求动物饲养人或者管理人承担赔偿责任。这样规定，就可以使被侵权人根据具体情况要求赔偿。例如，甲饲养了一匹马，拴在自家的院内，乙路过此院看马很漂亮，便拿小棍子拍马，马受惊挣脱绳子冲出门，把正在路过的丙撞伤。这时被撞伤的丙既可以要求动物饲养人甲赔偿，也可以要求第三人乙赔偿。如果乙是个流浪汉，那么，作为第三人的乙与动物饲养人甲哪个更有赔偿能力就很明显了，被侵权人当然会选择经济实力强的动物饲养人甲进行赔偿。法律赋予被侵权人的选择权，一方面可使被侵权人获得法律救济、得到实际赔偿的可能性增大；另一方面也会使动物饲养人对动物的管理更加尽注意义务，从而减少动物伤人的机会。这样的设计可以让被侵权人受到更多的保护。

三、动物饲养人或者管理人的追偿权

本条还赋予了动物饲养人或者管理人的追偿权。动物饲养人或者管理人对被侵权人赔偿后，有权向第三人追偿。动物饲养人或者管理人之所以享有追偿权，是因为动物饲养人或者管理人实际上是代替第三人履行的赔偿义务，在动物饲养人或者管理人与第三人之间，第三人仍然是责任的最终承担者。法律规定，允许动物饲养人或者管理人在赔偿了被侵权人的损害后对第三人进行追偿，一方面有利于被侵权人及时获得救济，另一方面也是维护动物饲养人或者管理人自身权益的一项重要手段。我国《侵权责任法》第 83 条吸收借鉴了境外立法例，民法典侵权责任编继承了侵权责任法的规定。

第一千二百五十一条　饲养动物应当遵守法律法规，尊重社会公德，不得妨碍他人生活。

条文主旨

本条是关于饲养动物应当遵守法律的规定。

立法背景

按照规定饲养宠物本无可非议，但饲养的动物伤害别人、滋事扰民，污染环境，会对他人和社会造成侵扰。生活中，在居民小区，饲养的猫、狗很多，猫狗群吠，常常扰民。平日走在路上，居民们更是小心翼翼，不仅要防止踩上狗的排泄物，还要提防被冷不丁蹿出的猫狗吓着。有些狗不是虎视眈眈盯着路人，就是趴卧在路边，居民们经过时都是提心吊胆，放假期间也不敢让孩子们随意出门玩耍，生怕狗伤到孩子。

条文解读

动物的一切行为约束全部靠动物饲养人或者管理人的管制。本条规定，饲养动物应当遵守法律，尊重社会公德，不得妨碍他人生活。既然饲养了动物，饲养人就应该意识到自己担负着遵守社会公德和保护公共环境的双重社会责任，不能放任宠物侵扰他人的正常生活。动物饲养人应当自觉规范自己的行为，应该按照规定饲养动物：（1）动物饲养人或者管理人在携犬出户时，应当对犬束犬链，由成年人牵领，并应当避让老年人、残疾人、孕妇和儿童。(2) 动物饲养人或者管理人不得让动物干扰他人正常生活。犬吠影响他人休息时，养犬人应当采取有效措施予以制止。(3) 不得携宠物进入市场、商店、商业街区、饭店、公园、公共绿地、学校、医院、展览馆、影剧院、体育场馆、社区公共健身场所、游乐场、候车室等公共场所；不得携宠物乘坐除小型出租汽车以外的公共交通工具；携宠物乘坐小型出租汽车时，应征得驾驶员的同意，并作好防护安全措施。(4) 饲养宠物要定期注射预防疾病疫苗、狂犬病疫苗和必要的医疗保健措施；不抛弃、不放弃饲养的宠物。(5) 携宠物出户时，对在户外排泄的粪便应当立即清除，等等。

人与宠物和谐相处，是社会和谐、社会安定的一种体现。一个社区鸡飞狗跳，人与宠物、宠物与环境冲突不断，老百姓如何安居乐业？饲养动物的问题可以说涉及千家万户，涉及不同群体的利益。因此，对于动物饲养人或者管理人来讲，应当严格履行饲养动物的一些必要义务，规范自己的行为，不要给他人的生活带来不便，要充分考虑到不饲养动物人的利益，要依法、科学、文明地饲养动物。如果动物饲养人或者管理人都能遵守规范，能设身处地地处理因养犬所造成的邻里纠纷，对社会的和谐、安宁也是一份不小的贡献。希望动物饲养人或者管理人为和谐社会的文明建设作出努力，为创造良好的社会环境尽到应尽的义务。

第十章　建筑物和物件损害责任

本章共七条，主要规定了建筑物、构筑物或者其他设施倒塌、塌陷造成他人损害责任，建筑物、构筑物或者其他设施及其搁置物、悬挂物发生脱落、坠落造成他人损害责任，从建筑物中抛掷物品或者从建筑物上坠落的物品造成他人损害责任，堆放物造成他人损害责任，在公共道路上堆放、倾倒、遗撒妨碍通行的物品造成他人损害责任，林木造成他人损害责任，在公共场所或者道路上挖坑、修缮安装地下设施等造成他人损害责任，窨井等地下设施造成他人损害责任。

侵权责任法第十一章的章名为“物件损害责任”，民法典侵权责任编编纂过程中，有的意见提出，从语义上看，“物件”似乎无法涵盖有关“建筑物”等情形，可能使人造成误解。因此，本法将侵权责任编的“物件损害责任”修改为“建筑物和物件损害责任”。本章所指建筑物和物件包括建筑物、构筑物或者其他设施及其搁置物、悬挂物，堆放物，妨碍通行物和林木等。建筑物和物件损害责任，是指建筑物、构筑物或者其他设施及其搁置物、悬挂物，堆放物，妨碍通行物和林木等由于存在缺陷或者疏于管理、维护等，造成他人损害，侵权人应当承担的侵权责任。

建筑物和物件损害责任是侵权责任法律的重要组成部分，很多国家和地区都对物件损害责任作了规定。例如，《德国民法典》规定了土地、建筑物以及其他附着于土地上的工作物的占有人、维护义务人的责任；《法国民法典》和《意大利民法典》用一个概括性的条款规定了物的照管人的责任，另外又单独规定了建筑物所有人的责任；《荷兰民法典》规定了土地、建筑物、构筑物、道路和其他工作物致人损害责任；《日本民法典》和《韩国民法典》规定了土地工作物、竹木等致人损害责任；我国台湾地区“民法典”规定了建筑物和其他工作物致人损害责任。

第一千二百五十二条　建筑物、构筑物或者其他设施倒塌、塌陷造成他人损害的，由建设单位与施工单位承担连带责任，但是建设单位与施工单位能够证明不存在质量缺陷的除外。建设单位、施工单位赔偿后，有其他责任人的，有权向其他责任人追偿。

因所有人、管理人、使用人或者第三人的原因，建筑物、构筑物或者其他设施倒塌、塌陷造成他人损害的，由所有人、管理人、使用人或者第三人承担侵权责任。

条文主旨

本条是关于建筑物、构筑物或者其他设施倒塌、塌陷造成他人损害责任的规定。

立法背景

由于近年来我国发生多起房屋、桥梁倒塌事故，对人民群众的生命、财产安全造成了较大危害，建筑物、构筑物等设施的质量问题引发了社会的广泛关注。建筑物倒塌、坍塌严重危害人民群众的人身、财产安全，应当对此作出严格规定，从而促使建设单位等提高建设工程质量，杜绝“豆腐渣”工程，保障人民群众的生命财产安全。《侵权责任法》第86条专门对建筑物、构筑物或者其他设施倒塌造成他人损害的情形作了规定。2020年5月民法典草案提请十三届全国人大三次会议审议过程中，有的意见提出，实践中有的地方发生地面坍塌致人损害问题，严重危害人民群众的人身财产安全。经研究，本条在侵权责任法的基础上增加了“坍塌”这种情形。

本条所说的倒塌、塌陷，是指建筑物、构筑物或者其他设施坍塌、倒覆，造成该建筑物、构筑物或者其他设施丧失基本使用功能。例如，楼房倒塌、桥梁的桥墩坍塌、电视塔从中间折断、烟囱倾倒、地面塌陷等。

条文解读

一、建设单位与施工单位的责任承担

（一）连带责任

建筑物、构筑物或者其他设施倒塌、坍塌造成他人损害的，由建设单位与施工单位承担连带责任。我国一些法律和司法解释都对相关问题作了规定。根据《建筑法》第55条、第56条的规定，建筑工程实行总承包的，工程质量由工程总承包单位负责，总承包单位将建筑工程分包给其他单位的，应当对分包工程的质量与分包单位承担连带责任。分包单位应当接受总承包单位的质量管理。建筑工程的勘察、设计单位必须对其勘察、设计的质量负责。《刑法》第137条规定：“建设单位、设计单位、施工单位、工程监理单位违反国家规定，降低工程质量标准，造成重大安全事故的，对直接责任人员，处五年以

下有期徒刑或者拘役，并处罚金；后果特别严重的，处五年以上十年以下有期徒刑，并处罚金。”《最高人民法院关于审理人身损害赔偿案件适用法律若干问题的解释》第 16 条规定，道路、桥梁、隧道等人工建造的构筑物因设计、施工缺陷造成损害的，由所有人、管理人与设计、施工者承担连带责任。

侵权责任法立法过程中，对于建筑物、构筑物或者其他设施倒塌致人损害的责任承担，有不同意见：有的意见认为，为了更好地保护被侵权人，应当规定由建设单位、设计单位、施工单位、监理单位等承担连带责任。有的意见认为，在实践中，被侵权人一般都不去要求设计、施工单位等承担责任，有时甚至根本不知道设计、施工单位是谁，因此，通常是向建设单位求偿。所以没有必要将侵权责任主体的范围扩大至设计单位、施工单位等。建议规定由建设单位承担侵权责任，建设单位赔偿后，可以向有过错的勘察单位、设计单位、施工单位和监理单位等追偿。

经研究，《侵权责任法》第 86 条第 1 款规定，建筑物、构筑物或者其他设施倒塌造成他人损害的，由建设单位与施工单位承担连带责任。建设单位、施工单位赔偿后，有其他责任人的，有权向其他责任人追偿。也就是说，将勘察单位、设计单位和监理单位作为“其他责任人”处理。民法典侵权责任编继承了侵权责任法的规定，本款对建筑物、构筑物或者其他设施倒塌、坍塌造成他人损害规定了两个责任主体：

1. 建设单位

通常情况下，建设单位依法取得土地使用权，在该土地上建造建筑物、构筑物或者其他设施，是建设工程合同的总发包人。实践中，房地产开发企业、机关和工厂是比较常见的建设单位。建设单位是建设工程合同的发包人，通过选择、确定勘察单位、设计单位、施工单位和监理单位等，参与工程建设的很多环节，对建设工程的质量有很大的影响。因此，很多相关的法律、法规都对建设单位的义务进行了规定。根据合同法和建设工程质量管理条例的规定，建设单位对建设工程发包的，应当发包给具有相应资质等级的单位，建设单位可以与总承包人订立建设工程合同，也可以分别与勘察人、设计人、施工人订立勘察、设计、施工承包合同。但是，不得将应当由一个承包人完成的建设工程肢解成若干部分发包给几个承包人。建设单位依法对建设工程质量负责。建设单位违反建设工程质量管理条例的规定，对建设工程未组织竣工验收，擅自交付使用，或者验收不合格，擅自交付使用，或者对不合格的建设工程按照合格工程验收，造成损失的，依法承担赔偿责任。

2. 施工单位

施工单位与建设单位或者其他发包人签订建设工程合同，对建设工程进行施工。实践中，建筑公司是比较常见的施工单位。建设工程施工企业要符合法律、法规规定的条件。根据建筑法的规定，承包建筑工程的单位应当持有依法取得的资质证书，并在其资质等级许可的业务范围内承揽工程。建筑施工企业不能超越本企业资质等级许可的业务范围或者以任何形式用其他建筑施工企业的名义承揽工程，也不能以任何形式允许其他单位或者个人使用本企业的资质证书、营业执照，以本企业的名义承揽工程。施工单位负责建设工程的具体施工工作，对建设工程质量有比较直接的影响，应当对建设工程的质量负责。施工单位既包括总承包施工单位，也包括分包施工单位。我国相关的法律对施工单位的责任作了规定，《建筑法》第 55

条规定："建筑工程实行总承包的，工程质量由工程总承包单位负责，总承包单位将建筑工程分包给其他单位的，应当对分包工程的质量与分包单位承担连带责任。分包单位应当接受总承包单位的质量管理。"第58条规定："建筑施工企业对工程的施工质量负责。建筑施工企业必须按照工程设计图纸和施工技术标准施工，不得偷工减料。工程设计的修改由原设计单位负责，建筑施工企业不得擅自修改工程设计。"第67条规定："承包单位将承包的工程转包的，或者违反本法规定进行分包的……对因转包工程或者违法分包的工程不符合规定的质量标准造成的损失，与接受转包或者分包的单位承担连带赔偿责任。"

根据本条第1款第一句的规定，建筑物、构筑物或者其他设施倒塌、坍塌造成他人损害的，由建设单位与施工单位承担连带责任。建筑物倒塌、坍塌造成他人损害的，被侵权人既可以要求建设单位承担侵权责任，也可以要求施工单位承担侵权责任，还可以要求二者共同承担侵权责任。

（二）例外情形

针对建设单位与施工单位能够证明不存在质量缺陷的除外情形，民法典侵权责任编编纂过程中，有的意见提出，一律规定建设单位与施工单位承担连带责任，在不存在工程质量的情况下，是否有必要。经过综合考虑，在本条增加了但书规定，即建设单位与施工单位能够证明不存在质量缺陷的，不承担连带责任。

（三）追偿权

建设单位和施工单位赔偿后，有其他责任人的，有权向其他责任人追偿。建筑物、构筑物或者其他设施倒塌、坍塌的，除了建设单位、施工单位以外，可能还存在其他责任人。例如，如果设计人的设计存在缺陷，造成建筑物倒塌、坍塌，根据建筑法和建设工程质量管理条例的规定，设计单位应当对建筑物的倒塌、坍塌负责。根据本条第1款的规定，对被侵权人承担责任的直接主体是建设单位和施工单位，不包括设计单位。此时，设计单位属于本条第1款所说的其他责任人，建设单位、施工单位赔偿后，有权向设计单位追偿。一般来讲，本条第1款规定的“其他责任人”，主要包括以下范围：

1. 勘察单位、设计单位等

《建筑法》第56条规定：“建筑工程的勘察、设计单位必须对其勘察、设计的质量负责。勘察、设计文件应当符合有关法律、行政法规的规定和建筑工程质量、安全标准、建筑工程勘察、设计技术规范以及合同的约定。设计文件选用的建筑材料、建筑构配件和设备，应当注明其规格、型号、性能等技术指标，其质量要求必须符合国家规定的标准。”第73条规定，建筑设计单位不按照建筑工程质量、安全标准进行设计，造成损失的，承担赔偿责任。《建设工程质量管理条例》第19条规定：“勘察、设计单位必须按照工程建设强制性标准进行勘察、设计，并对其勘察、设计的质量负责。注册建筑师、注册结构工程师等注册执业人员应当在设计文件上签字，对设计文件负责。”

2. 监理单位

《建筑法》第35条规定，工程监理单位不按照委托监理合同的约定履行监理义务，对应当监督检查的项目不检查或者不按照规定检查，给建设单位造成损失的，应当承担相应的赔偿责任。工程监理单位与承包单位串通，为承包单位谋取非法利益，给建设单位造成损失的，应当与承包单位承担连带赔偿责任。《建设工程质量管理条例》第36条规定，工程监理单位代表建设单位对施工质量实施监理，并对施工质量承担监理责任。

3. 勘察、设计、监理单位以外的责任人

例如，根据《建筑法》第79条的规定，负责颁发建筑工程施工许可证的部门及其工作人员对不符合施工条件的建筑工程颁发施工许可证，负责工程质量监督检查或者竣工验收的部门及其工作人员对不合格的建筑工程出具质量合格文件或者按合格工程验收，造成损失的，由该部门承担相应的赔偿责任。

二、所有人、管理人、使用人或者第三人责任承担

因所有人、管理人、使用人或者第三人的原因，建筑物、构筑物或者其他设施倒塌、坍塌造成他人损害的，由所有人、管理人、使用人或者第三人承担侵权责任。建筑物、构筑物或者其他设施倒塌、坍塌有多种原因，有的是因质量不合格，有的是由于年久失修，有的是业主擅自改变承重结构，不宜都由建设单位、施工单位承担责任。因此，本条第2款规定，因所有人、管理人、使用人或者第三人的原因，建筑物、构筑物或者其他设施倒塌、坍塌造成他人损害的，由所有人、管理人、使用人或者第三人承担侵权责任。《侵权责任法》第86条规定的是因“其他责任人的原因”，民法典侵权责任编编纂过程中，有的提出，本条第1款、第2款均有“其他责任人”的表述，含义不同，容易引起误解。我们认为，第1款中的“其他责任人”主要是指与建筑物、构筑物或者其他设施的建设、施工相关的主体，如建设单位、施工单位、监理单位、勘查单位等。第2款中的“其他责任人”主要是指暴力装修的所有权人等房屋的使用人。为了避免误解与理解上出现混淆，我们将第 2 款中的“其他责任人”修改为“所有人、管理人、使用人或者第三人”。如果建筑物等设施倒塌、坍塌是因超过合理使用期限、业主擅自改变承重结构等特殊情形造成的，被侵权人可以根据本条第 2 款的规定，依法直接请求造成建筑物等设施倒塌、坍塌的所有人、管理人、使用人或者第三人承担侵权责任。《建设工程质量管理条例》第 42 条规定：“建设工程在超过合理使用年限后需要继续使用的，产权所有人应当委托具有相应资质等级的勘察、设计单位鉴定，并根据鉴定结果采取加固、维修等措施，重新界定使用期。”如果建筑物等设施已经超过合理的使用年限，所有人不采取必要的加固、维修等安全措施，导致建筑物等设施倒塌、坍塌造成他人损害的，所有人即属于本条第 2 款规定的承担责任的主体，被侵权人可以依照本条第 2 款的规定，要求所有人承担侵权责任。《建设工程质量管理条例》第 69 条规定，房屋建筑使用者在装修过程中擅自变动房屋建筑主体和承重结构，造成损失的，依法承担赔偿责任。如果业主或者其他房屋使用者在装修房屋的过程中，擅自拆改房屋的承重墙导致房屋倒塌、坍塌造成他人损害的，该业主或者其他使用人即属于本条第 2 款规定的责任主体，应当承担侵权责任。

第一千二百五十三条　建筑物、构筑物或者其他设施及其搁置物、悬挂物发生脱落、坠落造成他人损害，所有人、管理人或者使用人不能证明自己没有过错的，应当承担侵权责任。所有人、管理人或者使用人赔偿后，有其他责任人的，有权向其他责任人追偿。

条文主旨

本条是关于建筑物、构筑物或者其他设施及其搁置物、悬挂物发生脱落、坠落造成他人损害责任的规定。

立法背景

建筑物、构筑物或者其他设施及其搁置物、悬挂物脱落、坠落造成他人损害责任，是侵权责任法律中的重要制度。《民法通则》第126条规定："建筑物或者其他设施以及建筑物上的搁置物、悬挂物发生倒塌、脱落、坠落造成他人损害的，它的所有人或者管理人应当承担民事责任，但能够证明自己没有过错的除外。"《最高人民法院关于审理人身损害赔偿案件适用法律若干问题的解释》第16条规定，道路、桥梁、隧道等人工建造的构筑物因维护、管理瑕疵致人损害的，适用民法通则第一百二十六条的规定，由所有人或者管理人承担赔偿责任，但能够证明自己没有过错的除外。2001年的《最高人民法院关于民事诉讼证据的若干规定》第4条规定，建筑物或者其他设施以及建筑物上的搁置物、悬挂物发生倒塌、脱落、坠落致人损害的侵权诉讼，由所有人或者管理人对其无过错承担举证责任。在民法通则、司法解释和司法实践经验的基础上，《侵权责任法》第85条对建筑物、构筑物或者其他设施及其搁置物、悬挂物脱落、坠落造成他人损害责任作了规定。在编纂民法典侵权责任编时，在继承《侵权责任法》第85条、第86条规定的同时，将两条的顺序互换，使得本条与下一条关于"建筑物抛物坠物"责任的规定更为紧密。

条文解读

一、建筑物、构筑物或者其他设施及其搁置物、悬挂物发生脱落、坠落造成他人损害，所有人、管理人或者使用人的责任承担

（一）关于建筑物、构筑物或者其他设施及其搁置物、悬挂物

建筑物是指人工建造的、固定在土地上，其空间用于居住、生产或者存放物品的设施，如住宅、写字楼、车间、仓库等。

构筑物或者其他设施，是指人工建造的、固定在土地上、建筑物以外的某些设施，如道路、桥梁、隧道、城墙、堤坝等。

建筑物、构筑物或者其他设施上的搁置物、悬挂物，是指搁置、悬挂在建筑物、构筑物或者其他设施上，非建筑物、构筑物或者其他设施本身组成部分的物品。例如，搁置在阳台上的花盆、悬挂在房屋天花板上的吊扇、脚手架上悬挂的建筑工具等。

建筑物、构筑物或者其他设施及其搁置物、悬挂物脱落、坠落，是指建筑物、构筑物或者其他设施的某一个组成部分以及搁置物、悬挂物从建筑物、构筑物或者其他设施上脱落、坠落。例如，房屋墙壁上的瓷砖脱落、房屋天花板坠落、吊灯坠落、屋顶瓦片滑落、房屋窗户玻璃被风刮碎坠落、阳台上放置的花盆坠落等。

（二）所有人、管理人或者使用人不能证明自己没有过错的，应当承担侵权责任

建筑物、构筑物或者其他设施的所有人、管理人或者使用

人应当对建筑物、构筑物或者其他设施及其搁置物、悬挂物进行合理的管理、维护，避免给他人造成损害。例如，要保证建筑物等设施及其搁置物、悬挂物的稳固；应当进行必要的检查，发现可能造成他人损害的，要及时采取相应的安全措施等。建筑物、构筑物或者其他设施及其搁置物、悬挂物脱落、坠落造成他人损害，本条规定了三个侵权责任主体：

一是所有人，指对建筑物等设施拥有所有权的人。建筑物、构筑物或者其他设施多为不动产。一般来讲，不动产的所有人是指不动产登记机构依法登记确定的人。在农村宅基地上自建的房屋和城市中一些依法新建的房屋，虽然没有来得及登记，仍然可以依法确定具体的所有人。

建筑物、构筑物等设施的所有人依法享有所有权，同时也承担维护、管理的义务，建筑物、构筑物或者其他设施及其搁置物、悬挂物脱落、坠落造成他人损害的，所有人应当依法承担侵权责任。许多国家和地区的法律都明确规定了建筑物等设施致人损害时所有人的责任。

二是管理人，指对建筑物等设施及其搁置物、悬挂物负有管理、维护义务的人。我国国有资产一般由特定的机关或者单位进行管理。

三是使用人，指因租赁、借用或者其他情形使用建筑物等设施的人。实践中，建筑物等设施的所有人将其出租或者出借，使用人的不当使用是导致建筑物等设施及其搁置物、悬挂物发生脱落、坠落的原因之一。因此，建筑物等设施及其搁置物、悬挂物脱落、坠落致人损害，使用人不能证明自己没有过错的，也应当承担侵权责任。一般来讲，使用人承担责任有两种情形：第一，使用人依法对其使用的建筑物、构筑物或者其他设施负有管理、维护的义务时，因其管理、维护不当造成他人损害。当根据合同约定，房屋承租人对房屋有管理、维护义务时，房屋及其搁置物、悬挂物脱落、坠落造成他人损害，承租人不能证明自己没有过错的，要承担侵权责任。第二，使用人对建筑物、构筑物或者其他设施的搁置物、悬挂物管理、维护不当，造成他人损害。例如，承租人在阳台上放置的花盆或者晾晒的物品坠落造成他人损害，承租人不能证明自己没有过错的，要承担侵权责任。

（三）归责原则

本条采用过错推定原则。损害发生后，被侵权人证明自己的损害是因建筑物等设施或者其搁置物、悬挂物脱落、坠落造成的，所有人、管理人或者使用人对自己没有过错承担举证责任，其不能证明自己没有过错的，应当承担侵权责任。

所有人、管理人或者使用人控制着建筑物等设施及其搁置物、悬挂物，一般情况下，这些设施或者物体的脱落、坠落与所有人、管理人或者使用人在管理、维护时存在过错有很大关系。另外，被侵权人通常并不了解建筑物等设施及其搁置物、悬挂物的管理、维护情况，很难获得足够的证据。因此，让被侵权人来证明所有人、管理人或者使用人的过错，对被侵权人来说不公平。采用过错推定原则，既符合社会生活的实际情况，也有利于保护被侵权人的合法权益。多年的司法实践也证明，对建筑物等设施及其搁置物、悬挂物脱落、坠落致人损害责任采用过错推定原则，是科学合理的。

二、所有人、管理人或者使用人向其他责任人的追偿权

其他责任人是指所有人、管理人或者使用人之外的对损害的发生负有责任的人。建筑物、构筑物或者其他设施及其搁置物、悬挂物脱落、坠落造成他人损害，所有人、管理人或者使用人不能证明自己没有过错的，应当对被侵权人承担侵权责任。实践中，有时损害的发生除了与所有人、管理人或者使用人的过错有关外，还与其他人有关，只是该其他人不直接对被侵权人承担侵权责任。但是，所有人、管理人或者使用人向被侵权人赔偿后，有权向该其他责任人追偿。例如，房屋所有人与承揽人签订承揽合同，由承揽人为房屋安装防盗网。由于承揽人的过错，防盗网没有安装牢固，后来坠落将他人砸伤。房屋所有人不能证明自己没有过错的，应当对被侵权人承担侵权责任。另外，由于防盗网的坠落与承揽人的过错有关，根据本法第1193条的规定，承揽人应当向房屋所有人承担责任。因此，房屋所有人对被侵权人赔偿后，有权向承揽人追偿。

第一千二百五十四条　禁止从建筑物中抛掷物品。从建筑物中抛掷物品或者从建筑物上坠落的物品造成他人损害的，由侵权人依法承担侵权责任；经调查难以确定具体侵权人的，除能够证明自己不是侵权人的外，由可能加害的建筑物使用人给予补偿。可能加害的建筑物使用人补偿后，有权向侵权人追偿。

物业服务企业等建筑物管理人应当采取必要的安全保障措施防止前款规定情形的发生；未采取必要的安全保障措施的，应当依法承担未履行安全保障义务的侵权责任。

发生本条第一款规定的情形的，公安等机关应当依法及时调查，查清责任人。

条文主旨

本条是关于从建筑物中抛掷物品或者从建筑物上坠落的物品造成他人损害责任的规定。

立法背景

实践中，从建筑物上抛掷物、坠落物致人损害的情形时有发生，“头顶上的安全”引起社会的广泛关注。侵权责任法立法过程中，对于建筑物不明抛掷物、坠落物致人损害的责任承担，有不同意见，争议很大。最终，《侵权责任法》第87条规定，从建筑物中抛掷物品或者从建筑物上坠落的物品造成他人损害，难以确定具体侵权人的，除能够证明自己不是侵权人的外，由可能加害的建筑物使用人给予补偿。对侵权责任法的这一规定，各方面均有很大意见。有的意见认为，能够解决受害人最终救济问题，具有正面引导的作用；有的意见认为，依照本条判决的案例在实践中很难得到执行，法律效果差；有的意见认为，本条被社会舆论误解和社会公众误读，导致对我国法律的负面评价。

在民法典侵权责任编的编纂过程中，如何对本条修改，是否删除本条规定，是各方面关注的焦点之一。民法典侵权责任编草案一审稿、二审稿对《侵权责任法》第87条的规定没有修改。在二审稿修改情况的汇报中，专门进行了汇报，提出“高空抛物致人损害的责任问题是侵权责任立法中的一个突出问题，争议较大，各方也高度关注。对该规定是否修改，如何修改，还需要结合实际情况，综合考虑侵权法理、保护受害人、维护社会和谐稳定等因素后慎重决策。据此，建议对草案的规定暂不作修改，继续研究”。我们经过反复研究、慎重考虑、大量调研、听取意见和建议后认为，从建筑物中抛掷物品或者从建筑物上坠落的物品造成他人损害的民事责任主要涉及两种情况：一是责任人容易明确的情形。建筑物的构成部分或者建筑物上的搁置物、悬挂物发生脱落、坠落，这种情形下责任人较容易被发现。《侵权责任法》第 85 条规定：“建筑物、构筑物或者其他设施及其搁置物、悬挂物发生脱落、坠落造成他人损害，所有人、管理人或者使用人不能证明自己没有过错的，应当承担侵权责任。所有人、管理人或者使用人赔偿后，有其他责任人的，有权向其他责任人追偿。”二是责任人不容易明确的情形。对于这种情形，《侵权责任法》第 87 条规定：“从建筑物中抛掷物品或者从建筑物上坠落的物品造成他人损害，难以确定具体侵权人的，除能够证明自己不是侵权人的外，由可能加害的建筑物使用人给予补偿。”本条中的“可能加害的建筑物使用人”必须限定在一定的合理范围内，不能机械地无限扩大至建筑物中的所有人。因此，这就需要公安机关、法院等有关机关积极作为，通过调查、侦查确定侵权人，排除不可能实施抛掷行为的人。只有确实无法查找到具体侵权人的，才适用由“可能加害的建筑物使用人”承担补偿责任的规定。这样规定既可以及时对受害者进行救济和帮助，也可以让业主通过相互监督、积极举证等方式指认出真正的侵权人或者证明自己不是侵权人，使真正的侵权人承担法律责任。

综上，民法典侵权责任编草案三审稿对《侵权责任法》第 87 条作了如下修改：一是增加规定，禁止从建筑物中抛掷物品。二是增加规定，从建筑物中抛掷物品或者从建筑物上坠落的物品造成他人损害的，由侵权人依法承担侵权责任。三是增加规定，发生此类情形的，“有关机关应当依法及时调查、查清责任人”；明确“经调查难以确定具体侵权人”的，才适用由可能加害的建筑物使用人给予补偿的规定。四是增加规定，可能加害的建筑物使用人补偿后发现侵权人的，有权向侵权人追偿。五是增加规定，建筑物的管理人应当采取必要的安全保障措施；未采取必要措施的，依法承担相应的侵权责任。同时，在继承《侵权责任法》第85条、第86条的基础上，将两条的顺序作了对调，使建筑物中抛掷物品或者从建筑物上坠落的物品造成他人损害责任的规定衔接更为紧密。

对民法典侵权责任编草案三审稿的这一规定，有的意见提出，实践中建筑物管理人主要是物业服务企业。为了明确责任主体以便于实务操作，也在价值导向上引导和规范物业服务企业更加注重采取安全保障措施以更有利于发现直接侵权人，建议明确列举出物业服务企业。经研究，我们拟采纳这一意见，将该条第2款修改为：物业服务企业等建筑物管理人应当采取必要的安全保障措施防止前款规定情形的发生；未采取必要的安全保障措施的，应当依法承担未履行安全保障义务的侵权责任。2020年5月民法典提交十三届全国人大第三次会议审议过程中，有的意见提出，高空抛物或者坠物行为危害公共安全，公安机关有责任进行调查以查清责任人。经研究采纳了这一建议，将本条第3款中的“有关机关”明确为“公安等机关”。

条文解读

一、禁止从建筑物中抛掷物品

本条开宗明义，规定禁止从建筑物中抛掷物品。我国的民事法律规范极少使用“禁止”性的表述，盖因民事法律是调整平等主体之间权利义务的规范，以自由意志为导向。本条规定禁止性规定，是对从建筑物中抛掷物品行为的严厉谴责和禁止。

二、从建筑物中抛掷物品或者从建筑物上坠落的物品

如果物体并非从建筑物中抛掷或坠落，不适用该规定。例如，在群众性活动中被他人从人群中抛掷的物品砸伤而无法确定具体的侵权人时，被侵权人不能依据这一条主张由参加活动的所有可能的侵权人承担赔偿责任。在道路上被机动车撞伤而无法确定具体的加害车辆时，被侵权人不能主张由当时所有经过的可能加害的车辆承担赔偿责任。

三、由侵权人依法承担侵权责任

《侵权责任法》第 87 条的规定，虽然没有明说，但从逻辑上可以推出，从建筑物中抛掷物品或者从建筑物上坠落的物品造成他人损害的，应当由侵权人依法承担侵权责任，这是过错责任的体现。只有难以确定具体侵权人的，才适用本条的补偿规定。

四、经调查难以确定具体侵权人

难以确定具体侵权人是指无法确定物品具体是从哪一个房间抛掷、坠落的，因此无法确定具体的侵权人。本条在《侵权责任法》第 87 条的基础上，增加了“经调查”的表述。我们认为，从建筑物中抛掷物品或者从建筑物上坠落的物品，造成他人损害的，小区物业管理企业、公安等机关均应及时、缜密地调查取证，尽量查明侵权人。

五、关于可能加害的建筑物使用人

在建筑物使用人是多人的情况下，从建筑物中抛掷物品或者从建筑物上坠落的物品造成他人损害，经调查难以确定具体侵权人的，要从这些使用人中确定可能的侵权人。本条规定的建筑物使用人，是指在侵权行为发生时建筑物的实际使用人。

建筑物使用人在建筑物内进行活动，控制、管理着建筑物和建筑物内的物品，建筑物抛掷物、坠落物致人损害，经调查确实无法确定具体侵权人时，在他们中间确定可能的侵权人，符合社会生活实践经验。使用人包括使用建筑物的所有权人、承租人、借用人以及其他使用建筑物的人。物业服务公司是否属于建筑物使用人，要视具体情况而定，一般情况下，物业服务公司只是与业主签订合同，负责对物业的管理、服务，并不占有、控制建筑物本身，其不属于建筑物使用人。但是，如果物业服务公司实际占有、使用建筑物，则其也属于建筑物使用人。

如果按照社会生活实践经验、科学手段、监控手段、侦查措施等其他方法，可以推测认为抛掷物、坠落物有可能是从某人使用的建筑物中抛掷或坠落的，则该使用人就是本条所说的“可能加害的建筑物使用人”。当然，这种可能性必须在一定的合理范围内。例如，如果被侵权人在街上被建筑物上的抛掷物、坠落物砸伤，难以确定具体侵权人的，并非该条街上所有的建筑物的使用人均要承担责任，而是首先要将范围界定在侵权行为发生地周围合理范围内的建筑物的使用人。如果被侵权人在一座居民楼的北面被从该楼上抛掷或坠落的物品砸伤，一般认为，居住在该楼南面的居民不属于“可能加害的建筑物使用人”。

六、除能够证明自己不是侵权人的外，由可能加害的建筑物使用人给予补偿

本条采用举证责任倒置。根据本条规定，无法确定具体的侵权人的，由被侵权人证明自己是被建筑物上的抛掷物、坠落物伤害的，由建筑物使用人证明自己不是侵权人。建筑物使用人不能证明自己不是侵权人的，要对被侵权人受到的损害进行补偿。如果有证据能够确定具体的侵权人，则其他可能加害的建筑物使用人无须再举证证明自己不是侵权人。

七、发现真正侵权人后，承担了补偿的建筑物使用人具有追偿权

由可能加害的建筑物使用人对被侵权人给予补偿的，各个可能加害的建筑物使用人之间不承担连带责任，而是按份分别对被侵权人进行补偿。被侵权人不能要求某一个或一部分可能加害的建筑物使用人补偿其全部的损害，可能加害的建筑物使用人按照自己应承担的份额对被侵权人进行补偿后，也不能向其他可能加害的建筑物使用人追偿。但是，发现了真正侵权人的，可以向真正的侵权人进行追偿，以体现责任自负、社会公平。

八、物业服务企业等建筑物管理人的义务

物业服务企业与业主签订物业服务合同，应当履行合同约定的义务。本法第937条规定，物业服务合同是物业服务人在物业服务区域内，为业主提供建筑物及其附属设施的维修养护、环境卫生和相关秩序的管理维护等物业服务，业主支付物业费的合同。第942条规定，物业服务人应当按照约定和物业的使用性质，妥善维修、养护、清洁、绿化和经营管理物业服务区域内的业主共有部分，维护物业服务区域内的基本秩序，采取合理措施保护业主的人身、财产安全。对物业服务区域内违反有关治安、环保等法律法规的行为，物业服务人应当及时采取合理措施制止、向有关行政主管部门报告并协助处理。因此，物业服务企业具有一定的安全保障义务，依照本条第2款的规定，物业服务企业等建筑物管理人应当采取必要的安全保障措施防止前款规定情形的发生；未采取必要的安全保障措施的，应当依法承担未履行安全保障义务的侵权责任。

九、公安等机关的及时调查义务

本条第3款规定，从建筑物中抛掷物品或者从建筑物上坠落的物品造成他人损害的，公安等机关应当依法及时调查，查清责任人。公安等机关是具有侦查权的机关。因为从建筑物中抛掷物品或者从建筑物上坠落的物品，一般会造成被侵权人轻伤以上的伤害，甚至死亡。公安机关应当积极履职、为民服务，立案侦查，调查清楚具体的侵权人，尽可能减少难以确定具体侵权人的情形，不能推诿扯皮、以案多人少为由不予立案，否则便是渎职。在民法典侵权责任编编纂过程中，我们经过调研和收集有关案例，发现凡是公安机关立案侦查的从建筑物中抛掷物品或者从建筑物上坠落的物品造成他人损害的案件，基本上都能查到具体侵权人。

十、本条规定的意义

（一）填补被侵权人的损失，实现社会公平正义

随着我国城镇化进程的加快，高层建筑越来越多，从建筑物抛掷物品、坠落物品造成他人损害的情形时有发生，造成他人重伤、死亡。虽然，从理论上讲，受害人的损害可以通过保险和基金得到填补，但是，由于我国的保险制度和社会救助制度还不完善，实践中被侵权人往往无法通过这些渠道获得救济，这不利于保障被侵权人的权利，有损社会公平正义。民事责任一个重要的功能就是补偿被侵权人的损失，民法中的举证责任倒置制度是为了平衡当事人之间的利益，合理地保护被侵权人，最终实现实质意义上的公平。因此，从建筑物中抛掷物品或者从建筑物上坠落的物品造成他人损害的，首先应当有侵权人依法承担侵权责任。经调查难以确定具体加害人时，让可能加害的建筑物使用人举证证明自己不是真正的加害人，符合

民法公平正义的精神。对此，其他国家也有立法例，《智利民法典》第2328条规定，自建筑物的高层部分坠落或投掷的物件引起的损害，应归责于一切居住于建筑物的该部分的人，赔偿金在所有这些人中分摊，但损害事实经证明仅可归因于某人的过失或恶意时，该人应单独承担责任。

（二）合理分散损失，促进社会和谐稳定

从建筑物中抛掷物品或者从建筑物上坠落的物品造成他人损害的，特别是造成他人重伤、残疾的，如果让被侵权人自己承担损害后果，可能会导致其陷入生活的困境。而让可能加害的建筑物使用人对被侵权人进行补偿，每一个可能加害的建筑物使用人只承担整个损失的一小部分。从总体上来讲，这一规定有利于合理分散损失，促进社会和谐稳定。

（三）有利于维护社会秩序

在现实生活中，由于物业管理水平、人们的生活习惯和安全意识等多种原因，出现了建筑物抛掷物、坠落物造成他人损害的情形，这给人们的安全生活秩序造成了不好的影响。本条的规定，可以促进人们对相关问题的关注，依法通过各种途径减少或者避免类似情形的发生，改善整体的生活环境，形成良好的生活秩序。物业服务企业等建筑物管理人应当安装监控设备、加强巡逻、张贴告示标语等加强管理，增强业主的意识，减少从建筑物中抛掷物体的行为。在发生从建筑物中抛掷物品或者从建筑物上坠落的物品造成他人损害的案件后，公安等有关机关应当及时立案调查，查明责任人，维护社会稳定和人民安全。

十一、从建筑物中抛掷物品或者从建筑物上坠落的物品造成他人损害与共同危险行为的区别

1. 通常情况下，从建筑物中抛掷物品或者从建筑物上坠

落的物品造成他人损害，是某一个人抛掷物品或者其管理的物品坠落；共同危险行为是多个人同时实施危害他人安全的行为。

2. 从建筑物中抛掷物品或者从建筑物上坠落的物品造成他人损害，经调查难以确定具体侵权人的，由可能加害的建筑物使用人给予补偿，尽管这些建筑物使用人实际上并没有抛掷物品或者其物品并没有坠落；共同危险行为中，不能确定具体侵权人的，因为共同危险行为人都实施了危及他人安全的行为，因此由共同危险行为人承担责任。

3. 从建筑物中抛掷物品或者从建筑物上坠落的物品造成他人损害，难以确定具体侵权人的，由可能加害的建筑物使用人对受害人给予补偿；共同危险行为中，不能确定具体侵权人的，行为人承担连带责任。

十二、治理从建筑物中抛掷物品或者从建筑物上坠落的物品行为的思考

从建筑物中抛掷物品或者从建筑物上坠落的物品行为严重危及人民群众生命、财产安全，为了遏制这类行为的发生，保障人民群众的“头顶安全”，必须对此类行为予以从严处理。从近期频发的高空抛物坠物事件看，产生这个问题的原因是多方面的，治理这个问题需要综合施策。首先，要及时查清责任人。目前，解决高空抛物坠物问题面临的最大难题不是无法可依，而是事故发生后，难以查清责任人。要从根本上解决这个问题，在受害人不能举证或者难以举证的情况下，公安等机关应当及时立案调查，查清责任人。其次，要充分发挥法律的威慑作用。我国现行法律已对治理高空抛物坠物问题作了较为明确的规定，相关机关应当严格执法，依法明确各方责任，综合运用民事、行政和刑事手段，遏制此类事件的发生。对于造成损害后果的，责任人除了要依法承担民事责任外，应当依法给予其治安管理处罚；构成犯罪的，还应当依法追究其刑事责任。从民法典整体来看，关于民事、行政和刑事三种法律责任的关系，本法第187条中已经作了基本规定，民事主体因同一行为应当承担民事责任、行政责任和刑事责任的，承担行政责任或者刑事责任不影响承担民事责任。因此，关于高空抛物坠物行为应当承担的行政责任和刑事责任，在侵权责任编中不再作规定。最后，还需要明确建筑物管理人、施工者、作业者的责任，提高建筑物设计施工质量、提高公民道德素质，做到多管齐下，共同发力。

第一千二百五十五条　堆放物倒塌、滚落或者滑落造成他人损害，堆放人不能证明自己没有过错的，应当承担侵权责任。

条文主旨

本条是关于堆放物造成他人损害责任的规定。

立法背景

本条在继承《侵权责任法》第88条的基础上，根据实践的需要和有关建议，增加列举了“滚落或者滑落”两种情形。

条文解读

堆放物是指堆放在土地上或者其他地方的物品。堆放物须是非固定在其他物体上，如建筑工地上堆放的砖块、木料场堆放的圆木等。

本条所说的倒塌、滚落或者滑落，包括堆放物整体或者部分的倒塌、脱落、坠落、滑落、滚落等。例如，码头堆放的集装箱倒塌、建筑工地上堆放的建筑材料倒塌、伐木场堆放的圆木滚落等。

堆放人是指将物体堆放在某处的人。堆放人可能是所有人，也可能是管理人。堆放人应当合理选择堆放地点、堆放高度，要堆放稳固并看管好堆放的物品，防止被他人随意挪动，防止他人特别是限制行为能力人和无行为能力人攀爬等。

本条采用过错推定原则。堆放人不能证明自己没有过错的，承担侵权责任。符合本法第1178条规定的，可以不承担或者减轻责任。例如，《最高人民法院关于处理涉及汶川地震相关案件适用法律问题的意见（二）》第9条规定，因地震灾害致使堆放物品倒塌、滚落、滑落的，所有人或者管理人不承担赔偿责任。需要说明的是，在这些情形下，仍然需要堆放人举证证明自己对堆放物倒塌致人损害没有过错，堆放人不能证明自己没有过错的，仍然要承担侵权责任。

第一千二百五十六条　在公共道路上堆放、倾倒、遗撒妨碍通行的物品造成他人损害的，由行为人承担侵权责任。公共道路管理人不能证明已经尽到清理、防护、警示等义务的，应当承担相应的责任。

条文主旨

本条是关于在公共道路上堆放、倾倒、遗撒妨碍通行的物品造成他人损害责任的规定。

立法背景

《侵权责任法》第89条使用了“有关单位或者个人”的表述。民法典侵权责任编编纂过程中，有的意见提出，本条应当对承担责任的主体作进一步细分。我们经过研究认为，在公共道路上堆放、倾倒、遗撒妨碍通行的物品的主体大致可分为两类，一类是具体实施该行为的侵权人。任何人都应当遵守道路管理规则，避免在道路上堆放、倾倒、遗撒妨碍通行物，在公共道路上堆放、倾倒、遗撒妨碍通行物造成他人损害的，应当由行为人承担责任。另一类是对公共道路具有养护、管理职责的主体。公共道路涉及公共安全，公共道路管理人对道路的管理职责中当然就包括了法定的防止因第三人的堆放、倾倒、遗撒等行为造成他人损害的义务。为了保障公共道路具有良好的使用状态，公共道路的管理、维护者要及时发现道路上出现的妨碍通行的情况并采取清理、防护、警示等合理的措施。如果没有尽到这种义务，应在未尽到职责的范围内承担相应的侵权责任。《最高人民法院关于审理道路交通事故损害赔偿案件适用法律若干问题的解释》第10条规定：“因在道路上堆放、倾倒、遗撒物品等妨碍通行的行为，导致交通事故造成损害，当事人请求行为人承担赔偿责任的，人民法院应予支持。道路管理者不能证明已按照法律、法规、规章、国家标准、行业标准或者地方标准尽到清理、防护、警示等义务的，应当承担相应的赔偿责任。”因此，本条在《侵权责任法》第89条的基础上，区分了直接侵权人和公共道路管理人两种情况，作了进一步的细分和完善，公共道路管理人承担的是过错推定责任。

条文解读

一、关于公共道路

公共道路是指公共通行的道路。根据公路法和公路管理条例的规定，公路是指经公路主管部门验收认定的城间、城乡间、乡间能行驶汽车的公共道路，公路包括公路渡口、公路路基、路面、桥梁、涵洞、隧道。根据道路交通安全法的规定，道路是指公路、城市道路和虽在单位管辖范围但允许社会机动车通行的地方，包括广场、公共停车场等用于公众通行的场所。本条所说的公共道路包括但不局限于公路法、公路管理条例中的公路以及道路交通安全法中的道路。公共道路既包括通行机动车的道路，也包括人行道路。另外，广场、停车场等可供公共通行的场地、建筑区划内属于业主共有但允许不特定的公众通行的道路都属于公共道路。

二、关于堆放、倾倒、遗撒妨碍通行物

本条规定的堆放、倾倒、遗撒妨碍通行物，是指在公共道路上堆放、倾倒、遗撒物品，影响他人对该公共道路正常、合理的使用。公共道路的使用关系到公众的利益，在道路上堆放、倾倒、遗撒妨碍通行物，会对他人的安全造成不合理的危险。《公路法》第46条规定，任何单位和个人不得在公路上及公路用地范围内摆摊设点、堆放物品、倾倒垃圾、设置障碍、挖沟引水、利用公路边沟排放污物或者进行其他损坏、污染公路和影响公路畅通的活动。《道路交通安全法》第48条规定，机动车载物的长、宽、高不得违反装载要求，不得遗撒、飘散载运物。

在公共道路上堆放、倾倒、遗撒妨碍通行物，既可以是堆放、倾倒、遗撒固体物，例如，在公共道路上非法设置路障、晾晒粮食、倾倒垃圾等，也可以是倾倒液体、排放气体，例如，运油车将石油泄漏到公路上、非法向道路排水、热力井向道路散发出大量蒸汽。

被侵权人被堆放、倾倒、遗撒的妨碍通行物损害有多种情形。例如，行人在公共道路上被妨碍通行物绊倒、滑倒；司机被公共道路上非法堆放的物体遮挡视线，驾驶机动车撞到路旁的建筑物上、发生交通事故，等等。

第一千二百五十七条　因林木折断、倾倒或者果实坠落等造成他人损害，林木的所有人或者管理人不能证明自己没有过错的，应当承担侵权责任。

条文主旨

本条是关于林木造成他人损害责任的规定。

条文解读

一、关于林木折断、倾倒或者果实坠落等情形

本条所说的林木，包括自然生长和人工种植的林木，并未限定林木生长的地域范围，林地中的林木、公共道路旁的林木以及院落周围零星生长的树木等折断、倾倒或者果实坠落造成他人损害，林木的所有人或者管理人不能证明自己没有过错的，均要承担侵权责任。当然，根据林木生长的具体情况，认定林木所有人或者管理人的过错应有所区别。

林木造成他人损害，不仅包括林木枝蔓等的掉落造成他人损害，还包括其他情形，如实践中出现的椰树果实坠落砸伤路

人、树木倒伏压坏路旁汽车等。《侵权责任法》第90条规定了“林木折断”，没有规定“等”字。在民法典侵权责任编编纂过程中，有的意见提出，侵权责任法的规定不够全面，也没有“等”字兜底，林木倾倒、果实坠落等基于物件自身危险致人损害的情形无法囊括。《最高人民法院关于审理人身损害赔偿案件适用法律若干问题的解释》第16条第1款第3项规定了该三种情形，建议补充。因此，本条在继承《侵权责任法》第90条的基础上，根据实践的需要和有关建议，增加列举了“倾倒或者果实坠落等”的情形。

二、关于林木的所有人或者管理人

我国《森林法》第20条规定，国有企业事业单位、机关、团体、部队营造的林木，由营造单位管护并按照国家规定支配林木收益。农村居民在房前屋后、自留地、自留山种植的林木，归个人所有。城镇居民在自有房屋的庭院内种植的林木，归个人所有。集体或者个人承包国家所有和集体所有的宜林荒山荒地荒滩营造的林木，归承包的集体或者个人所有；合同另有约定的从其约定。其他组织或者个人营造的林木，依法由营造者所有并享有林木收益；合同另有约定的从其约定。

林木的所有人或者管理人应当对林木进行合理的维护，防止林木出现危害他人安全的情形。例如，所有人或者管理人应当固定好新栽的树木，在林木可能危害他人的安全时，要设置明显标志并采取相应的安全措施，及时消除危险状态，例如，要及时修剪干枯的树枝、采伐干枯的树木，及时清理树上的积雪，及时采摘成熟的果实等。

三、本条的归责原则

对于折断、倾倒或者果实坠落等造成他人损害，适用过错推定的归责原则，林木的所有人或者管理人不能证明自己没有过错的，应当承担侵权责任。《最高人民法院关于审理人身损害赔偿案件适用法律若干问题的解释》第 16 条规定，树木倾倒、折断或者果实坠落致人损害的，适用民法通则第 126 条的规定，由所有人或者管理人承担赔偿责任，但能够证明自己没有过错的除外。该司法解释亦采取了过错推定的归责原则。

所有人或者管理人要证明自己没有过错，通常要证明其对林木已经尽到了管理、维护的义务。需要说明的是，很多时候，林木的折断表面上是由于自然原因或者第三人等原因造成的，但实质上与所有人或者管理人的过错有关。例如，大风将因虫害而枯死的大树刮倒，砸伤了过路的行人。大风和虫害是导致树木折断的因素，但由于虫害可能是因所有人或者管理人没有尽到管理、维护的义务造成的，因此，所有人或者管理人不能证明自己没有过错的，仍然要承担侵权责任。再如，他人驾驶机动车撞到树木上，造成树木倾斜，后来树木倾倒或者折断造成他人损害，所有人或者管理人不能证明在该树木被撞倾斜后，自己为了防止该树木倾倒或者折断而及时采取了合理措施的，仍然要承担责任。

如果林木的折断完全是因自然原因、第三人或者受害人的过错造成的，林木的所有人或者管理人能够证明自己没有过错的，不承担侵权责任。

第一千二百五十八条　在公共场所或者道路上挖掘、修缮安装地下设施等造成他人损害，施工人不能证明已经设置明显标志和采取安全措施的，应当承担侵权责任。

窨井等地下设施造成他人损害，管理人不能证明尽到管理职责的，应当承担侵权责任。

条文主旨

本条是关于在公共场所或者道路上挖坑、修缮安装地下设施等造成他人损害责任，以及窨井等地下设施造成他人损害责任的规定。

条文解读

一、关于第1款规定的理解和使用

《侵权责任法》第91条第1款规定："公共场所或者道路上挖坑、修缮安装地下设施等，没有设置明显标志和采取安全措施造成他人损害的，施工人应当承担侵权责任。"司法实践证明，侵权责任法的这一规定符合社会实践的需要，是科学合理的。民法典侵权责任编在继承侵权责任法的基础上，作了一定的完善：一是调整了语序，明确了"造成他人损害"是"在公共场所或者道路上挖坑、修缮安装地下设施等"的后果，使本条表述更加清晰。二是将"没有设置"修改为"施工人不能证明已经设置"，使得过错推定归责原则的表示与本章其他条文的表述保持一致。

（一）在公共场所或者道路施工

在公共场所或者道路上施工，是指在公共场所或者道路上挖坑、修路、修缮安装地下设施等，如架设电线、铺设管道、维修公路、修缮下水道等。

公共场所是不特定人聚集、通行的场所，在这些场所施工，很有可能对他人造成损害，因此，需要更加注意保护他人的安全。在公共场所或者道路上施工，应当取得有关管理部门的许可，必须设置明显的警示标志和采取有效的安全措施。依照《道路交通安全法》第 32 条、第 104 条的规定，因工程建设需要占用、挖掘道路，或者跨越、穿越道路架设、增设管线设施，应当事先征得道路主管部门的同意；影响交通安全的，还应当征得公安机关交通管理部门的同意。施工作业单位应当在经批准的路段和时间内施工作业，并在距离施工作业地点来车方向安全距离处设置明显的安全警示标志，采取防护措施；施工作业完毕，应当迅速清除道路上的障碍物，消除安全隐患，经道路主管部门和公安机关交通管理部门验收合格，符合通行要求后，方可恢复通行。未经批准，擅自挖掘道路、占用道路施工或者从事其他影响道路交通安全活动，致使通行的人员、车辆及其他财产遭受损失的，依法承担赔偿责任。依照《公路法》第 32 条的规定，改建公路时，施工单位应当在施工路段两端设置明显的施工标志、安全标志。需要车辆绕行的，应当在绕行路口设置标志；不能绕行的，必须修建临时道路，保证车辆和行人通行。根据《城市道路管理条例》第 24 条、第 35 条的规定，城市道路的养护、维修工程应当按照规定的期限修复竣工，并在养护、维修工程施工现场设置明显标志和安全防围设施，保障行人和交通车辆安全。经批准挖掘城市道路的，应当在施工现场设置明显标志和安全防围设施；竣工后，应当及时清理现场，通知市政工程行政主管部门检查验收。

在公共场所或者道路上施工，应当设置明显标志和采取安全措施，包括以下几个方面的内容：

第一，设置的警示标志必须具有明显性。施工人设置的警示标志要足以引起他人对施工现场的注意，从而使他人采取相应的安全应对措施，如减速、绕行等。例如，在高速公路上施工，必须在距离施工现场较远的地方就设置警示标志，而不能只在直接施工的地点设置警示标志；阴天或者夜间施工，应当设置必要的照明设备等。

第二，施工人要保证警示标志的稳固并负责对其进行维护，使警示标志持续地存在于施工期间。例如，应当保证警示标志牢固，防止被风刮走；在警示标志毁损时，应当及时修复等。

第三，仅设置明显的标志不足以保障他人的安全的，施工人还应当采取其他有效的安全措施。例如，在道路上挖坑，通常应当将施工现场用保护设施围起来，而不仅仅是提醒行人注意道路上的坑。施工人采取的措施，在正常情况下必须足以保证他人的安全。

（二）关于施工人

公共场所或者道路施工致人损害的责任人是施工人。施工人直接控制着施工场地，因此应当承担对施工场地的管理和维护义务，保障他人的安全。施工人是指组织施工的单位或者个人，而非施工单位的工作人员或者个体施工人的雇员。施工人一般是承包或者承揽他人的工程进行施工的单位或者个人，有时也可能是为自己的工程施工。

（三）在公共场所或者道路上施工与在公共道路上设置妨碍通行物

本条第 1 款与本法第 1256 条规定的情形，主要有如下区别：

一是发生的原因不同。公共场所或者道路上施工致人损害责任，是施工人在施工过程中没有设置明显标志和采取安全措施，造成他人损害时应当承担的侵权责任。在公共道路上设置妨碍通行物致人损害责任，是在公共道路上堆放、倾倒、遗撒妨碍通行的物品造成他人损害，有关的单位和个人应当承担的侵权责任。

二是责任主体不同。公共场所施工致人损害的责任主体是施工人，在公共道路上堆放、倾倒、遗撒妨碍通行的物品造成他人损害的责任主体是行为人和公共道路管理人。

（四）归责原则

关于施工人责任的归责原则，从20世纪80年代至今我国学界一直有争议，主要有过错认定说和过错推定说。本款采用过错推定归责原则，施工人不能证明已经设置明显标志和采取安全措施的，应当承担侵权责任，理由主要有：一是公共场所是人们经常聚集、活动和通行的地方，施工人必须采取严格的安全措施方能避免，采用过错推定与在公共场所施工的危险程度是相符合的。二是从救济受害人的角度考虑，施工人距离证据较近，有利于查明事实真相，采用过错推定更利于对受害人的救济。三是从体系解释的角度来看，本章规定的主要是过错推定责任，该条也应适用过错推定原则。

二、关于第2款规定的理解和使用

（一）窨井、地下设施及其管理人

窨井是指上下水道或者其他地下管线工程中，为便于检查或疏通而设置的井状构筑物。其他地下设施包括地窖、水井、下水道以及其他地下坑道等。

窨井等地下设施的管理人，是指负责对该地下设施进行管理、维护的单位或者个人。城市地下设施复杂，例如有输水、输油、输气、输电设施等，不同的地下设施可能属于不同的单位管理，在损害发生后要明确具体的管理人，由相关的管理人依法承担侵权责任。

（二）归责原则

实践中，经常出现地下设施缺乏防护措施而致人损害的情形。《城市道路管理条例》第23条规定：“设在城市道路上的各类管线的检查井、箱盖或者城市道路附属设施，应当符合城市道路养护规范。因缺损影响交通和安全时，有关产权单位应当及时补缺或者修复。”《治安管理处罚法》第37条规定，在车辆、行人通行的地方施工，对沟井坎穴不设覆盖物、防围和警示标志的，或者故意损毁、移动覆盖物、防围和警示标志的；盗窃、损毁路面井盖、照明等公共设施的，处5日以下拘留或者500元以下罚款；情节严重的，处5日以上10日以下拘留，可以并处500元以下罚款。

本款继承了《侵权责任法》第91条第2款的规定，窨井等地下设施致人损害时，适用过错责任推定归责原则，有利于保护被侵权人的利益，也有利于促使地下设施的管理人认真履行职责，确保窨井等地下设施的安全，保护公众合法权益。

附　则

附则共二条，规定了民法有关术语的含义，民法典的施行日期和此前颁布的各单行民法的废止。

第一千二百五十九条　民法所称的“以上”、“以下”、“以内”、“届满”，包括本数；所称的“不满”、“超过”、“以外”，不包括本数。

条文主旨

本条是关于法律术语含义的规定。

条文解读

本条继承自《民法总则》第205条。在汉语词义的解释中，“以上”指的是位置或者数目等在某一点之上；“以下”指的是位置或者数目不高于某一点；“以内”指的是介于一定的时间、数量、范围之中；“届满”指的是规定的期限已满、到期。“不满”指的是不充满，量不足；“超过”指的是高出、超出；“以外”指的是一定的限制、界限或者范围之外。从上面的基本含义可以得知，“以上”“以下”“以内”“届满”，应当包括本数；“不满”“超过”“以外”，不包括本数。

在民法典编纂过程中，有的意见建议将本条中“民法”修改为“本法”“民法典”。我们研究认为，本条关于法律术语的含义，不仅仅是在民法典中适用，在民法典外的民商事单行法中均应适用，体现的是民商事法律基本准则。本法第2条规定的“民法调整平等主体的自然人、法人和非法人组织之间的人身关系和财产关系”使用的也是“民法”这一术语。因此，我们没有采纳上述意见。

第一千二百六十条　本法自2021年1月1日起施行。《中华人民共和国婚姻法》、《中华人民共和国继承法》、《中华人民共和国民法通则》、《中华人民共和国收养法》、《中华人民共和国担保法》、《中华人民共和国合同法》、《中华人民共和国物权法》、《中华人民共和国侵权责任法》、《中华人民共和国民法总则》同时废止。

条文主旨

本条是关于民法典的施行日期和此前颁布的各单行民法废止的规定。

立法背景

施行时间是一部法律的必备内容，是法律开始发生效力的时间。《立法法》第57条规定，法律应当明确规定施行日期。

条文解读

由于民法典在中国特色社会主义法律体系中具有非常重要的地位，是民事生活领域的基本法，有些制度是对过去各个时期民事单行法的重大修改完善，有些制度是创设性的全新制度，关系平等主体的日常生活、生产，内容丰富，涉及面广，需要在通过后留出一定的时间供社会各界学习、准备。因此，反复研究后，全国人大宪法和法律委员会建议民法典在2019年5月通过后，预留约7个月的时间，自2021年1月1日起施行，对此前的民事关系，民法典没有溯及力。

民法典系统编纂整合了《婚姻法》等不同历史时期颁布的九部重要民事法律。自民法典施行之日，婚姻法、继承法、民法通则、收养法、担保法、合同法、物权法、侵权责任法和民法总则将被替代，不再适用。需要说明的是，2014年第十二届全国人大常委会第十一次会议通过的《全国人民代表大会常务委员会关于〈中华人民共和国民法通则〉第九十九条第一款、〈中华人民共和国婚姻法〉第二十二条的解释》，作为民法通则和婚姻法的立法解释，也同步废止。

后　记

《中华人民共和国民法典》已由第十三届全国人民代表大会第三次会议通过，自2021年1月1日起施行。为了更好地配合民法典的宣传、学习和实施，我们编写了这本《中华人民共和国民法典解读》。本书对《中华人民共和国民法典》进行了详尽的解释和说明，便于读者准确理解和把握立法原意。

本书由全国人大常委会法制工作委员会民法室主任黄薇同志任主编，参加本书撰写工作的作者还有杨明仑、杜涛、石宏、段京连、庄晓泳、孙娜娜、李恩正、朱书龙、宋江涛、孙艺超、马吾叶、罗鑫煌、魏超杰、王灯、朱虎、龙俊、许灿等。

作者

2020年6月

图书在版编目（CIP）数据

中华人民共和国民法典侵权责任编解读 / 黄薇主编
. —北京：中国法制出版社，2020
ISBN 978 - 7 - 5216 - 0864 - 9

Ⅰ. ①中… Ⅱ. ①黄… Ⅲ. ①侵权行为 - 民法 - 法律解释 - 中国 Ⅳ. ①D923. 75

中国版本图书馆 CIP 数据核字（2020）第 076702 号

责任编辑 程思 陆紫薇　　封面设计 蒋 怡

中华人民共和国民法典侵权责任编解读

ZHONGHUA RENMIN GONGHEGUO MINFADIAN QINQUAN ZERENBIAN JIEDU

主编/黄薇
经销/新华书店
印刷/保定市中画美凯印刷有限公司
开本/880 毫米×1230 毫米 32 开　　印张/ 11. 75 字数/ 239 千
版次/2020 年 7 月第 1 版　　2020 年 7 月第 1 次印刷

中国法制出版社出版
书号 ISBN 978 - 7 - 5216 - 0864 - 9　　定价：42. 00 元

北京西单横二条 2 号
邮政编码 100031　　传真：010 - 66031119
网址：http：//www. zgfzs. com　　编辑部电话：010 - 66066620
市场营销部电话：010 - 66033393　　邮购部电话：010 - 66033288

（如有印装质量问题，请与本社印务部联系调换。电话：010 - 66032926）